大众创业系列丛书

新手学
众筹与融资

马英　编著

清华大学出版社
北　京

内 容 简 介

本书共 10 章，内容涉及众筹融资的各个方面，由浅入深地向创业者讲解了众筹融资的策划与实施过程等，主要内容包括了解众筹概念、了解众筹平台、学习众筹融资的相关内容、如何完成众筹和不同模式下的众筹融资方法等。

全书侧重实践，没有过多地介绍众筹的未来发展概况等互联网知识，而是列举了大量实际的案例分析、操作步骤及平台介绍等内容，让创业者真正了解并参与到众筹融资当中。本书的读者群定位在有众筹融资需求的创业者，当然也适合作为企业选择融资方式时的参考书。

本书封面贴有清华大学出版社防伪标签，无标签者不得销售。
版权所有，侵权必究。侵权举报电话：010-62782989　13701121933

图书在版编目（CIP）数据

新手学众筹与融资 / 马英编著 .—北京：清华大学出版社，2017
（大众创业系列丛书）
ISBN 978-7-302-47927-7

Ⅰ.①新… Ⅱ.①马… Ⅲ.①融资模式—基本知识 Ⅳ.① F830.45

中国版书图书馆CIP数据核字（2017）第193551号

责任编辑：李玉萍
封面设计：郑国强
责任校对：李玉茹
责任印制：宋　林

出版发行：清华大学出版社
    网　　址：http://www.tup.com.cn，http://www.wqbook.com
    地　　址：北京清华大学学研大厦A座　　邮　编：100084
    社 总 机：010-62770175　　邮　购：010-62786544
    投稿与读者服务：010-62776969，c-service@tup.tsinghua.edu.cn
    质 量 反 馈：010-62772015，zhiliang@tup.tsinghua.edu.cn

印 刷 者：北京鑫丰华彩印有限公司
装 订 者：三河市溧源装订厂
经　　销：全国新华书店
开　　本：170mm×240mm　　印　张：19.5　　字　数：310千字
版　　次：2017年10月第1版　　印　次：2017年10月第1次印刷
定　　价：49.00元

产品编号：073146-01

前 言
Foreword

关于本丛书

在商业蓬勃发展的当今社会，不少人都认为与其替别人打工不如自己当老板。因此，在中国这个人口大国掀起了"大众创业""草根创业"的新浪潮，开启了全民创业的新时代。

在这样的大浪潮下，很多有抱负的年轻人都希望通过创业来获得事业的成功。据某创业现状调研报告显示，约有75%的在校学生对创业满怀期待，既羡慕创业者的勇敢和成就，也希望有这样的机会能成就自我价值。

但是创业成功者毕竟是少数，每年新创办的企业中，至少有50%的企业在半年之内倒闭。可见，创业并不是一件容易的事，也不是一件说干就干的事。"万事开头难"，做任何事情都不是那么容易的，不是只靠嘴上说说或心里想想就可以做到的，更不用说创业这种高风险低成功率的事情了。

于是，我们针对这部分人群专门策划了"大众创业系列"丛书。本系列丛书立足于"切实可行"这一前提，挑选了创业起步过程中大众最想要了解的内容，如行业选择、公司注册、人事行政、资金、行销、团队、培训、扩展等方向，切实解决新手创业者可能会遇到的难题。本丛书具有如下特点。

特　点	说　明
大量实战案例 可操作性强	采用理论知识结合实战案例的创作结构，在具体的讲解过程中，列举了大量案例，以帮助创业者更高效地进行公司经营和管理
海量栏目拓展 内容深度	在讲解过程中，大量穿插各种形式的栏目，剖析了创办公司过程中遇到的高频问题、关键问题及无法解决的难题
全程图解展示 学习轻松容易	烦琐的操作步骤进行图示化展示和讲解，力求让创业者轻松学会相关理论和操作

本书结构

本书是一本帮助创业者进行众筹融资创业的实用工具书。书中内容包括了解众筹概念及众筹平台、众筹融资操作以及不同众筹模式下的融资案例讲解等，由浅入深地向创业者详细介绍了有关众筹融资创业的具体内容和注意事项。全书共10章，主要内容可分为以下3个部分。

章节介绍	主要内容	作用
第1~3章	内容包括众筹的模式、玩法、发展趋势、存在的风险、各种众筹平台、众筹与传统融资方式的对比、优势等	通过这部分内容的学习,可以让创业者更详细和全面地了解众筹融资的基础知识,让其能快速进入众筹领域
第4~5章	内容包括发布众筹项目、参与众筹项目、管理众筹账户、选择众筹平台、撰写项目文案、宣传和推广项目的方法等	通过这部分内容的学习,创业者可以全面了解进行一次完整众筹融资过程需要涉及的具体操作以及注意事项,达到实战操作无忧的目的
第6~10章	详细介绍了股权式众筹、债权式众筹、奖励式众筹、农业类众筹、游戏众筹、电影众筹等常见众筹形式以及融资过程,以及3个经典众筹案例的解读	通过认识不同类型的众筹方式以及了解经典的众筹案例,可让创业者更好地理解不同众筹融资方式的特点,从而帮助其准确选择合适的融资方式,快速融到资金

本书特点

特点	说明
理论与实践相结合	注重理论与实践相结合,以简洁明了的语言向创业者介绍众筹融资的相关内容,同时又站在项目发起方的角度,详细介绍了创业者应该如何进行众筹融资。本书将理论与实践相结合,帮助创业者学会利用众筹完成融资,成功创业
典型案例帮助理解	包含了大量典型的众筹融资案例,以实际的案例帮助创业者加深对众筹融资内容的了解,以便创业者能够更好地完成融资

本书作者

　　本书由马英编著,参与本书编写的人员还有邱超群、杨群、罗浩、林菊芳、邱银春、罗丹丹、刘畅、林晓军、周磊、蒋明熙、甘林圣、丁颖、蒋杰、何超等,在此对大家的辛勤工作表示衷心的感谢!由于编者经验有限,书中难免会有疏漏和不足,恳请专家和读者不吝赐教。

目录 Contents

第 1 章 了解众筹 ………… 001

1.1 什么是众筹 ……………… 002
- 1.1.1 互联网众筹的诞生 …………002
- 1.1.2 众筹构成的三要素 …………003
- 1.1.3 众筹的商业模式 ……………004

1.2 认识不同的众筹模式 ……… 005
- 1.2.1 股权式众筹 …………………005
- 1.2.2 奖励式众筹 …………………007
- 1.2.3 捐赠式众筹 …………………009
- 1.2.4 债权式众筹 …………………010

1.3 国内外众筹的玩法 ………011
- 1.3.1 外国人如何做众筹 …………011
- 1.3.2 国内的创业者如何做众筹 …012
- 1.3.3 国内外众筹的比较 …………013

1.4 众筹在国内外的发展趋势 … 014
- 1.4.1 国内外众筹融资的发展现状 …………………014
- 1.4.2 国内众筹行业的现状 ………016
- 1.4.3 国内众筹发展的趋势 ………017

1.5 众筹的优缺点分析 ……… 018
- 1.5.1 众筹的优势分析 ……………018
- 1.5.2 众筹中存在的问题 …………019

1.6 众筹需要的条件和准备工作 … 021
- 1.6.1 众筹需要什么条件 …………021
- 1.6.2 发起众筹之前的准备工作 …022

1.7 众筹对于中小企业的意义 … 024
- 1.7.1 扩展融资渠道，促进融资渠道多元化 …………024
- 1.7.2 加速资本运转，提高融资速度 ………………025
- 1.7.3 降低了企业经营风险 ………025

1.8 企业众筹融资中的各类风险 … 026
- 1.8.1 众筹面临哪些法律风险 ……026
- 1.8.2 众筹中的其他风险 …………028
- 1.8.3 国内众筹融资的风险防范措施 ………………029

第 2 章 盘点知名的众筹平台 ………… 031

2.1 国外知名的众筹平台 ……… 032

- 2.1.1 世界上第一个众筹网 ArtistShare ……………… 032
- 2.1.2 首个股权众筹网 Crowdcube ……………… 033
- 2.1.3 最大的众筹平台 Kickstarter ……………… 034
- 2.1.4 深度介入的 WeFunder ……… 035
- 2.2 国内的综合众筹平台 …………… 037
  - 2.2.1 淘宝众筹 ……………………… 037
  - 2.2.2 京东众筹 ……………………… 040
  - 2.2.3 众筹网 ………………………… 044
- 2.3 国内垂直性的众筹平台 ………… 046
  - 2.3.1 腾讯乐捐 ……………………… 046
  - 2.3.2 大家种 ………………………… 047
  - 2.3.3 淘梦网 ………………………… 049
  - 2.3.4 投筹网 ………………………… 051
- 2.4 国内的股权、债权式众筹平台 … 053
  - 2.4.1 筹道股权 ……………………… 053
  - 2.4.2 人人投 ………………………… 055
  - 2.4.3 积木盒子 ……………………… 058
  - 2.4.4 人人贷 ………………………… 060

第3章 众筹开辟了融资新途径 …… 063

- 3.1 传统融资方式的局限性 ………… 064

- 3.1.1 程序烦琐且高要求的银行贷款融资 ……………… 064
- 3.1.2 鱼龙混杂的民间借贷 ………… 067
- 3.1.3 成本较高的典当融资 ………… 069
- 3.1.4 条件严格的企业债券融资 …… 071
- 3.2 众筹融资的特点分析 …………… 074
  - 3.2.1 灵活开放的融资模式 ………… 074
  - 3.2.2 有效分散融资的风险性 ……… 076
  - 3.2.3 众筹投资的人数众多 ………… 077
  - 3.2.4 众筹的广告作用 ……………… 078
  - 3.2.5 吸引潜在的长期支持者 ……… 080
- 3.3 互联网融资与传统融资的比较 … 081
  - 3.3.1 融资成本较低 ………………… 081
  - 3.3.2 数据分析优势 ………………… 082
  - 3.3.3 信息展示优势 ………………… 084
- 3.4 众筹融资未来的发展模式分析 … 086
  - 3.4.1 引入专业的众筹代理机构 …… 086
  - 3.4.2 众筹活动不再局限于初创企业 ………………………… 088
  - 3.4.3 越来越多的风投关注众筹 …… 089

第4章 完成众筹的全过程 …… 091

- 4.1 在平台上发布一个众筹项目 …… 092
  - 4.1.1 注册众筹网账号信息 ………… 092
  - 4.1.2 发布众筹项目 ………………… 095
  - 4.1.3 设计各类回报 ………………… 098

目录 Contents

  4.1.4 什么样的产品众筹更

     容易成功……………… 100

4.2 参与并支持一个众筹项目 …… 101

  4.2.1 选择支持的项目 …………… 101

  4.2.2 支持一个众筹项目 ………… 104

  4.2.3 参与众筹的投资者的

     注意事项 ………………… 106

4.3 管理众筹平台账户 …………… 108

  4.3.1 管理自己的众筹项目 ……… 108

  4.3.2 管理平台账户 …………… 110

  4.3.3 个人消息管理 …………… 114

  4.3.4 个人设置管理 …………… 115

第 5 章 众筹成功的

    决定因素 ……………… 121

5.1 选择适合的众筹平台 ………… 122

  5.1.1 查看众筹平台的正规性 …… 122

  5.1.2 选择与项目相符的

     众筹平台类型 …………… 126

  5.1.3 考虑平台的增值服务 …… 129

5.2 众筹项目文案撰写 …………… 132

  5.2.1 众筹项目文案的基本内容 … 132

  5.2.2 为项目添加一个背景故事 … 133

  5.2.3 为项目添加一个短视频 …… 136

5.3 众筹项目的宣传推广 ………… 137

  5.3.1 巧用社交网络发布信息 …… 137

  5.3.2 让社交红人帮忙传播

     项目信息 ………………… 140

  5.3.3 与投资者建立情感联系 …… 142

  5.3.4 丰富的众筹推广方法 …… 143

5.4 坚持不懈是众筹成功的关键 … 145

  5.4.1 众筹失败的客观原因分析 … 145

  5.4.2 众筹失败的主观原因分析 … 146

  5.4.3 保持恒心坚持创业 ……… 148

第 6 章 稍显复杂的股权

    众筹模式……………… 151

6.1 股权众筹融资程序 …………… 152

  6.1.1 平台发起股权众筹

     项目需要的条件 ………… 152

  6.1.2 股权众筹融资的流程 …… 155

  6.1.3 股权众筹的注意事项 …… 157

  6.1.4 股权众筹与股权

     投资的区别 ……………… 160

6.2 股权众筹的尽职调查 ………… 163

  6.2.1 股权众筹须做好尽职调查 … 163

  6.2.2 股权众筹平台如何

     进行尽职调查 …………… 164

  6.2.3 尽职调查的内容 ………… 165

6.3 股权众筹的设计与上线 ……… 168

  6.3.1 项目立项 ………………… 168

  6.3.2 股权众筹项目的方案设计 … 169

6.3.3 股权众筹项目上线……………171

6.4 股权众筹的退出机制……………175
 6.4.1 常见的股权众筹退出方式……175
 6.4.2 特色的股权众筹退出机制……177
 6.4.3 股权众筹退出面临的
   实际问题………………………179
 6.4.4 股权众筹经典案例分析………180

第7章 中小企业最青睐的债权众筹融资……………183

7.1 债权众筹的基础认识……………184
 7.1.1 债权众筹特点分析……………184
 7.1.2 如何申请债权众筹融资………185
 7.1.3 债权众筹与P2P的区别………187
 7.1.4 债权众筹与股权众筹的
   比较分析………………………188

7.2 债权众筹平台的运营模式………189
 7.2.1 出借人自担风险模式…………190
 7.2.2 平台自身担保的模式…………192
 7.2.3 债权转让＋风险备用金………194
 7.2.4 抵押＋风险备用金……………196
 7.2.5 第三方担保机构………………197
 7.2.6 金融机构信用＋担保
   机构担保模式…………………199

7.3 借款人在借款过程中的关键点…201
 7.3.1 注意借款时的利率……………201

7.3.2 划算的还款方式………………203
7.3.3 注重保护个人隐私……………205

7.4 借款人签署的合同问题…………207
 7.4.1 借款人的合同制作……………207
 7.4.2 借款人签署的合同有哪些……208
 7.4.3 借款协议中借款人需要
   注意的问题……………………209

第8章 最常见的奖励式众筹融资……………213

8.1 具体了解奖励式众筹融资………214
 8.1.1 "万能"的奖励式众筹………214
 8.1.2 奖励式众筹的营销功能………215
 8.1.3 众筹与团购的区别……………217

8.2 奖励式众筹运营的新模式………218
 8.2.1 盲筹………………………………218
 8.2.2 信用众筹………………………220
 8.2.3 无限筹…………………………222

8.3 奖励式众筹融资对企业的
  核心价值………………………223
 8.3.1 奖励式众筹是一个天然的
   用户调研基地…………………223
 8.3.2 奖励式众筹是市场的一个
   低价试金石……………………225
 8.3.3 奖励式众筹是用户的产品
   预先体验地……………………227

目 录
Contents

8.3.4 奖励式众筹比传统电商更具市场 ············ 228

8.4 注意避开奖励式众筹的融资雷区 ············ 231

    8.4.1 雷区一：一厢情愿 ············ 231

    8.4.2 雷区二：完全依赖于平台的流量支持 ············ 232

    8.4.3 雷区三：融资为众筹的目的 ············ 234

    8.4.4 雷区四：发起者为初创者 ············ 235

    8.4.5 雷区五：众筹产品不具备"吸金"能力 ············ 236

    8.4.6 雷区六：拒绝空头支票 ············ 239

第 9 章 了解其他常见的众筹融资类型 ············ 241

9.1 改变传统的农业类众筹 ············ 242

    9.1.1 农业类产品选择众筹的原因 ············ 242

    9.1.2 农业众筹面临的风险问题 ············ 244

    9.1.3 农业众筹的 3 种模式 ············ 245

    9.1.4 农业产品的众筹上线 ············ 248

    9.1.5 农业众筹存在的问题 ············ 251

9.2 适合众筹模式的游戏众筹 ············ 253

    9.2.1 游戏项目选择众筹的利弊分析 ············ 253

    9.2.2 国内游戏众筹市场存在的问题 ············ 257

    9.2.3 盘点游戏众筹常用的平台 ············ 260

    9.2.4 游戏众筹的运作情况 ············ 263

9.3 创作电影的新模式众筹 ············ 264

    9.3.1 众筹改变传统的电影拍摄 ············ 264

    9.3.2 国内电影众筹的形式 ············ 265

    9.3.3 电影众筹前需要考虑的几大要素 ············ 270

第 10 章 经典众筹案例解读 ············ 275

10.1 千元众筹 6 折购买万科房产 ············ 276

    10.1.1 众筹融资过程剖析 ············ 276

    10.1.2 投资者参与详情分析 ············ 278

    10.1.3 万科房产众筹启示 ············ 279

10.2 百名大学生玩转众筹餐厅 ············ 280

    10.2.1 餐厅成立过程分析 ············ 280

    10.2.2 众筹餐饮方案设计 ············ 281

    10.2.3 众筹餐厅带来的启示 ············ 283

10.3 众筹爱情保险产品 ············ 285

    10.3.1 爱情保险众筹项目的由来 ············ 286

    10.3.2 爱情保险众筹项目的具体内容 ············ 287

- 10.3.3 对爱情保险众筹项目的分析 ……… 288
- 10.3.4 "爱情保险"的风险性问题探索 ……… 291
- **10.4 "今夜 20 岁"众筹演唱会** …… 292
  - 10.4.1 "今夜 20 岁"演唱会的众筹项目 ……… 292
  - 10.4.2 歌迷出资、歌手出力的音乐模式 ……… 294
  - 10.4.3 演唱会众筹玩法的特点分析 ……… 295
  - 10.4.4 如何筹办一场众筹演唱会 ……… 297

第1章
了解众筹

 本章要点

- ◆ 众筹构成的三要素
- ◆ 众筹的商业模式
- ◆ 股权式众筹
- ◆ 国内的创业者如何做众筹
- ◆ 国内外众筹融资的发展现状
- ◆ 众筹的优势分析
- ◆ 发起众筹之前的准备工作
- ◆ 国内众筹融资的风险防范措施

 学习目标

可能有人在某一瞬间有很好的创业想法,但是由于没有创业资金而让梦想夭折,或者对某一个项目感兴趣但却不知道如何参与其中,众筹的出现改变了这一情况。不过在利用众筹进行投融资之前,首先需要对众筹有一个基本的了解,下面来一起详细了解众筹。

知识要点	学习时间	学习难度
认识众筹和众筹的不同模式	25分钟	★★
国内外众筹的玩法	40分钟	★★★
众筹的优缺点分析	40分钟	★★★
众筹需要的条件和准备	50分钟	★★★★
众筹对于中小企业的意义	25分钟	★★

什么是众筹

众筹即大众筹资，是指利用互联网的高传播性，让企业、艺术家或个人向大众展示他们的创意，争取获得大家的关注和支持，进而获得资金的支持，然后以产品、项目、股利等来回报支持者。

1.1.1 互联网众筹的诞生

众筹融资作为一种商业模式，起源于美国。2001年，世界上最早的众筹平台ArtistShare诞生，被称为"众筹金融的先锋"。这个众筹平台主要面向音乐节的艺术家及其粉丝。ArtistShare众筹平台支持粉丝们资助唱片生产过程，获得仅在互联网上的唱片销售权。艺术家通过该网站采用粉丝筹资的方式资助自己的项目，粉丝们将资金投给艺术家后可以观看唱片的录制过程。

2005年，ArtistShare平台全新的商业模式受到广泛关注并大获好评。它通过新颖的商业模式不仅帮助艺术家们实现自己的梦想，也增加了粉丝与艺术家之间的联系，培养了粉丝的忠实度。美国作曲家Maria Schneider的《Concert in the Garden》成为格莱美奖历史上首张不通过零售店销售的获奖专辑，这也是ArtistShare的第一个粉丝筹资项目。

2005年之后，大批的众筹平台如雨后春笋般冒了出来，如2006年的Sellaband、2007年的SliceThePie、2008年的IndieGoGo以及2009年的Pledge Music和Kickstarter，这显然有ArtistShare的强大示范作用。

目前，Kickstarter众筹平台已经成为全球最大的众筹平台，许多人甚至认为该平台是现代众筹的起源。总而言之，ArtistShare作为首家互联网众筹平台，不仅深刻地影响了美国音乐界，而且开启了互联网众筹时代。

2011年7月，点名时间网站上线，由此国内正式引入了众筹模式。网站创立初期，不论是影视、出版、科技、音乐、设计还是公益，都能够在点名时间的众筹平台上进行发布，吸引大众的目光，从而筹集资金。如今，点名时间虽然已经没有了众筹项目，但是国内的众多众筹平台发展稳定，如京东众筹、淘宝众筹、追梦网、众筹网等，都获得了大批粉丝的支持。

1.1.2　众筹构成的三要素

众筹由3个部分组成,分别是项目发起者、项目支持者及众筹平台,三要素缺一不可。下面就来详细介绍它们。

1. 项目发起者

项目发起者也是筹资者,他们通过众筹平台,以项目发起者的身份发起项目以吸引项目支持者支持项目,从而获得项目的启动资金。除此之外,还可以测试产品是否被大众所接受。如果项目发起者没有获得投资,项目发起者不必支付平台费用。作为一个项目发起者,想要完成一次众筹项目并得到融资,需要经过五个步骤的操作,如图1-1所示。

① 选择众筹平台

不同的众筹平台侧重点不同,选择一个适合的众筹平台能够帮助项目发起者更好地完成众筹,另外众筹平台的影响力、投资人的活跃度、平台运行情况等都会影响项目的资金筹集

② 书写众筹计划书

大多数众筹项目都处于创意阶段,无法直观地向大众展示,这时众筹计划书就显得尤为重要。众筹计划书除了要清楚地描述产品的功能、特点等优势之外,还要将计划书写得具有吸引力

③ 融资的规模和项目时间

项目发起者还要对融资的规模和项目时间进行规划。融资的规模过大,容易让支持者望而却步,融资规模过小也会让支持者对项目产生怀疑,项目时间过长可能不会被支持者看重,而时间过短可能达不到融资目标

④ 众筹项目的推广

众筹项目需要进行推广,推广是一项重要的工作,好的推广不仅能够吸引更多的支持者,还能够为产品进行预热

⑤ 与支持者互动

项目发起者需要注重与支持者之间的互动沟通,向支持者披露项目的进展情况,增进与支持者之间的联系,培养忠实度

图 1-1

2. 项目支持者

项目的支持者也就是项目的出资人，通常是众筹平台用户。他们通过在线支付的方式对自己感兴趣的项目或者创意进行小额投资。项目众筹成功后，他们从中获得相应的产品、股权或服务等回报。如果众筹失败，众筹平台返还给项目支持者投资资金。

3. 众筹平台

众筹平台实际上是一个中介机构，将项目发起者与项目支持者进行连接。它既是项目发起者的审核方、监督者与辅导者，也是项目支持者的利益维护者。项目众筹成功之后，获得佣金，从而得到收益。所有的众筹平台都需要遵守以下3个原则。

- ◆ 平台上的每个众筹项目必须设定筹资目标和筹资天数。
- ◆ 在设定的时间内，达到或者超过目标金额，项目即成功，发起人可获得资金，如果项目筹资失败，资金退还给支持者。
- ◆ 众筹不是捐款，支持者的所有支持一定要有相应的回报。

1.1.3 众筹的商业模式

想要构成一个商业模式，就需要让每一个参与的对象觉得有利可图，而众筹的商业模式已经处于成熟阶段。众筹商业模式的核心逻辑是创造价值，这个价值主要表现在3个层面上，分别是价值发现、价值匹配和价值获取。

（1）价值发现是指明确价值创造来源的过程。通过一系列可行性分析来预判企业所认定的创新产品、技术或服务，是否能够拥有稳定的顾客群，并最终盈利。在对创业机会、创新产品以及技术识别的基础上，进一步明确和细化了顾客存在的价值。换言之，就是如果上线的项目没有支持者支持，也就失去了众筹的意义，这也是众筹的商业模式成功的关键所在。

（2）价值匹配主要在于明确合作伙伴，实现价值创造。众筹平台不可能拥有满足顾客需求的所有资源和能力，即使亲自打造和构建所需要的所有资源和能力，也常常面临很高的成本和风险。因此，为了在机会窗口内取得先发优势，并最大限度地控制风险和成本，众筹平台往往要与其他企业形成合作关系，以使其商业模式有效运作。

众筹平台的主要功能包括项目审核、平台搭建、营销推广、产品包装、销售渠道等。众筹平台应围绕其所掌握的核心能力和关键资源开展业务，才能节约成本、提高效率和改善市场进入速度,并最终建立自己的竞争优势。

(3)价值获取是指制定竞争策略,占有创新价值。这是价值创造的目标,也是众筹商业模式的核心逻辑之一,更是众筹平台能够生存并获得竞争优势的关键。在众筹的运作过程中,价值获取主要包括以下两个方面。

一方面是众筹平台担当价值链中的核心角色。价值链中的每项价值活动的增值空间都是不同的,占有增值价值空间较大的价值活动,也就占有了整个价值链价值创造比较大的比例,这直接影响到创新价值的获取。

另一方面是众筹平台设计难以复制的商业模式,以及商业模式细节方面很大程度上的保密。这就要求众筹平台尽可能构建独特的企业文化,具有高度适应能力的组织结构,组织高效标准化的团队,实现优秀的成本控制。例如,股权众筹平台只做股权类的众筹项目。

认识不同的众筹模式

针对众筹,国内目前有4种模式,分别是股权式众筹、奖励式众筹、捐赠式众筹和债权式众筹。每一种众筹模式都有其独特的运行特点。

1.2.1 股权式众筹

股权式众筹是指公司出让一定比例的股份,面向普通的投资者。投资者通过出资入股公司,从而获得未来的收益。这种基于互联网渠道而进行融资的模式被称为股权式众筹,也被解释为"股权众筹实际是私募股权互联网化"。

股权式众筹根据其是否担保的情况可以分为两类:无担保股权众筹和有担保股权众筹。无担保股权众筹是指投资人在进行众筹投资的过程中没有第三方公司提供相关权益问题的担保责任,目前国内的股权众筹大多是无担保股权众筹;有担保股权众筹是指股权众筹项目在进行众筹的同时,有第三方提供相关权益的担保,这种担保是固定期限的担保责任。但是目前,国内这种模式只有贷帮的众筹项目有过担保服务,尚未被大多数的平台所接受。

股权式众筹的运营模式有 3 种类型，如图 1-2 所示。

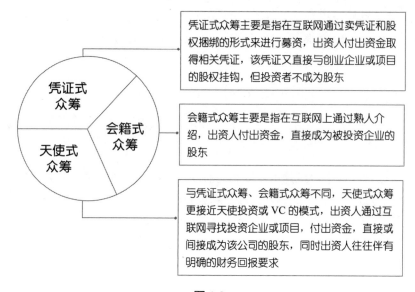

图 1-2

下面介绍一个股权式众筹的成功案例——3W 咖啡众筹，以此来了解股权众筹是如何融资的。

案例陈述

3W 咖啡是由 3 位创始人负责经营的，以股权众筹模式创办的新型咖啡馆。3W 咖啡联合创始人鲍某以咖啡为载体，为创业培训及风险投资机构寻找项目搭建平台。3W 咖啡采用众筹的模式向社会公众进行资金募集，每人 10 股，每股 6000 元，相当于一个人投资 6 万元。

3W 咖啡具有一个豪华的投资人阵容，其中包括乐蜂网创始人、红杉资本中国基金创始人及执行合伙人、德讯投资创始人、新东方联合创始人等，这也使得 3W 咖啡受到了外界的广泛关注。3W 咖啡很快以创业咖啡为契机，将品牌延伸到了创业孵化器等领域。

3W 咖啡的游戏很简单，不是让所有人都可以成为 3W 咖啡的股东，即并不是任何人有 6 万元就能够参与投资，想要成为股东需要满足一定的条件。3W 咖啡强调的是互联网创业和投资的圈子。很少人会为了 6 万元未来可以带来分红而进行投资，3W 咖啡给予股东的价值回报在于圈子和人脉。

3W咖啡模式的这种股权式众筹并不少见，这类的众筹投资入股的方式简单，通常会对投资人的身份及投资条件做出一系列的要求，以此来规范自己的股东。对于3W咖啡这类股权众筹，相比投资股利回报，投资者更看重的是人脉、资源，这也是3W咖啡股权众筹成功的关键。目前国内股权众筹的网站还比较少，主要有以下两个原因。

一是此类网站对于人才有比较高的要求。股权众筹网站需要具有一定的人脉，可以将天使投资人和风险投资家聚集到平台上。另外，股权众筹网站还需要对项目做初步的尽职调查，这就需要股权众筹网站拥有自己的分析团队，以及有风险投资相关法律的法务团队，协助投资者成立合伙企业并进行投后管理。

二是此类网站的马太效应，即强者越强、弱者越弱的现象。投资者通常喜欢到同一个地方寻求适合的投资项目，当网站中会集了一批优秀的投资人之后，融资者自然趋之若鹜。这样一来，原来较火的网站越来越火，而原本没什么名气的网站越来越难以存活。

1.2.2 奖励式众筹

奖励式众筹是一种比较流行的众筹模式，是指投资人通过众筹得到实物或服务作为回馈，也可以称为回报式众筹。奖励式众筹既具有赠与性，又具有买卖性质。赠与性体现在投资者无偿向项目发起者提供了部分资金，而买卖性主要表现为项目发起者通常以经营者的身份出现，并在项目众筹成功之后向投资人提供一定数量的"奖品"。

奖励式众筹结合了融资及市场调研的双重作用，可以通过预先下单的形式，来确认用户对于产品的真实需求。如果众筹达到了超募的效果，那么意味着融资的公司或者产品，符合当下流行的趋势，对公司以后的发展起到积极作用。如果众筹没有完成，也可以引起项目发起人对项目或公司的反思，重新考虑发展问题。

案例陈述

2013年11月科技公司Power UP在Kickstarter平台上发布，并设置了5万美元的预期筹资金额。众筹的项目内容为："设计一套包含螺旋桨、方向舵、远程控制器和电池的装置，然后将这个装置安装在纸飞机上可以在空中飞行10分钟，并且能够通过苹果手机来控制飞机飞行的航线。"

该众筹项目设置了10个档次的筹资回报。

1美元：可以得到一个飞机折纸的教程。

5美元：可以得到一个定制版的带有设计者ShaiGoitein签名的飞机模板。

30美元：可以得到一套基本智能遥控装置。

40美元：可以得到一整套基本的智能遥控装置，包括1个螺旋桨、5张PowerUp-certified模板和1块充电电池（不包括无配备电池），并提供独家Kickstarter版包装。

75美元：一套完美的智能遥控装置，包括1个螺旋桨、5张PowerUp-certified模板、可充电电池、USB适配器和一个个性化的带有设计者ShaiGoitein签名的纸飞机。

250美元：可以得到测试尝鲜包——加入测试项目，帮助改进我们的产品。PowerUp 3.0生产原型将在项目结束后两周内传给支持者，包括PowerUp 3.0完美的整套产品和指南手册。

300美元：可以得到一个完整的飞行家装备。除了PowerUp 3.0整套产品之外，还有完整的指南手册以及独家PowerUp 3.0-Branded飞行员帽子和一件飞行夹克，你的名字和"我支持3.0PowerUp Kickstarter"将出现在这些衍生品中。

该项目以"唤起童年纸飞机梦想"为主题，吸引了大批怀有儿时纸飞机梦想的人们。通过PowerUP 3.0这套智能的遥控装置，能够使手机控制纸飞机，实现飞行的梦想，如图1-3所示。

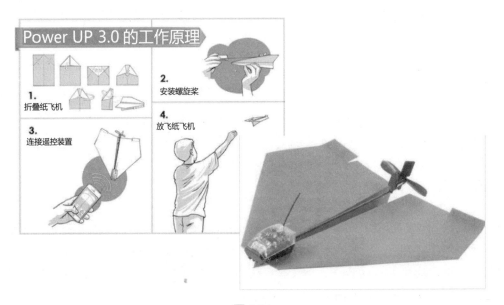

图1-3

最终，该项目吸引了21 412位支持者，共筹集了1 232 612美元的资金。

案例中的众筹项目根据不同的支持金额配置了不同的奖品。通过多级目标的方式吸引了广泛的支持者。在众筹总额的设定上，也是一个比较容易达成的目标额度，而筹款额度越高，项目研发的内容也会越来越丰富，并进一步满足人们改造飞机、提升飞机性能的需求。

> **知识补充 | 区别奖励式众筹与团购**
>
> 奖励式众筹是指仍处于研发设计或生产阶段的产品或服务的预售；团购则更多地是指已经进入销售阶段的产品或服务的销售。奖励式众筹面临着产品或服务不能如期交货的风险。另外，奖励式众筹与团购的目的也不尽相同，奖励式众筹主要是为了募集运营资金、测试需求，而团购主要是为了提高销售业绩。但是两者在实际操作中并没有特别清晰的界线，通常团购网站也会出现类似众筹的预售，而众筹网站也会发起团购项目。

1.2.3 捐赠式众筹

捐赠式众筹是指投资者与筹资者之间的法律关系本质上属于赠与合同关系。我国《合同法》规定："赠与合同是赠与人将自己的财产无偿给予受赠人，受赠人表示接受赠与的合同。"

捐赠式众筹中，投资者是赠与人，筹资者是受赠人。投资者向筹资者提供资金后并不要求任何回报，筹资者也无须向投资者提供任何回报，因此捐赠式众筹具有无偿性。在众筹平台上发布的慈善项目，本质上是筹资者向投资者发出的邀约，只要投资者以某种方式承诺，双方即达成意思一致，即筹资者接受赠与。投资者做出承诺的具体形式应当是其在众筹中介上向筹资者筹资账户汇款的行为，即只要投资者的打款行为完成，那么这一赠与合同即告成立。合同成立后，投资者和筹资者依照赠与合同的规则取得相应的权利义务。

捐赠式众筹中的赠与合同关系应属目的性赠与，即投资者是为了帮助筹资者达到项目宣称的具体目的而做出的赠与。目的性赠与虽适用赠与合同的一般规定，但是与一般赠与相比，其最大特点在于受赠人一定要将所获赠的财产用于特定用途，即筹资者必须将投资者赠与的财产用于特定项目而促成特定目的的实现。如果筹资者的行为不符合约定的特定目的行为，投资者并无法律依据诉请其履行，而只能主张缔约目的不能实现，依照不当得利原则请求筹资者返还赠与财产。

应注意的是，捐赠式众筹的"捐赠性"是从投资者与筹资者的角度来说的，众筹平台还是会根据项目的筹资进度以及筹资额度收取相应的管理费用，因为管理费是众筹中介的收入来源，是众筹中介得以生存的根本。

1.2.4 债权式众筹

债权式众筹本质上是投资者和项目发起者双方按照一定比率和必须归还本金等条件出借货币资金的一种信用活动形式。按照我国《合同法》第196条规定："借款合同是借款人向贷款人借款，到期返还借款并支付利息的合同。"因此，从《合同法》角度而言，债权式众筹就是借款合同，投资者是贷款人，筹资者是借款人，投融双方通常会约定借款种类、币种、用途、数额、利率、期限、还款方式、违约责任等内容。

众筹投资者是小额投资者，所以众筹的投资者主体还是自然人，筹资者通常是法人。在债权式众筹中，借款人需要履行以下三点义务。

- ◆ 依约使用借款的义务。借款用途是投资者斟酌决定是否投资的关键，也是确保合同期满后，筹资者能否还本付息的客观要求。因此，如果筹资者没有按照合同约定的用途使用款项，投资者可以提前收回投资或者解除合同。
- ◆ 依约支付利息的义务。
- ◆ 依约返还借款的义务。对于投资者未来所获得的借款的利息，借款人不得预先在投资款项中扣除。

其实，债权众筹可以理解为一种特殊形式的P2P，投资者按照投资比例获得债权，未来收获利息收益并收回本金。

下面将债权式众筹与其他形式的众筹进行比较，从而看出债权式众筹的区别，如表1-1所示。

表1-1 债权式众筹与其他众筹的区别

项　目	债权式众筹	其他众筹
投资平台	债权式众筹有专门的P2P平台	其他众筹通过众筹平台参与
筹资对象	债权式众筹的筹资对象主要为有资金需要的企业或个人	众筹的筹资对象相较于债权众筹而言更为广泛，任何创意或想法都可以参与

续表

项　　目	债权式众筹	其他众筹
投资人投资金额	通常不受限制，可多可少，根据投资的比例进行分红	在其他众筹中，筹资者会设置不同的投资等级，投资人根据不同的等级选择投资金额
投资回报	资金投资的利息回报	除了股权式众筹之外，其他众筹多是以产品实物或相关服务为回报
时间期限	依据借贷合同，合同中有明确的还款时间和还款方式	其他众筹在投资期限上一般以某个事件的结束来判断期限

1.3 国内外众筹的玩法

众筹是从国外引入国内的，为了更好地适应国内的经济环境，众筹的模式也随之发生改变。虽然本质上国内外众筹的模式依然大致相同，但是在实际的操作中，国内外众筹仍然存在很大的区别。

1.3.1 外国人如何做众筹

众筹在美国发展比较早，相对也比较成熟。众筹进入国内，初期并没有得到很好的发展，经过了一段时间之后，才慢慢被大众所关注，进入快速发展轨道。与国内的众筹相比，国外的众筹本质上大致相同，但是细节上仍然有很大差异。在国外，众筹的流程大致可以概括为如下5步。

- ◆ 第一步，设计项目过程。在众筹平台工作人员的帮助下，项目发起人需要对融资项目进行设计。
- ◆ 第二步，项目审核过程。众筹平台对项目是否符合项目发起规则进行审核。
- ◆ 第三步，意见反馈过程。将设计和包装好的项目发送给身边的朋友，并在朋友那里得到有关项目的反馈意见。根据反馈意见，发起人对项目进行修改，使项目更好地满足市场需求。
- ◆ 第四步，项目发布流程。在项目完成修改后，项目就可以通过众筹平台向投资者展示并募集所需资金。

- **第五步，项目筹资流程**。项目发起人通过各种网络资源和自己的人脉关系对项目进行宣传，以期项目能够提前完成融资目标。

1.3.2 国内的创业者如何做众筹

虽然国内众筹平台有很多，但是大致上可以将国内的众筹流程概括为4个步骤：项目获取及筛选、项目推介及投资、项目投后管理以及项目退出。

（1）在项目获取及筛选阶段，众筹平台需要广泛搜集标的项目，并对标的项目进行系统性、科学性筛选，选出安全性高、投资回报稳定的优质项目。

（2）在项目推介及投资阶段，确定领投人和跟投人，协助项目完成融资。

（3）在项目投后管理阶段，企业可引入内部或外部基金管理公司作为投资管理顾问进入上述有限合伙企业，并代表有限合伙企业对融资企业提供咨询服务。

（4）在项目退出阶段，投资人可以通过股权转让、融资企业回购、被投企业IPO或被兼并收购等方式进行退出。

如图1-4所示为众筹项目发起的具体步骤。

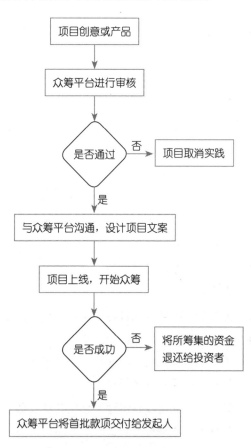

图1-4

众筹平台将筹集资金交付给发起人之后并不意味着众筹的结束，还有对投资者的回报，如图 1-5 所示。

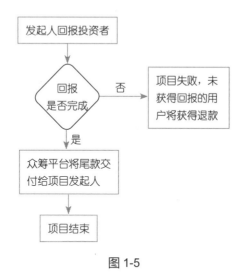

图 1-5

1.3.3 国内外众筹的比较

随着众筹在国内的发展，众筹已经成为互联网金融的一种重要形式。通过前面国内外众筹方式的介绍可以看到，国内外众筹还是存在着差异的，这些差异的存在也影响着各自不同的发展前景。

1. 投资、融资环境的不同

与国外融资层次较多且复杂的融资市场不同，目前国内的融资环境不甚乐观，尤其是针对中小企业以及初创企业，资金往往是成败的关键所在。正是因为国内特殊的融资环境，使得互联网金融得到了蓬勃发展，而众筹对创业者和经营者而言充满了吸引力。相较于传统的融资方式而言，众筹显得更为开放，是否能够获得资金，不再以项目的商业价值作为唯一的参考标准。只要是受到公众喜欢的项目，都能够通过众筹的方式获得项目启动的第一笔资金，并且一般首次筹资的规模都不会很大，这也为更多中小企业或者初创企业提供了机会。

2. 国内外众筹市场环境的差异

国外的金融市场化已经相对成熟，如美国。美国拥有全世界运营效率最高的金融市场，金融机构对于资本的运作已经非常纯熟，相关的法律体系和监管机制也相对完善，为众筹提供了重要的法律保障。在国内，众筹虽然已经经过一段时间的发展，但是仍然属于新生事物阶段，法律和监管体系尚未成熟，还没有形成完整的信用环境和价值体系。因此，整体来看，国外的众筹环境要优于国内的众筹环境。不过，国内也并不是完全没有优势，正因为众筹在国内处于新生事物阶段，所以在国内众筹才具有更为广泛的发展空间。

3. 项目类型差异

国内众筹在项目的类型上也存在很大差异。以美国众筹平台Kickstarter为例，其众筹项目主要以创意项目为主，结合现代科学技术研究产品，一方面满足了科技爱好者的需求；另一方面也能够有针对性地用于寻求资金、推广产品。Kickstarter以文化、艺术、科技等方面的创意为主，这也是其核心竞争力所在。在其平台上，这类商品预售项目成功融资概率较高。

目前，国内的众筹网站在文化、科技、农业等垂直领域已经开始了进一步细分的趋势。但是从整体来看，文化创意仍然是目前众筹项目中比较活跃的行业。而文化众筹在国内的发展还需要经过一段时间的沉淀，最终将提供募资、投资、孵化、运营等一站式综合众筹服务的模式。

国内外的大环境不同，众筹发展的模式也各有不同，但是本质是相同的，都是为投资人和融资人谋得更多财富增值的机会。

1.4 众筹在国内外的发展趋势

众筹由于其新颖的模式，受到了国内外创业者以及企业的广泛关注，所以众筹未来的发展方向及发展趋势也是他们重点关注的一个问题。

1.4.1 国内外众筹融资的发展现状

从全球范围的视角来看，众筹融资的发展速度非常快。近年来，全球众筹公司的数量呈现出快速增长的趋势，截至2014年年底，全球共有1196家众筹公司，同比增长34.53%，而到了2015年年底，全球众筹公司达到了1544家，同比增长29.10%。如图1-6所示为2010—2015年全球众筹公司数量走势图。

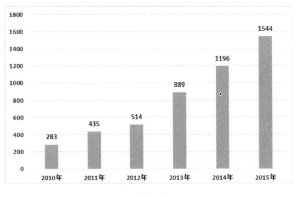

图 1-6

如图1-7所示为2010—2015年全球众筹公司数量增长率变化趋势。

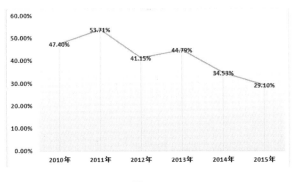

图 1-7

全球范围内的众筹行业快速发展除了体现在众筹公司数量快速增长上以外，还体现在融资规模上。根据Massolution发布的2015CF众筹行业报告显示：截至2014年年底，全球众筹融资规模达到162亿美元，同比增长165.57%；2015年年底，全球众筹融资规模比2014年增长1倍多，总额达344亿美元，同比增长112.35%。

所以，从全球范围来看，尽管国内外众筹公司数量的增长率呈现下降趋势，但是随着众筹的发展和普及，越来越多的中小企业经营者、创业者以及有想法创意的人都愿意通过众筹的方式来进行融资。在未来经济发展的大方向中，众筹仍然是很重要的一部分。

1.4.2 国内众筹行业的现状

虽然国内引入众筹的时间较晚,但是众筹在国内的发展较为迅猛。首先来看看国内众筹行业的整体情况,了解国内众筹行业的现状。

截至 2016 年 6 月底,全国共有 334 家众筹平台处于运营状态,而众筹项目的总数为 22 434 个,成功项目为 15 256 个,成功项目融资额达到 79.76 亿元。与 2015 年及之前的融资总量 106.35 亿元相比,此半年即达到过去总量的 75%,可见众筹行业的发展之快。2016 年上半年众筹具体情况如表 1-2 所示。

表 1-2　2016 年上半年国内众筹项目具体情况

项目类型	全部项目数	成功项目数	全部项目预期融资额（亿元）	成功项目已筹金额（亿元）	成功项目支持人次（万）
股权型	1274	541	91.84	32.15	3.34
权益型	9855	6152	16.23	24.03	1504.15
公益型	6073	3342	10.58	2.49	5174.88
物权型	5232	5221	—	21.09	—
合计	22 434	15 256	—	79.76	—

知识补充｜众筹名词解释

前面介绍,众筹的模式主要有股权式众筹、债权式众筹、捐赠式众筹以及奖励式众筹,表 1-2 中的权益型指的是参与众筹后的项目或者公司以提供产品或服务作为投资回报的众筹模式,也就是奖励式众筹。此类众筹项目最多,占比最大。而物权型是指筹资者通过互联网的方式,向大众筹集资金,用以收购实物资产,通过资产升值变现获取利润,或者通过合理经营实现经营收入,与投资人按照利润分红的众筹模式相似,属于债权式众筹。它们是通过众筹平台的回报模式进行的划分,包括股权型、权益型、公益型、物权型以及综合型。

根据不完全统计,2016 年上半年共上线众筹平台有 46 家,其中 2 家已经下线。4 月以及 5 月上线的平台数量较多,分别为 11 家和 10 家。在新增的 46 家众筹平台中以权益型平台为主,共有 20 家,占比 43.48%;股权型平台和物权型平台均为 10 家,此外新增综合型平台 5 家、公益型平台 1 家。

根据国内众筹行业的统计,可以看到股权式众筹的融资额度最大,其中主要以科技类项目为主,并且成功率也较高,而农业是股权式众筹中成功率较低的行业。在权益型的众筹中,农业、文化传媒、科技类项目较多。根据数据显示2016年上半年新增的9855个权益项目中,农业、文化传媒以及科技类项目分别为2851个、1764个和1547个,在权益类项目中分别占28.93%、17.90%和15.70%,三类项目综合占权益类项目总数的62.53%。

纵观2016年国内的众筹行业不难发现,经过一段时间的野蛮生长,行业逐渐开始沉淀下来,随着项目的不断增多,行业的经验也会不断累积。

1.4.3 国内众筹发展的趋势

众筹作为一种新兴的互联网金融模式,以广大创业者和中小微企业为主要服务对象,推动了社会上各类企业的创新,激发了民间资本获利,扩展了企业融资渠道,更完善了多层次的市场体系。在众筹越来越受到关注的同时,不难发现众筹开始出现了新的发展趋势。

1. 众筹平台规范化发展

2015年7月,央行等10部委联合下发互联网金融《关于促进互联网金融健康发展的指导意见》,明确了股权众筹的定义、方式、投融资主体以及监管方。随后,国务院发布《关于加快构建大众创业万众创新支撑平台的指导意见》,支持众创、众包、众扶、众筹的持续健康发展。这毫无疑问会更灵活高效地满足产品开发、企业成长和个人创业的融资需求,有效增加传统金融体系服务小微企业和创业者的新功能,拓展创业创新投融资新渠道。

在一定的程度上,国家政策利好的消息推动了众筹行业的发展,但是相关的监管体系还不完善。有了政府的大力支持,众筹必然会引来大发展,但是不够完善的监管体系必定会对众筹的发展产生严重的影响。例如,应该明确禁止性事项,划清众筹同非法集资、非法吸存的界限,逐步完善信息的披露制度,以及有效的风险管理控制系统等。总的来说,众筹平台的规范化将是行业发展的一大趋势。

2. 众筹平台全面化

对于众筹,不能够简单地理解为为项目提供资金。其实,众筹以平台为依托,为企业提供了客源、渠道、管理等多方面的支持。所以众筹不仅仅是一项融资解决方案,还提供一站式全方位创业企业扶持服务。

正因为如此，众筹平台才需要完善系统模块，使得项目发起人在平台上的各项操作更加完整、便捷，服务也更加系统。投资者、融资者形成广泛社群，密切联系创业辅导、孵化、招聘、宣发、营销等资源，强化以众筹平台为中心的创业生态。由此可见，通过新场景的设定、通过用户的产品需求，各家众筹平台有望在新的一年里打破之前单纯依赖流量的模式，通过依赖强大的创业生态圈，并为创客提供系列融资服务，众筹生态化的趋势会更加明显。

3. 众筹模式多样化

尽管众筹已经有多种模式，但是众筹的发展还在不断地创新，各种跨行业的合作在众筹中展开，一些以用户需求为导向的众筹模式应运而生，如众筹＋房产、众筹＋电影等。在未来，众筹还会随着人们的消费观念、消费水平、消费习惯等发生变化，众筹模式多样化发展成为必然的趋势。

根据世界银行报告预测，2025年全球众筹将达到3000亿美元的庞大规模，其中，中国市场将占500亿美元。这样的发展前景对于处于国内众筹市场的人而言是十分诱人的。随着众筹平台逐步规范化、全面化、健康化的发展，国内众筹行业发展必然会进一步向好。

众筹的优缺点分析

众筹对项目支持者而言，能够极大地提高对限制资金的有效利用；对项目发起者而言，能够解决他们对资金的需求。虽然众筹简单方便，但是其中存在的一系列问题也不可忽视。

1.5.1 众筹的优势分析

作为一种新兴的投融模式，众筹受到众多中小企业和创业者的青睐，究其根本，众筹到底具有什么样的优点，能够吸引这么多的注意力呢？经过分析，众筹具有以下几大明显的优势，如图1-8所示。

风险小

对投资者而言，风险永远是第一考虑的要素。而众筹这样的模式，不同于传统的投融模式，除了债权式众筹以外，项目发起者不以资金的形式向投资者承诺回报。因此，对创业者而言，没有资金上的压力，投资者能够支持看好的项目，得到许诺的产品奖励，或者出于对创业者所做的事情感兴趣，而表达一种理想主义上的支持，这样一种不以金钱绑定的合作关系，能够让创业者以更好的心态去经营自己的想法和创意

提高项目知名度

众筹过程本身就是一种营销方式，需要让项目吸引投资人的目光。在拉投资人的过程中，需要提高众筹项目的曝光度，分析项目的潜在价值。这一过程，可以提高公众的认知，在个人的基础上建立良好的社交关系，还可以让投资人感觉自己也是这个事业中的一部分，进而提高自身对项目的支持力度

测试项目可行性

众筹是聚合多个投资人的认可。众筹项目启动资金的圆满筹集，本身就代表这个项目是得到各个投资人的支持的。对项目发起人来说，必然是支持项目的，但是能得到多个投资人的一致认同，证明发起这个项目的可行性是高的。所以，众筹从侧面能测试项目的可行性，反映项目的市场反馈，而传统的融资程序通常不能做到这一点

吸引忠实客户

最早对项目提供支持的人都是对项目进行深入考察、高度认可的人，这些人甚至有望在日后成为项目的成员。一个众筹项目能让你有更多的机会与不同的人进行交流，那些投资者会因你的创意而与你产生共鸣，进而对你的事业产生由衷的兴趣。每笔投资都是一个搭建人脉网络的机会，强大的人际网络和长期的支持者由此而来

开辟新的融资渠道

互联网是开展众筹工作的绝佳舞台，它能提供无数的第三方入口，省却了自己寻找融资渠道的烦恼。创业者可以开展多元化的资金融合渠道，不妨充分利用众筹的优势。这种融资模式使得资金来源渠道更加宽广，能够更快更好地让创业者获得发展资金，提高创业效率

图 1-8

1.5.2 众筹中存在的问题

通过众筹平台筹集创业资金，无论是对于项目发起者还是对于项目支持者来说，众筹平台都为其提供了一个较低的准入门槛，大大降低了融资的难度和成本。但是相比众筹的优点，众筹存在的缺点也十分明显。

1. 法律环境的限制

众筹受到相关法律环境的限制。在众筹网站上，所有的项目不能以股权、债券、分红或者利息等金融形式作为回报，项目发起者更不能向支持者承诺任何资金上的收益，必须是以相应的实物、服务或媒体内容等作为回报，否则可能涉及非法集资，情节严重的甚至可能会构成犯罪。

2. 众筹模式过多

国内的众筹模式较多，如奖励式众筹、捐赠式众筹、股权式众筹、债权式众筹，每一类型下又有多种类型的产品。正是因为种类繁多的众筹产品，以及项目归类，使得众筹领域尚无明确的界定和规范，其产品多属非标产品，所以不能够向 P2P 经营资金这种标准化产品一样实现规模化的扩张，这在一定程度上也限制了众筹的发展。

3. 产生生产压力

众筹平台上有一些规则，如果众筹项目融资成功，那么就必须在规定的时间内完成产品的开发和研制，以实现对支持者的承诺。因此，众筹在给创业者带来资金的同时也给其带来生产压力，而这样的压力尤其体现在实体产品项目上。

4. 缺乏专业指导

众筹有点类似于 VC，但是由于其低门槛的特性，所以使得支持者又缺乏 VC 的专业性。传统的 VC 都是自身有着创业经验或具有丰富行业经验的专业人士，他们往往在对企业进行投资之后还会给企业带来增值性的服务，这对企业而言也是非常有价值的资源。但是在众筹平台上面进行融资，项目成功之后，除了提供资金以外，支持者不可能提供给创业者们一个统一性、有建设性的建议。

5. 支持者不够专一

众筹平台能够帮助创业者们快速筹集资金用于项目产品的研发和生产，但是却不能够保证资金链的完整性。传统的 VC 在提供早期投资后，如果项目发展顺利，企业还可能获得后续的 A 轮、B 轮、C 轮融资。但是在众筹平台上，支持者往往会被新鲜新奇的项目所吸引，不会专注于一个项目，更不会以发展的目光持续性地用资金支持一个项目。

总而言之，虽然众筹能够使创业者们快速融资，帮助项目的研发和生产，但是众筹中存在的各种问题也需要引起创业者们的思考，才能更好地完成创业。

1.6 众筹需要的条件和准备工作

虽然众筹主打低门槛性，对于投资人和项目发起人没有严格的要求，但是参与者仍然要满足一定的要求，另外项目发起人在发起项目之前也需要做一些相关的准备工作。

1.6.1 众筹需要什么条件

众筹平台较多，每个平台都会要求项目发起人满足一定的条件，虽然众筹平台不同，但是限制的条件大同小异。例如，京东众筹项目发起人需要满足以下条件。

（1）项目发起人应为京东众筹平台的注册用户，完全理解并接受本协议。

（2）发起人可以为自然人、法人或其他组织。如发起人为自然人的，应为年满18周岁并具有完全民事行为能力和民事权利能力的自然人，且为中国公民，或能提供长期在中国居住证明的非中国公民。如项目发起人未满18周岁，应由其监护人代为履行本协议所规定的权利和义务。如发起人为法人或其他组织的，则应是在中国境内合法成立、注册，可独立承担法律责任的法律实体。

（3）发起人在发起项目前，应通过网银在线完成必要的身份认证和资质认证，包括但不限于身份证、护照、学历证明等的实名认证。发起人在发起项目时同意并授权京东众筹平台公示认证信息。

（4）发起人应按照京东的要求开立账户，以接收支持者的支持款。

（5）如发起人申请发起的项目为带有公益性质的项目，则发起人应是合法成立的公益组织或与合法成立的公益组织共同发起的项目。

（6）京东众筹平台将根据申请发起的项目类型不同，对发起人需要满足的其他资格进行限定和要求。

众筹平台除了限制项目发起人的条件之外，还会限制项目投资者的条件，某众筹平台项目投资者限制条件如下。

（1）必须是众筹平台的注册用户，完全理解并接受本协议。

（2）如果项目投资人为机构，则应为依法成立并登记备案的企业法人或其他组织。

（3）如果项目投资人为个人，则应为年满18周岁并具有完全民事行为能力和民事权利能力的自然人。

（4）有一定的经济基础，资金来源合法；有一定的投资经验，知道"众筹有风险，投资须谨慎"的含义。

（5）拥有在中国大陆地区开户并接收人民币汇款的银行账户、银行卡以及第三方支付平台账户，如支付宝账户等。

在对项目发起人和支持者做出明确的条件限制之后，平台还会对项目内容进行限制，并不是任何项目都能够在众筹平台上进行发布的。某众筹平台发布项目的要求如下。

（1）项目资料必须真实、客观，一旦发现项目资料虚假，即刻取消该项目发起人的会员资格。

（2）项目应该具有一定的创新性与实用性，拥有自主知识产权，没有产权纠纷；不得盗用他人的成果发起众筹项目。如果发起的项目与任何第三方存在任何权利纠纷，并因此导致的一切损失由本人承担，与众筹平台无关。项目资料按平台要求填写完整，能向项目投资人充分说明项目的发展机遇与潜在风险。

（3）项目不得包含非法、色情、淫秽、暴力等内容，不得含有攻击性、侮辱性言论，不得含有违反国家法律法规、政策的内容及其他平台认为不适宜的内容；项目不得涉及种族主义、宗教极端主义、恐怖主义等内容。

1.6.2 发起众筹之前的准备工作

现在在平台上发布一个众筹项目很方便。正因为如此，有的创业者发布的众筹项目太过随意，没有经过反复思考就贸然开始，结果可想而知。众筹项目想要取得成功，在发起项目之前的一些准备工作是必不可少的。

1. 优秀的创意

众筹本身就是一个以创意创新为标的的创新领域，众筹平台上的项目也是通过产品创意或者项目活动策划来吸引众多的投资者参与进来的。因此，众筹项目的提出离不开一个优秀的创意,而投资用户判断是否予以支持的关键也在于项目的创意是否吸引人。所以,众筹项目在发起之前,最重要的是考虑该项目是否具备了优秀的创意。

2. 市场调研

发起众筹之前要做的重要事情之一就是做好市场调研。在没有做市场调研之前,很多想法只是停留在一个想法的阶段。只有通过大量的走访,进行市场调查,尽可能多地收集数据,依靠这些数据得到结论才能够小范围地、客观地验证自己的项目想法是否适合当前的市场环境。做市场调查的时候可以分地区、分时间以及分情况地利用市场调研表,进行线上线下调研,然后对收集来的各种数据资料进行整合、统计,从而得出结论。

3. 制作众筹项目演示 PPT

大多数众筹的项目停留在一个想法或者创意的阶段,没有产品实物向人们展示,很难吸引支持者。这时候就需要制作一个优质的 PPT,一个好的众筹项目需要一个好的演示 PPT。在 PPT 中需要说明众筹的意义和目的、项目的内容、项目的市场环境、项目的优势及劣势等,以方便支持者们加深对项目的认识。

4. 对目标人群进行宣传

任何新鲜的事物都需要宣传推广,酒香也怕巷子深。提前通过互联网对众筹项目做一个预告宣传,吸引更多的人关注和参与。例如,可以在众筹项目开始之前的一段时间里,定期举办宣传活动,让大家知道众筹项目的目的、意义和市场价值,并告知参与者的受益点等。

5. 寻找领投人和核心合作伙伴

可以寻找一些有实力,或在当地有影响力的人做自己众筹项目的发起人和领投人。让有影响力的人做自己众筹项目的发起人和领投人十分重要,因为这样可以很快地吸引到大部分人的目光,帮助项目更快地取得成功。

除了寻找领投人之外,还需要寻找志同道合的商业合作伙伴,作为核心发起人,加盟众筹项目。志同道合的伙伴加入能够避免自身目光的局限性,从而提高众筹项目的成功率。

以上为众筹项目发起之前的准备工作,这些准备工作不仅能够为后期众筹项目的发展奠定基础,提高众筹项目成功率,还能够筛选甄别出一些质量较差的众筹项目,避免浪费过多的时间。

众筹对于中小企业的意义

国内中小型企业融资难的问题比较突出,一直也没有比较有效的解决办法,但是众筹这一创新的互联网模式的出现打破了这一限制。

1.7.1 扩展融资渠道,促进融资渠道多元化

目前,国内的中小企业普遍存在规模较小、成长速度较快以及企业组织结构简单的特点。它们在经营方法和管理模式上比大型企业更为简单,对市场的变化有较强的适应性。它们在发展的过程中对于资金的需求较为迫切,但是通常缺乏足够的资金支持。资金链的断裂也是很多中小企业倒闭的重要原因。

在我国的经济发展建设中,中小企业发挥着重要的作用,非国有企业对国内生产总值的贡献率达到80%。另外,据统计,目前工商注册的中小企业已经超过1000万户,占全部注册企业的90%以上,中小企业的工业总产值占全国工业总产值的60%左右,实现利税占全国工业总产值的40%,就业人数占全国工业总产值的70%,出口额占出口总额的60%左右,流通领域占全国零售网点的90%以上,提供了大约80%的城镇就业机会,在我国经济体系中起着举足轻重的作用。

与此同时,中小企业的融资却面临很多方面的限制。虽然中小企业对工业增加值的贡献已达74%,但在间接融资方面,在全部银行信贷资产中,非国有经济使用的比例不到30%,70%以上的银行信贷仍然被国有部门利用。证券市场上的直接融资也主要是为国有大型企业服务,这无疑加大了中小企业融资的难度。

众筹融资的出现为中小企业增加了一条新的融资途径,同时众筹低门槛的特性也符合中小企业融资难的现状。另外,众筹具有很强的灵活性、融合性和个性化特征,可以有针对性地面对特定的投资者。众筹的这些特质正好适应了中小企业的资金需求,既可以为它们带来资金,又能够为它们的发展带来先进的管理经验。众筹融资作为一个桥

梁和纽带，把各自需求有机地结合起来，有助于拓宽中小企业的融资渠道，促进融资渠道的多元化发展，在一定程度上也缓解了中小企业融资困难的压力。

1.7.2 加速资本运转，提高融资速度

我们都知道对一个企业而言，企业的运作资金意味着一个企业的实力。如果一个企业资金短缺，那么企业也容易陷入困境，严重时甚至会破产倒闭。这时候快速融资就如雪中送炭一般，能够使企业及时摆脱困境。但是在传统的间接融资、"场内市场"直接融资模式中，金融机构往往会要求中小企业提供本企业的详尽信息，并通过层层审核以评估其偿债能力，最终仍可能拒绝其贷款申请。"成功概率小"和"审核时间长"延长了中小企业的融资时间，并可能使其丧失最佳投资机会。但是众筹融资的出现彻底改变了融资难、时间长这一现实问题，使得中小企业的融资变得越发简便了。

案例陈述

德国进口全自动镂空机械表是一款自动机械表，其机芯背面有个旋转摆陀，可以通过戴上手之后左右摇摆即时补充手表能量。平常少摇摆或者放置下来比较久时，可手动上发条补充手表能量。另外，其采用德国进口手动上链机械机芯、优质不锈钢表带以及高强度矿物玻璃镜面。

该项目在某众筹平台上发起众筹之后，迅速受到众多网友的关注。2016年6月25日，德国进口全自动镂空机械表上线。2016年6月27日10时，筹资已经超过50%。截至2016年7月1日，筹款已经超过100%，共101 280元，获得158人次支持。到了2016年7月30日，项目成功结束，一共完成183 280元的筹资额，达成预定目标。

可以看到，案例中的众筹项目仅用了3天时间便完成了融资目标，这是传统融资不可能达到的。众筹模式的出现打破了投融资双方信息不对称的瓶颈，利用网络平台进行融资，突破了时间和地域的限制，公众可以随时随地进行资助，同时面向网民公众进行融资，平摊金额更小，风险更低，更能促进筹资成功。

1.7.3 降低了企业经营风险

众筹模式具有一个隐性价值，在于融资的同时即进行前期的市场调查。部分中小

企业家由于缺少对宏观经济形势的掌控和了解，往往投入到"过饱和"行业或者是盲目跟投，结果造成项目投产之日就是产品积压之时。

在众筹模式中，项目发起者通过平台向公众展示项目信息。公众对项目进行评估并决定是否支持投资以及确定支持投资金额的大小。这就相当于对预投产的产品进行了前期的市场调查，能在一定程度上反映出产品未来投放市场的成效，在很大程度上降低了生产成本与融资风险。

企业根据项目的众筹情况合理地生产产品，可以避免生产材料的浪费，也可以避免生产产品的积压，还可以根据前期投资者的产品使用反馈情况来改良优化产品，从而降低企业的经营风险。

另外，对于农业生态类的产品，通过众筹的方式增加了销售渠道，避免了农产品的积压。传统的农副产品销售都是通过当地农民到附近的集市上售卖，或者是等待果商统一收购。这样的销售方式一般售价较低，而且随着时间的流逝，产品的保质期过去了，若产品没有售完会给果农造成经济损失。

但是如果通过众筹的方式，在产品成熟之前就在众筹网上进行预售，可以通过互联网快捷的特性将产品销售到世界各地。这样一方面可以降低果农们销售产品的压力，另一方面可以将更多优质的产品带给更多的人。如今这类农产品在众筹网上的预售比较常见，如眉县猕猴桃、丑柑、烟台樱桃、百香果等产品，在众筹网上都受到了网友的支持和关注。

企业众筹融资中的各类风险

虽然众筹给项目发起人和投资者提供了互惠双赢的机会，但是众筹中仍然有一些风险问题需要每一个参与其中的人注意，进而避免这些问题带来的损失。

1.8.1 众筹面临哪些法律风险

众筹虽然受到广大投资者与创业者的青睐，但是结合现行的法律法规，众筹可能面临诸多法律风险，这不得不引起投资者和创业者们的重视。下面来了解众筹中可能面临的法律风险有哪些。

1. 刑事法律风险

根据现行的刑法来看，众筹可能面临以下几类刑事法律风险。

- **非法吸收公众存款罪。** 这是指违反国家金融管理法规非法吸收公众存款或变相吸收公众存款，扰乱金融秩序的行为。
- **集资诈骗罪。** 这是指以非法占有为目的，违反有关金融法律、法规的规定，使用诈骗方法进行非法集资，扰乱国家正常金融秩序，侵犯公私财产所有权，且数额较大的行为。
- **非法发行证券罪。** 股权类众筹目前是存在最大法律风险的众筹模式，最可能涉及的犯罪是非法发行证券犯罪，该罪有两条红线不能碰：一是公开（不限制人数，因为涉及不特定人）；二是超过200人（虽然有些非上市公众公司股东超过200人，但由特殊原因造成，原则上不允许突破）。
- **虚假广告犯罪。** 如果众筹平台在已经知道众筹项目存在虚假或夸大宣传的行为，仍然予以发布，并造成了严重后果，达到了刑事立案标准，则涉嫌虚假广告犯罪。
- **非法经营犯罪。** 如果众筹平台在没有得到批准的情况下，在平台上擅自销售有关的金融产品或其他产品，并造成严重后果，达到了刑事立案标准，则涉嫌非法经营犯罪。

2. 行政法律风险

与刑事犯罪法律风险相对应的是行政违法法律风险。目前，众筹中存在的行政法律风险主要包含以下几种。

- **证券类行政违法行为。** 如果未经批准擅自发行股份，在未达到刑事立案标准的情况下，则构成行政违法行为，依法承担行政违法责任，由证券监督机构给予行政处罚。
- **非法集资类行政违法行为。** 如果非法集资行为未达到刑事立案标准，则构成行政违法行为，依法承担违法责任，由人民银行给予行政处罚。
- **虚假广告类行政违法行为。** 如果众筹平台应知或明知众筹项目存在虚假或夸大宣传的行为，而仍然予以发布，但尚未达到刑事立案标准的，则涉嫌虚假广告行政违法。
- **非法经营类行政违法行为。** 如果众筹平台未经批准，在平台上销售有关的金融产品或其他产品，但尚未达到立案标准，则涉嫌非法经营行政违法。

3. 民事法律风险

众筹除了前面提到的刑事犯罪法律风险和行政违法法律风险之外，由于众筹中参与投融的人数众多，这些可能会导致大家的利益分配出现分歧，从而引起民事法律风险。在众筹中常见的民事法律风险有以下几类。

- **合同违约纠纷**。众筹中可能会存在合同违约的情况，主要表现在回报的产品质量不符合约定，交货期不符合约定，不能够如期按照约定回报结果，不能够如期还款等，从而造成债务纠纷等。
- **股权争议**。股权类众筹还可能会引发股权纠纷以及公司管理权、控制权有关的纠纷。此外，对于采取股权代持方式的股权类众筹，还可能会存在股权代持纠纷等情况。
- **退出纠纷**。在股权类众筹中还涉及一个退出的问题，如果没有事先约定好退出机制，或是退出机制设置不合理，很容易引发一系列股权退出纠纷。
- **民事诉讼程序上的问题**。众筹在民事诉讼程序上也存在诸多问题，比如诉讼主体资格确定问题、集团诉讼问题、电子证据认定问题、损失确定标准问题、刑民交叉以及刑事附带民事诉讼等诸多程序问题。

所以在操作众筹的过程中，投资者和项目发起者不仅要考虑刑事犯罪法律风险、行政违法法律风险以及民事法律风险之外，还要严格履行有关法律手续，设定好众筹规则，将每一个操作流程进行细化，遵守法律法规，从而保证众筹的顺利进行，避免不必要的民事法律争议的发生。

1.8.2 众筹中的其他风险

在众筹投融中，除了需要考虑法律方面的风险之外，还要考虑其他方面的风险，如信用风险、资金监管风险、管理风险等。下面详细介绍众筹中其他方面的一些风险。

1. 平台道德风险

在众筹平台上，投融资有一个不得不考虑的风险，那就是平台道德风险。从目前国内外众筹平台的运行来看，筹资人与投资人二者的关系尚不明确，投资人既是投资者，又是另类的天使投资人，还是客户。因为两者之间的法律关系并不明确，从而造成双方的权利义务关系也不明确。由于筹资人与投资者之间存在信息不对称的情况，所以投资者常常处于弱势，投资者的利益很容易受到损害。

虽然众筹平台承诺在筹资人筹资失败后，会将资金返还给投资人，但没有规定筹资人筹资成功但无法兑现对投资人的承诺时，对投资人是否会返还出资。当筹资人筹资成功却无法兑现对投资人承诺的回报时，既没有对筹资人的惩罚机制，也没有对投资人权益的救济机制，众筹平台对投资人也没有任何退款机制，无法对投资者的收益进行保障。投资人被看作是花钱体验产品的"消费者"，但若购买的商品或服务有问题，对方未履行提供商品或服务的义务时，还无法适用《消费者权益保护法》或其他法律进行救济。这是投资者无法忽视的众筹平台的道德风险。

2. 资金监管风险

众筹筹集的资金也面临缺乏监管的风险。互联网众筹是通过网络平台融资，在一个虚拟环境中怎样保证诚信，是任何一个投资人首先需要面临的问题。由于没有成型的规范，缺乏融资所得资金使用的监督标准，目前完全靠被资助者的自觉与良心来管理和运用所筹资金，缺少必要的监管。行业内虽然规定互联网众筹平台对资金运用有监管的义务，但因为参与主体众多且分散、空间广泛以及众筹平台自身条件的限制，在实践中难以完成对整个资金运作的监管，即使知道筹资人未按规定用途使用资金，也无法对其进行及时制止和有效的风险防范。

3. 技术风险

通常在众筹平台上，众筹的项目都处于一个研发设计的阶段，产品的各项功能尚不成熟，所以项目存在很大的技术风险。通过众筹回报的方式，首先将产品发给投资者，如果产品并没有达到预期的效果，或者存在较大缺陷、质量不合格，让项目投资者承受损失，对项目的发起者而言也是一项重大的损失，因为他们很可能就失去了第一批忠实的顾客。例如，国外知名网站Indiegogo上的一款智能手表，不仅比原来约定的时间晚了9个月发货，而且许多承诺的功能都无法实现，并且关闭了退货通道，对网站和项目开发公司造成了很大的负面影响。

1.8.3 国内众筹融资的风险防范措施

任何新产业出现时都不可能是完美的，所以众筹也是如此。对于这一比较新的模式，众筹网站的筹资风险防范需要每一个参与其中的人加以思考。

首先，法律方面的风险。在现有的法律框架下，众筹中产生的法律风险是不可忽视的，无论是出资行为，还是股份代持行为等，都可以用民事法律诉讼程序及部分行政规范来解决。而非法集资罪属于刑法范畴，刑法的一个基本特征就是谦抑性、补充性、最终性。只有当民商事等其他渠道不能解决时才能选择用刑法的机制进行治理。当然也要正视众筹中存在的法律风险，为了保护投资人的利益，可以出台相关的法律来引导规范众筹的发展。

其次，对于道德信用风险，可以考虑组建专业的融资项目评选团队来鉴别项目的真实性以及合法性。评估每一个筹资项目的风险程度，从而设置不同的风险等级。明确融资的流程，同时在众筹平台上明确说明融资的警示信息，并且严格监管融资流程，降低项目支持者的投资风险，从而保障投资者和项目发起者之间的互利双赢。另外，对项目的进展情况进行跟踪，督促发起人定期发布项目的进展情况；或者引入第三方资金监管机构对于募集资金的管理，将资金管理与众筹平台管理分开，是比较安全可行的做法。

最后，技术方面的风险可以从支持者和项目发起者两个方面入手。支持者在投资之前可以先了解众筹融资模式的运作，清楚行业目前的发展阶段以及潜在的风险。对于选定的融资项目要仔细阅读项目说明书，评估项目融资的风险程度以及自身能够承担的风险程度，选择适合自己的众筹项目。对融资项目发起人而言，需要客观地展示融资项目的全貌，做好融资项目预算，确定合理的筹资额。合理规划融资项目进展，定期发布融资项目实施情况。定期与支持者展开交流，有选择性地汲取大众的意见。确定切实可行的售后服务，为下一步的筹资做铺垫。

随着众筹模式的不断发展，众筹面临的风险势必会不断增加，但是众筹的模式也会越发的成熟完善。就目前众筹融资发展现状来看，通过互联网平台众筹融资的多是小型企业或者刚刚起步发展的项目，而那些发展稳定的企业对于众筹融资的应用还是非常少的。但是在以后，随着竞争的加剧，企业对于众筹融资的需求将会逐渐增加，众筹融资的应用范围将会不断扩大。不管是当前还是以后，众筹融资作为新技术在金融领域的应用，都将发挥出不可忽视的作用。

第 2 章
盘点知名的众筹平台

 **本章要点**

- ◆ 世界上第一个众筹网 ArtistShare
- ◆ 首个股权众筹网 Crowdcube
- ◆ 最大的众筹平台 Kickstarter
- ◆ 深度介入的 WeFunder
- ◆ 淘宝众筹
- ◆ 京东众筹
- ◆ 众筹网
- ◆ 腾讯乐捐
- ◆ 大家种
- ◆ 淘梦网
- ◆ 投筹网

 **学习目标**

随着众筹的发展,越来越多的个性化众筹平台呈现在大众眼前,可是什么样的众筹平台才是适合自己的呢?在选择众筹平台之前,首先需要对知名的众筹平台进行了解,分析其特点优势,以帮助我们更好地选择适合的平台。

知识要点	学习时间	学习难度
国外知名的众筹平台	25 分钟	★★
国内的综合众筹平台	40 分钟	★★★
国内垂直性的众筹平台	40 分钟	★★★
国内的股权、债权式众筹平台	50 分钟	★★★★

国外知名的众筹平台

国内的众筹是由国外传入的,所以国外的众筹在很多方面都对国内的众筹有一定的影响。下面介绍一些国外知名的众筹平台。

2.1.1 世界上第一个众筹网 ArtistShare

2003年,艺术众筹网站 ArtistShare 在美国成立,自此世界上第一个众筹网成立,也由此拉开了众筹行业的序幕。如图 2-1 所示为 ArtistShare 的官网首页(http://www.artistshare.com/v4/)。

图 2-1

ArtistShare 是一个以"粉丝为基础"的众筹平台,粉丝为喜爱的艺术家融资,从而可以观看或参与到艺术的创作过程中,而艺术家可以脱离唱片公司、经纪公司的束缚,在粉丝资金的支持下自由大胆地创造艺术、发展事业。ArtistShare 率先提出,艺术的结果固然重要,但是艺术的创造过程更有价值。

ArtistShare 成立这样一个平台,是希望粉丝们都有机会能够参与到艺术的创作过程中,希望能够引领音乐行业由最初的零售物理音乐产品转移到为粉丝提供参与创作机会的服务。想要融资的艺术家首先需要填写问卷,问卷内容有艺术家受欢迎指数、是否经常与粉丝进行互动等问题。艺术家在提交问卷之后,如果 ArtistShare 认为艺术家适合这个平台,那么经过融资事宜的商讨,项目将发布在平台上等待融资。来自世界各地的任何粉丝都可以在 ArtistShare 上为喜爱的艺术家投资。在 ArtistShare 上，项目融资金额没有最终目标额，每个项目都会给粉丝提供几种融资选择。

在融资结束之后，项目就开始进入制作阶段。粉丝会根据融资情况收到不同的邀请。此外，艺术家会经常更新项目的近况，然后才通过录音、图片展示或者写文章的方式向粉丝们进行展示。这也是 ArtistShare 众筹平台经营的核心，同时也是艺术家与粉丝之间零距离交流沟通的一种方式。平台也会鼓励艺术家们尽量多地更新项目进展情况，与粉丝经常进行交流接触。从最开始为音乐行业服务到现在，ArtistShare 已将平台服务对象扩展到各类艺术家，如作家、摄影师、制片人等。

对粉丝来说，他们将会从头到尾见证艺术的制作过程，见证艺术的诞生，有时这会比结果更有趣。实际上，ArtistShare 允许粉丝分享项目的最终盈利，但是平台还从未出现过以最终盈利为目标的项目，因为大部分粉丝只是为了体验音乐、艺术的制作过程，是为了参与其中，而非盈利。

2.1.2　首个股权众筹网 Crowdcube

Crowdcube 成立于 2010 年 10 月，是英国一家股权众筹平台，曾被评为 2013 年欧洲最火热的 Tintech 公司。Crowdcube 由达伦·西湖（Darren Westlake）和卢克郎（Luke Lang）在埃克塞特大学创新中心建立，被英格兰银行描述为银行业的颠覆者。因为 Crowdcube 创立了企业经营者筹集资金的新模式。如图 2-2 所示为 Crowdcube 的官网首页（http://www.crowdcube.com/）。

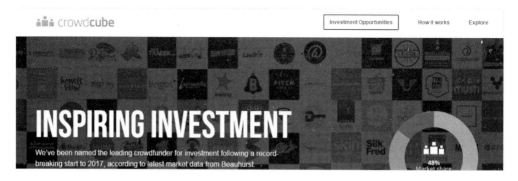

图 2-2

有别于其他众筹平台，Crowdcube 是一种以股票为基础的筹集资金平台。在这个平台上，企业家们能够绕过天使投资和银行，直接从普通大众手中获得资金。而投资者除了可以得到投资回报和与创业者进行交流之外,还可以成为他们所支持企业的股东。Crowdcube 的众筹运作流程如图 2-3 所示。

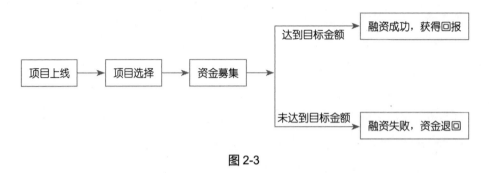

图 2-3

项目发起者在项目上线之前需要完成三个步骤,包括项目申请、标书制作和项目审核。首先项目发起者需要在 Crowdcube 平台上提出项目申请,确定企业价值和融资目标的金额,然后提供项目描述、退出计划、商业发展计划以及对企业未来 3 年的财务预测。Crowdcube 平台在收到材料之后,会在 72 小时内对项目进行审核,并且提供一定的修改意见。项目发起者的项目通过审核之后就可以根据自己的融资需求设定融资额,并提供一定份额的股权,然后在 Crowdcube 上发布自己的融资计划,也就是标书制作。此外,企业要制作一个关于项目的视频,更加直观地向广大投资者展示项目计划。要确保视频专业、引人入胜。融资者也可以选择付费制作视频。标书制作完成后,Crowdcube 会再次进行审核,修改不恰当的地方,核实每一个数据的来源,确保项目中每句话的真实性。经过审核确认之后,项目就可以上线了。随后,投资者就可以选择项目进行投资支持了。

根据规定,投资者最低出资额为 10 英镑,无最高额限制。募集期满后,若融资成功,Crowdcube 与其合作律师事务所将会同发起人完善公司章程等法律文件,并发送给投资者确认。投资者确认后,资金将通过第三方支付平台转账到融资方账户。投资者收到股权证明后即完成整个融资流程。若募集期未满而投资总额已达到融资目标,发起人可以增加目标金额,继续融资。目前,Crowdcube 免收会员费、项目发起费,但融资成功后将向融资方收取 500 英镑的咨询管理费以及融资总额的 5% 作为手续费。

2.1.3 最大的众筹平台 Kickstarter

2009 年 4 月,Kickstarter 在美国纽约成立。Kickstarter 是一个专为具有创意方案的企业筹资的众筹网站平台。Kickstarter 网站致力于支持和激励创新性、创造性、创意性的活动。通过网络平台面对公众募集小额资金，让有创造力的人有可能获得他们所需要的资金，以便让他们的梦想得以实现。Kickstarter 为"有创意、有想法，但缺乏资金"的企业与"有资金，也愿意捐款支持好创意"的投资者提供了平台。如图 2-4 所示为 Kickstarter 的官网首页（https://www.kickstarter.com/）。

图 2-4

Kickstarter 相信，一个好的创意，通过适当的沟通，是可以快速地广为流传的。同时，集结众人的力量来集结资金并给予精神上的鼓励，可以让创业者更实际也更有勇气实践自己的好点子。

Kickstarter 是一个门槛很低的平台，任何人都可以向某个项目捐赠指定数目的资金，平台收取较低的佣金。例如，加州马金·卡拉汉希望创作一部关于半人半妖的新漫画，第一期的创作和宣传费用预计需要 1500 美元。因此，她给网站写了一封介绍信，希望有人能够提供小额捐款。捐款者可以得到的回报是：捐 5 美元可以得到一册带有作者签名的漫画书；捐 100 美元可以得到一个带有以漫画故事中主人公为饰物的包。当然，只有收到的捐款超过 1500 美元，她的许诺才会兑现。其结果是，她在很短的时间里就拥有了这笔捐款。

2.1.4 深度介入的 WeFunder

WeFunder 创立于 2012 年 1 月，主要为科技型的初创企业提供融资服务。WeFunder 在线创业投资众筹平台是一个天使投资机构，帮助初创企业得到优质融资。使用该平台的出版工具，创业者可以分享自己的故事，展示自己的产品，轻松地将视频、图片、幻灯片、产品演示、展品等投放到网站上。如图2-5所示为WeFunder的官网首页（http://wefunder.com/）。

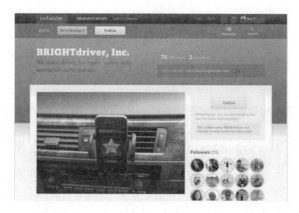

图2-5

WeFunder每周都会上线一家全新的、经过仔细审核的创业公司，外界投资者需要申请才能助其融资。与一般的股权众筹平台不同的是，WeFunder在整个融资过程中的介入程度更深。

WeFunder接到项目发起人提交的上线申请后，会组织专业人员对其进行深入调研，了解信息的真实性和项目价值。这种严格的审核方式虽然限制了上线速度，但是提高了项目质量和融资成功的概率，在已经完成融资的项目中，多数筹款达到了数百万美元。

项目被允许公开融资后，若投资者有意向，则将资金直接转入WeFunder专设的项目资金托管账户中，并可在融资期限内随时要求撤回资金。在项目融资成功后，WeFunder会将所有投资该项目的资金集中起来成立一个专项小型基金"WeFund"，通过该基金入股创业企业。每个WeFund的投资者上限为99人，基金成立后由WeFunder的专业投资顾问负责运作和管理，并代行所有投资者的股东权力。

对项目发起人而言，所有投资者相当于是一个集体股东。根据WeFunder提供的法律合同，在项目实施过程中，投资者不能要求退出或转让，而是由负责WeFund基金的专业顾问自行决定何时转让集体股权以及向投资者分配收益。WeFunder在融资成功后收取2000～4000美元的项目管理费，以维持WeFund基金的日常运作，如果最终成功退出项目，WeFunder将再度分享投资收益的10%。在WeFund模式中，对投资者专业知识要求不高，只需其足够信任WeFunder专业团队的管理水平和职业道德。这种模式自创立以来就受到了市场欢迎，为很多项目筹集了充裕的资金，其中，仅飞车

（FlyingCars）项目就筹得 3000 万美元。

同时，WeFunder 还给了创业团队更多选择权，他们能够选择自己心仪的投资者。比如，一些投资者不仅能够为他们募资，而且还可以借助投资者所在行业的优势，为创业团队提供帮助，从而提高企业团队的竞争力。

2.2 国内的综合众筹平台

综合众筹平台指的是一些大型的专业众筹平台，在众筹平台上可以完成不同类型的众筹。这些平台除了可以完成基础的投融之外，还常常伴随着一些增值服务，如项目指导、审核、管理等。

2.2.1 淘宝众筹

淘宝众筹是阿里巴巴旗下的一个综合性奖励众筹平台，庞大的客户资源给了淘宝众筹得天独厚的条件。所以，淘宝众筹一经上线便受到了广泛关注。如图 2-6 所示为淘宝众筹官网首页（http://izhongchou.taobao.com/）。

图 2-6

虽然国内的众筹平台数量较多，但是淘宝众筹在行业中的地位仍然不可忽视，这当然与它自身的优势是分不开的。

首先是庞大的数据库资源。对淘宝众筹而言，其最大的优势在于淘宝网的庞大数据库。淘宝上有数以万计的人、物交易数据。通过这些交易数据，项目发起人可以了解受众群体的消费能力、消费习惯、地域分布情况、年龄等信息。掌握了这些数据就可以在淘宝众筹平台上定向地向用户推荐众筹项目，这样就可以为自己的项目带来非常大的转化率。

其次是淘宝众筹平台的创业孵化器。众筹的核心在于孵化阶段，而淘宝众筹在产品研发阶段以及生产阶段会和创业者进行沟通并提供帮助。在产品研发成功之后，还可以利用阿里体系中的生态资源，包括1688淘工厂、社交营销、聚划算、天猫等，让创意孵化成为具体的产品。

另外，淘宝众筹也是一个不错的自媒体广告平台。项目发起人可以将淘宝众筹视为项目进行免费广告的发放区域，通过不定期的发布新产品，可以发现一些潜在的用户群体，并且还可以在淘宝众筹平台上与众粉丝进行互动。

与其他众筹平台的一个重要区别在于，淘宝众筹存在淘宝卖家进行众筹的情况。因此，针对淘宝商家和天猫商家，淘宝众筹对商家参与的条件做出了限制。首先是淘宝卖家，分别从店铺资质、公司资质、商品资质、额外需求四个方面进行了限制，具体介绍如下。

店铺资质说明如下。

（1）符合《淘宝网营销规则》。

（2）本年度因严重违规（B类）被处罚的卖家，禁止参加活动。

（3）本年度因出售假冒商品（C类）被处罚的卖家，禁止参加活动。

（4）已加入淘宝网消费者保障服务且消保保证金余额大于等于1000元。

公司资质说明如下。

（1）法人身份证明，如项目发起人不是公司法人，则需要附加发起人身份证明；如项目联系人不是项目发起人，则还需要附加项目联系人身份证明，所有的身份证明须真实有效，并保证在工作日可以应答。

（2）项目对应公司营业执照，营业执照副本。

（3）公司有过成功众筹经验，可获得审核加权。

（4）项目发起人如拥有如下资质，可获得加权。

◆ 相关产品成功众筹经验。

- 发起人拥有相关领域重要资质认证，如教育经历、获奖经历等。
- 发起人拥有相关领域重要创新技术的知识产权。

商品资质说明如下。

（1）商品专利资质。

（2）商品如获得过创新竞赛类奖项，提供对应证照，可获得审核加权。

（3）商品如有前几代成功经验，可获得审核加权。

额外需求：以上准入条件、类目若有特殊情况，可根据书面说明，另行处理。

针对天猫商家，需要满足以下条件。

（1）符合《天猫营销活动基准规则》。

（2）符合天猫各类目的行业资质标准。

（3）店铺本年度内无因违禁或品控 B 类 6 分严重违规处罚。

（4）店铺本年度内无任何虚假交易处罚。

（5）以上准入条件、类目若有特殊情况，可根据书面说明，另行处理。

在淘宝众筹中，除了对众筹发起人的条件做出了严格限制外，还对众筹的商品、经营等做出了严格限制。商品经营范围等方面的限制与其他众筹平台上的限制条件大致相同。

项目发起人在淘宝众筹上发起众筹也需要经过项目提出申请→平台审核→项目上线→项目融资→投资回报这几个步骤。虽然不同的众筹平台会有不同的参与细节，但是大致上的流程基本相同。

淘宝众筹作为一个典型的、由传统电商平台发起的综合众筹平台，在众筹行业中一直处于领先位置，同时，在市场份额的所占比例中一直位列前茅，受到广泛关注。

知识补充｜淘宝众筹的增值服务

为了帮助淘宝众筹的项目发起者更好地完成众筹项目，淘宝众筹平台提供了丰富的帮助教程，其中包括项目包装辅助、无偏视频编辑、微博及微信推广、特色市场分类等功能，这些功能除了能够帮助项目发起者更好地完成众筹之外，还能够对项目起到广告推广的作用，以便让更多的人看到项目。

2.2.2 京东众筹

除了前面介绍的淘宝众筹之外，在国内还有一个比较大的电商网站——京东。京东众筹作为京东金融第五个业务板块于 2014 年 7 月 1 日正式上线。京东众筹在成立之初便有了明确的定位，旨在打造一个低门槛、新奇有趣并且能够全民参与的众筹平台。

目前京东众筹主要分为三大类：产品众筹、公益众筹及股权众筹。如图 2-7 所示为京东众筹官网首页（https://z.jd.com/sceneIndex.html）。

图 2-7

京东众筹同淘宝一样也主打产品众筹。产品众筹是投资人对自己感兴趣的项目进行投资，从而获得产品或服务。项目发起者通过在平台上发起众筹，获得融资，从而创业，最后以产品或服务来回报项目支持者。

京东众筹中有一个比较特殊的众筹——股权众筹。投资人通过购买项目发起人的公司股权成为该公司股东，从而获得公司未来的多种收益。如图 2-8 所示为京东股权众筹首页。

图 2-8

对于股权众筹，京东众筹平台制定了一系列协议规定来规范投融双方的职责和权限，包括《投资人规则》《融资人规则》《融资人信息披露规则》《用户协议》等。在《融资人规则》中明确地对股权众筹融资人的参与条件做出了限制，具体如下。

（1）融资人应当为经平台实名认证的注册用户。

◆ 融资人应提供包括但不限于融资人姓名、公民身份信息（如身份证号码或护照号码）、联系方式、学历证明（可选）、工作履历证明（可选）等。

◆ 平台可以根据需要对融资人进行公民征信调查。

（2）融资人应当为中小微企业或其发起人。

◆ 融资人应当根据平台的要求提交融资项目信息，包括但不限于企业法人营业执照、组织机构代码证、税务登记证、法定代表人身份证明、公司章程、高管名册、核心雇员名单、财务审计报告、纳税证明（本项发起设立融资项目的发起人无须提交）等企业法人信息。包括但不限于所属行业及提供的产品或服务描述、核心竞争力、核心技术描述及知识产权、商业计划书、估值及融资需求、投资者席位数和投资条款等。另外，平台要求融资人提供的与融资人或融资项目相关的其他信息。

◆ 平台可以根据需要对融资项目进行企业征信调查。

（3）融资人应与京东签订《融资信息服务协议》。

除此之外，在协议中还明确了融资人应当向平台承担的义务、融资人应当向领投人承担的义务、融资人应该向投资人承担的义务、服务佣金、股权退出等。在股权众筹中，除了融资人外，投资人也需要遵守《投资人规则》中的一系列规定，双方才能够更好地完成众筹。

符合了融资人条件之后就可以在京东众筹平台发起股权众筹项目了。京东股权众筹采用的是领投人+跟投人的投资模式。这样的投资模式受到广大投资人的青睐，因为在整个众筹项目中，领投人已经占去大部分投资额度，剩余的少部分由跟投人参与，跟投人并不需要大额投资，在每个投资项目中只需要投资一小笔资金，便可以成为股东。

同时，由于参与股权众筹的股东门槛较低，很多股东没有丰富的投资经验，缺乏专业的判断能力，而领投人大多具备较为丰富的投资经验，能够以自己的专业能力弥补跟投人在专业判断方面的缺陷，降低项目的风险。具体的操作流程如图2-9所示。

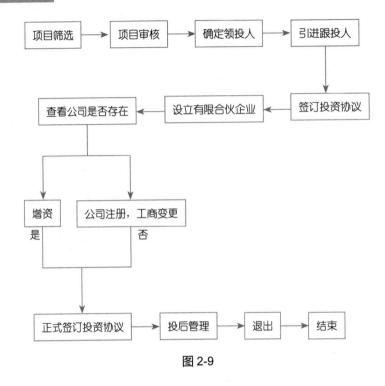

图 2-9

京东股权众筹自上线至今，已经完成了 106 个项目，募集资金超过 126 738 万元，这离不开豪华的领投团队。在京东众筹的领投人包括红杉中国的创始人及执行合伙人、新东方文化发展研究院院长、今日资本集团总裁以及高瓴资本集团创始人兼首席执行官等明星投资人，正是这些优秀的领投人吸引了大批跟投人。

在京东众筹的首页可以看到"轻众筹"板块，很多人会对轻众筹产生疑虑，不知道轻众筹是什么。其实，轻众筹是京东推出的快捷众筹项目。轻众筹只能通过手机移动端发起，PC 端无法发起。轻众筹是京东发布的一种众筹方式，不像一般的众筹那样复杂、要求多，轻众筹很简单、无成本、无要求。

轻众筹与京东其他众筹不同的是，轻众筹的目标金额限制为 20 000 元，也可以将轻众筹理解为小额众筹。但是需要注意的是，项目发起人发起轻众筹并不是通过京东 APP 直接发起的，而是通过微信公众号，其发起流程如下。

登录微信，然后微信关注京东众筹服务号"京东众筹 Bigger"或在手机浏览器中输入"q.jd.com"。这里以京东众筹服务号为例，如图 2-10 所示。

然后，在微信公众号底部导航中点击"京东众筹"，在下拉列表中选择"轻众筹"选项，如图 2-11 所示。

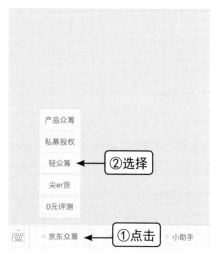

图 2-10　　　　　　　图 2-11

随后便会收到一条轻众筹的推送消息，点击"发起轻众筹"超链接，如图 2-12 所示。

根据页面提示填写发起轻众筹所需要的信息，并传送相关图片，在填写完成之后点击"下一步"按钮，如图 2-13 所示。最后预览项目无误之后，发起并分享给好友寻求支持就可以了。

图 2-12　　　　　　　图 2-13

除此之外，京东众筹还是一个良好的孵化平台。京东作为国内最大的自营式电商企业，其强大的供应链能力以及资源整合能力等，都能为筹资人提供从资金、生产、销售到营销、法律、审计等各方面资源的帮助，扶持项目发起者的项目得到快速成长。

2.2.3 众筹网

众筹网于2013年2月正式上线，是中国最具影响力的众筹平台。它是网信集团旗下的众筹模式网站，主要为项目发起者提供募资、投资、孵化、运营一站式的综合众筹服务。其logo是"众"形，类似两个人红黑相间、互补互联，代表众筹网是一家聚众人之力为众人服务的众筹平台。如图2-14所示为众筹网首页（http://www.zhongchou.com/）。

图2-14

众筹网的基本众筹模式有捐赠模式和奖励模式两种，涵盖的领域包括科技、艺术、农业、设计、音乐、影视、出版、公益、动漫游戏等。众筹网的奖励众筹与其他众筹平台的流程大致相同，但是细节上仍有区别，具体如下。

- ◆ **发起**。由于操作流程复杂，暂时只可以在PC端发起的众筹，必须通过人工审核才可上线，并在众筹网平台公开展示。
- ◆ **筹资**。项目经审核成功上线后方可开始筹资，筹资项目必须在发起人预设的时间内达到或超过目标金额才算成功。
- ◆ **项目失败**。在预设的筹资时间内没有达到目标筹资额的项目，支持款项将全额退回给所有支持者。
- ◆ **成功结束**。众筹筹集成功之后，发起人即可向平台申请筹集的资金，支持者在项目结束之后可以得到发起人事先承诺的回报。

- **款项结算**。预先扣除掉平台服务费后按7∶3分两次进行，项目成功结束后在个人中心申请。

可以看到，在众筹网中，对于众筹资金的结款有明确的限制，并且结算标准不同。当项目成功之后，众筹网为发起人结款70%，确认全部支持者收到回报后再结款30%。

> **知识补充｜众筹项目的撤销**
>
> 　　项目一旦上线之后，发起人不能够撤销项目。只有存在以下行为时，众筹网会终止项目：① 项目违反国家法律法规或众筹网平台使用规则；② 发起人不同意接受众筹网相关协议规定，并停止使用众筹网针对项目发起人提供的服务；③ 不符合协议约定的项目发起人应具备的资格。

众筹网针对移动客户端的用户也推出了"朋友圈众筹"。朋友圈众筹意在让项目发起人在朋友圈这样的熟人圈中发起众筹。将设定好的众筹项目分享给朋友，可以是指定微信好友，包括自己，也可以是朋友圈、微博以及 QQ 空间，收到众筹项目的用户可直接点击"支持筹款"进行支持。

目前可以通过三种方式发起朋友圈众筹，包括众筹网平台、众筹网 APP 和微信公众号。不同的方式发起筹资的额度限制不同，在微信公众号中发起朋友圈众筹筹资额度为 9999 元，而在众筹网平台和众筹网 APP 上发起朋友圈众筹的筹资额度为 99 999 元。但是朋友圈众筹有自己独特的众筹规则，具体如下。

- **发起**。由审核人员进行在线审核，暂时不能在众筹网平台(包含众筹网官方网站、手机 APP 端、手机 WAP 端)进行公开展示。
- **筹资**。发起人通过朋友圈分享进行筹资，不能单独设置回报档位。
- **项目失败**。朋友圈众筹项目默认没有失败的概念，也没有筹款的时间限制。
- **款项提现**。筹资金额满百元即可申请提现，提现必须绑定身份证，且必须使用身份证名下的银行卡来进行提现。提现成功后会收取当时提现总金额 3% 的手续费，众筹网会在 3 个工作日内对发起人提交的提现申请进行审核并且打款。

作为国内综合性的众筹平台，众筹网为支持创业而生，虽然后起但是在行业中保持领先，合作资源丰富，从项目数量、筹资额度及整体质量上看，众筹网的发展速度较快。因此，众筹网受到很多众筹参与者的追捧和喜爱。

2.3 国内垂直性的众筹平台

除了市面上常见的一些综合类众筹平台之外，还有一些垂直性的众筹平台。这些平台除了拥有众筹资金以外，还能够为发起者提供更加专业的行业帮助，因此得以快速发展和壮大。

2.3.1 腾讯乐捐

腾讯乐捐是腾讯公益推出的公益项目自主发布平台，具有发起、捐赠、互动与监督等功能，帮助项目发起人实现公益梦想。如图2-15所示为腾讯乐捐的官网首页（http://gongyi.qq.com/succor/）。

图2-15

腾讯乐捐是一个纯公益的众筹平台，包括项目发起者也是纯公益零盈利。腾讯乐捐帮助个人实名认证用户、非公募机构以及公募机构自主发起公益项目，项目通过审核后，在线公开募款，及时反馈项目执行进展、接受公众监督等公益服务。

腾讯乐捐解决了传统公益领域内救助者与施助者之间信息不对称的情况，通过网络的方式，如微博、微信、电子邮件等，让捐助者可以随时了解项目实施的情况，了解资金流向和使用状态等。

个人用户可通过该平台选择自己支持的公益项目，自主选择捐款金额进行捐款。腾讯乐捐平台的众筹流程如图2-16所示。

① 注册
在平台上完成注册，个人提交真实可靠的资料完成实名认证，公益机构提交所需的机构资料完成注册

② 发起
在平台完成实名认证的个人用户，以及在乐捐平台注册的公益机构均可发起公益项目

③ 审核
公募机构审核并确认项目情况，并在 10 个工作日之内反馈审核的结果

④ 募款
审核通过的项目在乐捐平台上线，获得爱心网友的捐款支持

⑤ 执行
项目发起方接受善款并且执行项目，同时及时在平台上提交项目的进展情况

⑥ 结项
项目方公示项目总结及善款的使用报告，完成项目

图 2-16

此外，还解决了公益领域内资源分配不均的问题。获得资源多的大型 NGO 知名度较高而需要执行的项目很多，往往无法估计所有被需要的案例，而大量中小型 NGO 也拥有相对丰富的资源却没有可执行的项目。通过网络可以最大限度地合理调配资源。另外，透明公益的根本需求也是通过乐捐得以实现的。乐捐平台在公益慈善机构与捐款人之间，搭建起一个透明公益的网络平台，使得彼此之间的沟通交流变得更加透明顺畅。

2.3.2 大家种

大家种网是一个农业众筹平台，提供用户直接向农场预购农产品的服务，强调农业生产过程的透明性，增进用户和农场的互动参与性，定期为用户推荐经过大家种专业团队谨慎考核过的农场，保证大家种网站上所公布的农场均达到绿色无公害的要求。同时，用户还可以通过大家种全程监管农场的生产过程，确保生产过程的透明可信。如图 2-17 所示为大家种官网首页（http://www.dajiazhong.com/）。

图 2-17

大家种是一个农业众筹网站，以众筹的方式连接家庭和农场。大家种聚合多个用户一起众筹一个农场的项目，相当于多个用户租下了该农场，用户成为"地主"，而原本的农场工作人员成为给"地主"服务的"长工"。因此，大家种针对不同的对象，设置了两种不同的模式。第一种模式针对用户。大家种平台为用户寻找并推荐健康安全的农场，大家种的平台让农场的生产过程完全向用户透明。同时，大家种会向用户推荐性价比较高的农产品。第二种模式针对农场。大家种为农场提供预售平台，为农场的产品品质树立品牌效应，为农场提供直达消费者的机会。

作为一个以农业产品为核心的垂直性众筹平台，大家种有其独特的平台特点，具体如下。

（1）目前仅支持农副产品相关项目，合作范围包括但不限于菜地、粮食、茶叶类、土鸡、土猪等家禽养殖，鱼、虾、蟹等水产品，酒庄等。

（2）为了保障产品的绿色安全，大家种平台要求每个农场要在项目动态页面中公布生产过程中一些重要节点的照片、视频等，甚至有 24 小时实时监控的摄像头。

（3）大家种平台组织 F2F 考察。F2F 组织是由用户自发组建、自发运营的一个消费者组织，起到群众监督的作用。

（4）大家种网站会定期组织用户参与走出城市、走进农场的活动。

由于大家种平台针对的是农副产品，所以要求项目发起人有自己的农场。项目发起人在大家种平台上发起众筹非常简单，只需要通过四个步骤，包括农场提交众筹合作信息、大家种自主审核（3～5 个工作日）、大家种和农场进行沟通、最后大家种平台上门洽谈。

大家种这类众筹平台的诞生，无疑给农场经营者带来了福音，也为人们享用绿色无公害的农产品提供了一个通道。这也是大家种平台一直倡导不用化肥、不用农药，并杜绝人工激素的原因所在。

> **知识补充｜农产品不达标的情况**
>
> 因为农业产品常常以预售的形式众筹，可能会有产品不达标的情况。这时如果是农场的人为因素造成达不到承诺的产量，大家种网站会按相应的价格退回用户欠收部分的费用。如果农场在生产过程中达不到承诺的品质要求，或者有滥竽充数的行为，用户一旦发现，可与大家种网站客服联系。一经证实，大家种网站会立即退回用户的众筹款，同时终止与农场的一切合作。该农场的所有项目均不得再在大家种网站上发布。

2.3.3 淘梦网

淘梦网成立于 2012 年 2 月，是目前最大的新媒体影视平台，提供专业的众筹和营销发行服务。如图 2-18 所示为淘梦网官网首页（http://www.tmeng.cn/）。

图 2-18

淘梦网是国内首家垂直型众筹平台，专注通过众筹的方式提供网络融资服务。电影团队可以在平台上发布拍摄计划、列出预算、展示团队、记录进度、沟通交流、寻求合作，最终完成作品创作。在此过程中，吸引观众、投资方、广告主和发行方的资金或资源支持。

简单来说，淘梦网就是聚集众人的力量及资金来完成某件事情。比如，电影人可以通过视频、图片、文字等形式把电影拍摄计划或剧本，甚至只是一个电影想法发布到网站上，并预估拍摄电影所需的目标资金、筹款天数及对支持者的回报。如果支持者对某个电影项目感兴趣，可以预付款至淘梦网企业支付宝或财付通账户。当电影项目在筹款天数内达到了目标资金，淘梦网将把所有支持者的预付款转移至项目发起者的银行账户，就可以开始启动电影拍摄计划了。

在淘梦网发布影视项目能够得到营销发行，淘梦网为电影团队提供作品营销发行和版权交易支持。汇集优势发行渠道，通过与视频平台、电视台、网络运营商、国内外影展、比赛等新媒体渠道的合作提供多样的营销和发行服务。同时，通过手机视频付费、视频平台付费、电视台、比赛等为电影团队获得作品收益。但是发行的影视作品需要满足以下几个条件。

（1）项目发起者拥有新媒体电影作品版权或经合法授权。

（2）项目发起者以独家或非独家且可转授权形式授权给淘梦网信息传播权。

（3）电影作品质量、题材、形式无具体要求，因为每个播放平台对于作品偏好不同。

目前，淘梦网的影视作品发行方式主要有以下五个方式。

（1）淘梦网与国内主流视频平台建立了长期的合作关系，淘梦网作为微电影内容提供方，对方会给予较为有利的推荐方案。如常见的首页推荐、频道页推荐等，也有可能提供硬性广告推荐。

（2）淘梦网与国内众多微电影大赛或电影节等建立了长期的合作关系，可以帮项目发起者的作品推荐到微电影大赛或电影节上。同时，淘梦网也与国外众多国际影展建立了良好的合作关系，可以免费帮项目发起者的作品参加影展。

（3）淘梦网已成为中国电信天翼视讯微电影频道内容提供方，有权推荐优秀微电影作品供中国电信海量手机用户付费观看并进行收益分成，当然绝大部分收入是属于项目发起者。

（4）淘梦网可提供院线、电影杂志推广，每期发行量约50万册，项目发起者的作品将得到电影级推荐。

（5）淘梦网有三大线下活动，包括淘梦开放日活动、行业活动和影展比赛，可以帮助项目发起者的作品成功在院线上映，让亲朋好友以及行业人士更多地参与其中。

除此之外，在淘梦网上的众筹有以下一些细节需要注意。

◆ **众筹项目的内容。**与新媒体相关的项目都可以发起，如个人电影拍摄、微电影创作、出版物、创意影片下载等。

- **回报方式**。在淘梦网上众筹的项目不能够以股权、债权或者资金等作为对支持者的回报，不能够向支持者许诺任何资金上的收益。其回报必须是实物，如出版物、产品、媒体内容等。

- **版权问题**。媒体类的项目很容易出现版权问题。在淘梦网上众筹的项目，不会对发起人发布的文本、文件、图像、照片、视频、声音、音乐作品、创作作品等内容有任何所有权。相关的众筹版权全由发起人负责。对于平台上项目信息的披露程度由项目发起人决定，对于创意、想法、剧本敏感的信息，可以选择不公开的方式。

总的来说，淘梦网是一个集众筹与营销发行于一体的服务平台。例如，某人想要拍摄电影，可以通过淘梦网发布项目，筹集资金、招演员、找场地以及征剧本，获得网友支持，帮助其实现电影梦。

2.3.4 投筹网

房地产众筹始于美国，和其他众筹一样，兼有筹资、筹客、筹智三大功能。房企借助房地产众筹平台，不仅可以为项目开发建设环节筹集资金，也可以为企业运营、销售和服务环节提供支持，促进项目进行，还可以为投资者提供丰富的投资品种，使其在主动参与、高度知情的情况下增加投资的收益回报。

投筹网成立于2015年，是小牛资本管理集团旗下的商业地产众筹平台。投筹网聚焦于商业地产领域，目的在于连接专业的商业地产项目运营人员与普通小额投资者。投筹网致力于打造一个有影响力的资产众筹平台，持续吸引优质的商业地产项目，筛选出风险可控且有客观经济回报的项目，实现用户利益最大化。图2-19所示为投筹网官网首页（https://www.touchouwang.net/）。

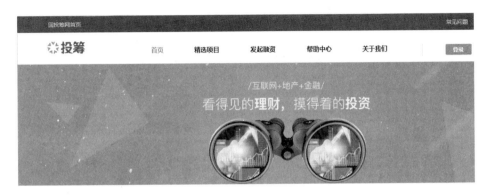

图 2-19

在投筹网的"精选项目"中可以看到各种各样的房产类项目筹资信息。投筹网将房产分为厂房改造、精品公寓、办公空间、热门商铺以及度假酒店五个板块。投资者可以选择自己喜欢的项目进行支持,当筹资期满之后,就会得到投资回报。

案例陈述

乐尚宝1号项目于2016年11月22日进行项目预热,11月23日项目开始募集,总额度为300万元,最长募集期为7天。下面来看看项目的具体情况。

深圳南山作为国内知名的科技产业聚集地,在深圳市具有举足轻重的地位。2013年南山区全年预计实现本地生产总值3206.57亿元,同比增长12.0%。2015年南山区GDP达到3714.57亿元,增速9.3%,蝉联广东省十强区第一位。"总部经济+科技创新"已成为南山区经济发展的双引擎。南山全区已认定的总部企业达74家。作为中国最知名的科技产业聚集地,南山拥有一系列知名科技企业总部、分部,如腾讯、百度、微软、西门子、阿里巴巴、甲骨文、中兴、迅雷、大疆,等等。

而乐尚宝1号项目位于深圳南山最高净值区域,毗邻科兴科学园。该区域就业配套齐全,交通便利,毗邻北环大道,是南山区最集中的就业中心之一。区域内有腾讯总部大厦、联想总部大厦、TCL和甲骨文等众多地标大厦。此外,特发信息科技大厦毗邻深圳最大的城市主干道北环大道,步行15分钟就可直达1号线高新园地铁站。

项目可出租面积为3647.52平方米;周边出租均价为140～170元/平方米;管理费+空调费为22～28元/平方米;预期出租率为95%。项目效果如图2-20所示。

图 2-20

项目支持方案:项目期限为30天,募集期为7天,按日发放投资收益,项目到期结束，返还投资额。项目基本信息如图 2-21 所示。

图 2-21

从案例中可以看到，整个项目资金筹集的速度非常快、非常火爆，深受投资者们的青睐。足以见得房地产行业仍然是一个投资的热门行业，而投筹网正是这样的一个平台，将投资者与项目方进行了很好的连接。项目方可以是企业机构或者是拥有房产的个人，通过平台发起众筹，快速募集资金，促进项目的快速成长。

在以往传统的投资生态链中，商业地产一直是一个高门槛的投资领域，而投筹网众筹模式开启之后，大大降低了投资者的资金准入门槛，共享商业地产理想的投资回报。对投资者而言，投筹网以"互联网+商业地产"的模式，让普通的小额投资者参与其中，1000 元起投的普惠模式使其受到了更多的关注。对项目发起方来说，可以通过投筹网平台的低成本，快速募集到资金，并能帮助他们推广项目，提升品牌的知名度和项目的传播力。

2.4 国内的股权、债权式众筹平台

前面介绍的综合众筹平台和垂直性众筹，大多属于奖励式众筹或捐赠式众筹。还有一些众筹平台，它们是专业进行股权、债权众筹的平台。

2.4.1 筹道股权

筹道股权成立于 2014 年，它与国内领先的众筹平台青橘众筹同属上海众牛互联网金融信息服务有限公司旗下，是一个专业进行股权众筹的平台。筹道股权坚持只有通过众筹阈值系统筛选、被市场充分印证的项目才能引进股权众筹平台,这样有利于大幅降低投资风险、引导科学投资,这种做法是筹道股权首创,被称为"递进式众筹"。

目前,筹道股权已经成功募集多项股权众筹项目,成为中国股权众筹行业的先驱者和领航者。如图2-22所示为筹道股权的官网首页(https://www.choudao.com/)。

图 2-22

由于是股权众筹,所以其众筹流程与奖励式众筹的方法有所区别。筹道股权中的众筹需要经过六个步骤。

- ◆ **第一步,发起项目。**在筹道股权页面上直接发起项目,然后根据页面的提示进行身份验证,填写筹资信息,然后提交项目。

- ◆ **第二步,寻找并确认项目筹资顾问。**筹资者需要寻找并确认项目的筹资顾问,即帮助筹资人解决问题的人。首先去蜂巢页面,寻找心仪的筹资顾问,将项目内容提交给筹资顾问,可以是多个筹资顾问。如果筹资人的项目被筹资顾问接受,筹资人需要从中选择一个中意的筹资顾问与他进行项目方案以及利益分配的具体洽谈。

- ◆ **第三步,项目初审并预热。**筹资顾问与筹资人进行协商之后,筹资顾问向筹道股权平台推荐项目,并填写项目上线意见。筹道股权平台对项目进行初审,并与筹资人签署筹资协议。筹道股权平台审核通过,项目进入预热期。

- ◆ **第四步,审核委员审核,确认项目认购时间。**审核委员根据系统中提交的材料对项目投资价值进行判断,一周内进行投票决议,然后由筹资人确认项目认购时间,最后项目进入预热期,预热期可以进行内部认购以建立人气基础。

- ◆ **第五步,项目认购成功。**项目进入认购期,为了增加投资人对项目的了解,筹资人可组织牵头路演以及企业开放日。进入缴款期之后，筹资人与认购投资人进行沟通以确保缴款期限内达到融资目标金额。进入交割期之后，筹资人和投资人按照相关的法律法规要求选定投资人代表进行尽职调查，成立持股平台企业，签署协议，进行工商变更和公示等事宜。

◆ **第六步，交割成功获得筹集资款**。筹资人按照每季度将项目进展情况以及重大变更事项在筹道股权平台上向投资人公示，让投资人清楚项目进展以及收益情况。筹道股权平台采用334原则对筹资进行分配，即交割资料完整合规之后，spv开户完成后拨款30%，确认所有投资人在spv的出资份额和股权比例正确之后拨款30%，最后被投资公司增资且工商变更完成后拨款40%。

筹道股权众筹平台的特点在于递进式众筹模式的创新。递进式众筹模式由青橘众筹提出，它是基于互联网思维，利用大数据的分析能力，借助于阈值筛选体系、一站式管家服务体系和数据分析推送体系三大体系，将产品和项目众筹先在青橘众筹平台进行用户和市场检验，从而筛选出有发展潜力的优秀众筹项目，最终推送到筹道股权众筹平台，吸引PE、VC等机构投资者和个人投资者进行投资。

青橘众筹设计了一个漏斗系统——阈值筛选系统。即在发起的几百个项目之中，在筹集成功的项目中，会发现一些项目好的创意或者成熟的执行团队，然后将它引入到后期的"筹道股权"的股权众筹平台上，开始项目方的股权众筹。

实际上，这样的阈值筛选系统类似于一个市场认可的过程。通过了市场测试的项目，然后在筹道股权平台上进行众筹，一方面可以降低项目的筹资风险；另一方面也提高了项目直接融资的成熟度。

从目前国内的大环境来看，递进式的众筹模式比较符合当前的众筹背景。其产品经过了市场的印证，在青橘众筹上发起这个项目众筹，经过了市场认证，说明了大众对于项目的认可度，也表明项目的潜在价值。

2.4.2 人人投

人人投是一家专注于股权众筹的网络平台，为实体企业提供融资服务，帮助创业者提供线上、线下项目路演，寻找融资相关服务；为投资者筛选优质的投资项目，并提供项目运作等相关服务，充分实现资本的合理流动和资源的优化配置。图2-23所示为人人投官网首页（http://www.RENRENTOU.com/）。

图 2-23

人人投是一个以实体店为主的股权众筹平台，针对的项目是身边具有特色的店铺，而投资人主要是以草根为主的投资者。所以人人投平台对股权融资的融资方需要满足两个条件：包括融资方必须具备有两个店以上的实体连锁体验店；融资方需要参与投资，并且最低投资10%。

前者是对融资方的融资条件进行限制，后者是捆绑型利益共同体匹配式投资，即投资者在对项目或者企业进行投资时，要求项目的经营管理者或创业企业投入一定比例的资金。这样一来，匹配式投资将投资者与经营管理者的利益捆绑在了一起，促使创业企业或项目经营者加强管理，从而降低了投资者的投资风险。

在人人投平台发起众筹项目，具有以下几个特点。

- ◆ **项目专项**。专注实体店面项目，已经具有成功的经营理念与经验。
- ◆ **聚集资金**。为了项目方能更快、更好、更多地开设分店。
- ◆ **线上交易**。为投资者搭建项目交流平台，实现投资方项目的洽谈与交易。
- ◆ **融资费用**。融资方在融资成功后，人人投收取一定比例的费用。
- ◆ **借力聚势**。会聚各界大众投资人，凝聚投资人的力量，助力项目发展。
- ◆ **灵活投资**。投资金额2%～100%根据投资人意愿投资。

在人人投平台融资需要经过以下五个步骤。

- ◆ **第一步**。在平台注册账户信息，并完成实名认证。
- ◆ **第二步**。创建并完善项目内容页，提交项目申请。
- ◆ **第三步**。项目通过审核，发布项目，进行项目预热。
- ◆ **第四步**。预热成功，线下路演，项目正式上线，进行在线融资。
- ◆ **第五步**。融资成功，签署电子协议，进入投后管理。

人人投在原来的融资流程上开启了新的运营模式，即新增两次融资模式，指的是如果项目方第一次融资失败，在一定的条件下可以进行二次融资，具体的融资详情如图 2-24 所示。

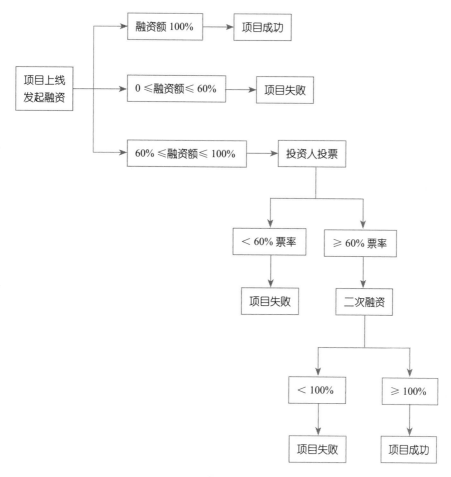

图 2-24

股权投资会涉及投后管理。人人投平台中的投后管理是委托专业的第三方管理公司来负责项目的投后管理，主要包括 10 个步骤，核实投融双方名单信息、协助投融双方完成协议签署、投融双方重要信息的通知与披露、建立官方交流圈并配备管理、添加平台微信公众号、投融双方问题答疑、融后阶段相关信息披露、项目开店进程说明、项目财务监管管理以及其他增值性服务。

总的来说，股权众筹作为新兴的互联网金融最具特色的众筹模式之一，其发展趋势不容小视。而人人投作为一个国内首家将实体店开分店融资与股权众筹完美结合的股权众筹平台，结合了本土投资人的投资习惯，为投资者和创业者提供周到的服务，这是其迅速发展的重要原因。

2.4.3 积木盒子

我们知道债权式众筹实际上就是 P2P 网贷，因此要进行债权式众筹首先就需要了解一些不同的 P2P 平台，而积木盒子就是这样一个 P2P 平台。

积木盒子平台于 2013 年 8 月上线，是一家国内领先的科技金融公司，定位于为中产阶层提供金融服务。公司旗下运营的全球化智能综合理财平台涵盖积木股票、积木基金、固定收益理财、零售信贷等产品。图 2-25 所示为积木盒子官网首页（https://www.jimu.com/）。

图 2-25

积木盒子平台有五个板块，分别是自选投、轻松投、锦囊、借款以及公益。自选投即投资者可以在平台上选择适合的项目进行投资；轻松投即为用户提供的一种自动投资方式，使得投资方式变得更为简单便捷；锦囊是指一些专业人士的指点、优质组合介绍以及投资理财咨询；借款即筹资人可以在平台上发起项目筹款，完成快速融资；公益是积木盒子上的一些公益众筹活动，可以在平台上完成公益众筹。

积木盒子是一个互联网金融平台，面向个人投资者提供安全、便捷、透明、高收益的投资理财计划。积木盒子投资理财计划的投资标的为经过全国领先的担保机构审核并全额担保的个人间的借款，利用互联网实现有融资需求的借款人与有富余投资理财资金的投资人的在线信息配对，为投资人提供低门槛、低风险、高收益的投资理财选择。在积木盒子平台投资的投资人具有以下优势。

- **丰富的选择**。积木盒子平台提供了多种期限、多个地域、多种行业以及多种形式的投资项目，可供投资人自主选择。目前，积木盒子的投资理财产品主要包括企业经营贷、核心商圈贷、房产抵押贷、车辆抵押贷、房产周转贷、个人经营贷以及个人消费贷款。
- **收益较高**。积木盒子投资理财项目基于互联网，操作简单方便，年化收益率较高，一般在 8%～13.5%，投资次日即开始计算利息，省去了中间环节，让参与的双方都能够受益。
- **服务到位**。积木盒子平台有专业的 P2P 网贷团队，为参与双方倾力服务，为贷款和理财提供一站式服务。
- **安全保障**。积木盒子平台的安全保障包括第三方担保系统、保证金、风险互助金、法律救援金等，多重的安全防线为投资者的资金安全提供了保障。

在积木盒子平台借款非常方便，只需要经过三个步骤：在线申请、电话回访和审核放款。首先借款人需要在积木盒子平台注册一个账号，申请借款，然后提交相关材料，等待积木盒子平台审核。

审核一般分成三步：第一步审核身份信息、银行数据、安全数据等；第二步进行风险评估，这个评估是积木盒子与第三方担保公司一起进行的；第三步查看借款人的融资规划。如果觉得这个项目已经全部审核通过之后就会进行电话回访，跟借款人进行信息确认。接下来就会放到平台上让投资者们进行投资，满标之后，积木盒子平台放款，也就意味着在积木盒子平台借款成功了。

需要注意的是，"读秒"是积木盒子新推出的借款产品，分为"读秒现金贷""读秒大白"以及"读秒旺仔信用贷"。其中，"读秒现金贷"是线上申请、无抵押的小额贷款，额度在 1000～50 000 元；"读秒大白"是个人融资撮合服务，无担保，最高额度为 20 万元；而"读秒旺仔信用贷"是针对一、二、三线城市纳税中小企业设计的无抵押、免担保的经营性信用融资撮合服务。

在不同的读秒产品中，针对的借款对象也不同。另外，读秒产品的地域限制是其最大的特点，并不是所有的地区都能够使用读秒产品，而且不同的读秒产品，针对的地域也不同。

总而言之，积木盒子是面向个人投资者推出的基于互联网、收益高、有担保、门槛低又灵活的固定收益类投资理财项目。同时，积木盒子为小微企业和个人的融资项目提供了一个融资平台，对投融双方而言都具有重要意义。

2.4.4 人人贷

人人贷是一家 P2P 借贷平台，换句话说，就是有资金且有理财投资想法的个人，通过中介机构牵线搭桥，使用信用贷款的方式将资金贷给其他有借款需求的人。人人贷成立于 2010 年 5 月，是国内最早的一批基于互联网的 P2P 信用借贷服务平台。人人贷以其诚信、透明、公平、高效、创新的特点在行业内赢得了良好的用户口碑。图 2-26 所示为人人贷官网首页（https://www.renrendai.com）。

图 2-26

人人贷平台采用的是银行直接存管模式，是目前行业内极少数真正完成银行存管的平台之一。平台为每个用户在民生银行开设独立的存管账户，借贷交易中的所有资金流转环节都在民生银行完成，实现了用户资金与平台资金的彻底隔离，最大限度地保障了用户资金的安全。人人贷平台资金流转情况如图 2-27 所示。

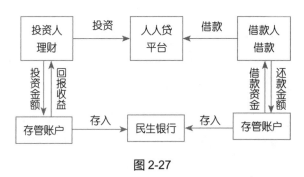

图 2-27

在人人贷平台借款的借款人需要满足以下基本条件。

（1）年龄在 22～60 周岁。

（2）央行个人征信报告非空白。

（3）系统综合信用评分合格。

（4）生活所在的城市与申请地一致。

人人贷上线之后，由于其操作简单、便利、快捷的特点，迅速吸引了大批客户，为了吸引更多手机移动端客户群体，人人贷的借款主要是通过手机 APP 完成。用户下载安装人人贷平台的借款 APP 之后，在手机端填写自己的信息，然后就可以进行借款申请了。

人人贷受到广泛关注的原因，除了其简单快捷的特点之外，还有其独特的用户保障机制。人人贷要求合作机构设立专门的保证金，保证金账户由民生银行独立存管并且每月出具存管报告，确保资金动态清晰透明、能够追踪，最大限度地保护投资人的利益。人人贷的用户利益保障机制如图 2-28 所示。

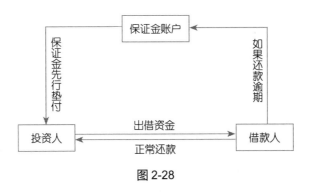

图 2-28

人人贷在国内互联网金融行业内已经产生了很大的影响力。平台就是给闲余资金且有理财想法的用户，利用该平台将资金出借给有融资需求的借款方，而且平台只是根据信用情况进行评估确定。人人贷给用户们提供了理财产品，让用户们得到收益。

另外，人人贷平台还承诺用户们每一次得到的回款可以再次投资，这样就可以让投资变得更加安全方便，而且在短时间内就能够带给用户很可观的收益。人人贷平台能够给借款方及投资者提供一个安全、高效、稳定的互联网金融服务平台，而平台本身也具备了很多优势，让借款人和投资者签署的合同更加直接、更加透明。并且投资者可以通过平台对借款人的信息进行详细了解，同时也能够对借款人还款的能力及进度等情况进行实时掌握，这样就可以让投资者的资金得到最安全的保障。

除了前面介绍的债权式众筹平台之外，国内还有很多比较知名的 P2P 平台。下面通过表 2-1 进行介绍。

表 2-1　债权众筹 P2P 平台

名　称	平台介绍	平台优势	风控管理
陆金所	上海陆家嘴国际金融资产交易市场股份有限公司（陆金所），2011 年 9 月在上海注册成立，是中国平安集团旗下成员	陆金所由于其是平安金融集团旗下的成员之一，依托平安集团强大的企业背景，为广大机构、企业以及合格的投资者提供综合性的金融资产交易	主要依靠平安融资担保公司
红岭创投	2009 年 3 月上线运营，红岭创投为深圳市红岭创投电子商务股份有限公司旗下的互联网金融服务平台	红岭创投中的大部分借款为房地产抵押，而且是低折扣的房地产抵押，投标资金去向和用途清晰	红岭创投依靠自有风控团队，审核借款人银行流水、征信报告、还款来源证明等必需材料；项目借款均经过深圳总部风控部门实地考察；大额项目借款人通过股权质押、房产抵押等形式提供还款保障，曾自称坏账率不足 1%
有利网	有利网由北京弘合柏基信息科技有限责任公司运营，2013 年 2 月 25 日上线，注册资金 500 万元。线下资源全部来源于担保、小额贷公司，轻资产发展速度很快	有利网主要提供有担保、高收益的互联网理财服务，通过有利网的推荐，用户可将手中闲余的钱出借给信用良好的并有金融机构担保的小微企业	有利网平均收益率为 10.12%，借款方地域、行业、人群特征均分散，小贷、担保公司也较分散。定存宝产品是打包的集合计划，借款标的也分散。自有线下风控团队，在担保之外，有风险准备金机制

对于 P2P 平台，有的人总会有不好的印象，但是随着监管机制的完善，会有越来越多信誉良好的 P2P 平台发展起来，给用户提供更多的金融资产服务。所以，对于 P2P 平台，不必一味地避之唯恐不及。不可否认的是，这类平台的出现在很大程度上给初创企业、小微企业以及创业者个人提供了很好的融资渠道。

第 3 章
众筹开辟了融资新途径

 本章要点

- ◆ 程序烦琐且高要求的银行贷款融资
- ◆ 鱼龙混杂的民间借贷
- ◆ 成本较高的典当融资
- ◆ 条件严格的企业债券融资
- ◆ 灵活开放的融资模式
- ◆ 有效分散融资的风险性
- ◆ 众筹投资的人数众多
- ◆ 众筹的广告作用
- ◆ 吸引潜在的长期支持者
- ◆ 融资成本较低
- ◆ 数据分析优势
- ◆ 信息展示优势

 学习目标

众筹为企业开辟了一条新的融资途径,很大程度上解决了企业融资难及融资成本高的问题。本章将传统的融资方式与众筹融资进行对比介绍,从中可以看到众筹融资的低成本、灵活以及营销推广的特点。

知识要点	学习时间	学习难度
传统融资方式的局限性	25 分钟	★★
众筹融资的特点分析	60 分钟	★★★★
互联网融资与传统融资的比较	50 分钟	★★★★
众筹融资未来的发展模式分析	40 分钟	★★★

传统融资方式的局限性

银行贷款、民间借贷、资产典当等都属于传统的融资方式。不可否认的是,这些融资方式都具有其优势,能够不同程度地为企业解决资金周转的难题。但这些传统融资方式的局限性也不可忽视。

3.1.1 程序烦琐且高要求的银行贷款融资

对中小企业而言,向银行等金融机构申请贷款是传统概念上的主要融资方式。即大多数企业有了融资需求之后,首先想到的便是银行贷款融资。不可否认的是,银行贷款仍然是解决企业融资的一个重要渠道。但是,中小企业通常具有规模小、抗风险能力差、抵押物不足、经营活动不透明以及财务信息非公开性等缺点,使得商业银行的审查监督成本和潜在的收益严重不对称,而银行对中小企业的风险情况缺乏行之有效的识别方法,从而大大降低了银行在中小企业贷款方面的积极性。因此,银行向中小企业贷款时往往都会有严格的标准和流程。而对中小企业来说,申请银行贷款会有如下劣势。

1. 高门槛性

首先,中小企业在银行进行贷款时门槛较高。银行为了控制贷款风险,往往对企业的资质、信誉、成长性等方面要求很高。具体的中小企业银行贷款申请条件如下。

(1)符合国家的产业、行业政策,不属于高污染、高耗能的小企业。

(2)企业在各家商业银行信誉状况良好,没有不良信用记录。

(3)具有工商行政管理部门核准登记且年检合格的营业执照,持有人民银行核发并正常年检的贷款卡。

(4)有必要的组织机构、经营管理制度和财务管理制度,有固定的经营场所且合法经营,产品有市场、有效益。

(5)具备履行合同、偿还债务的能力,还款意愿良好,无不良信用记录,信贷资产风险分类为正常类或非财务因素影响的关注类。

(6)企业经营者或实际控制人从业经历在3年以上,素质良好、无不良个人信用记录。

（7）企业经营情况稳定，成立年限原则上在 2 年（含）以上，至少有一个及以上会计年度财务报告，且连续两年销售收入增长、毛利润为正值。

（8）符合建立与小企业业务相关的行业信贷政策。

（9）能遵守国家金融法规政策及银行的有关规定。

（10）在申请行开立基本结算账户或一般结算账户。

由此可见，申请企业贷款的条件较为严格，大多数中小企业并不完全具备以上条件。另外，除了上述条件之外，有的银行会要求抵押物，但是中小企业往往并没有足够的抵押物来做抵押。这也是中小企业银行贷款失败的原因之一。

2. 申请银行贷款的资料繁杂

提交真实、完整的申请资料是银行贷款的重要步骤，也是决定贷款审批效率的关键因素。而银行正式受理中小企业贷款申请的前提条件是中小企业准备齐全的申请资料。具体而言，向银行申请贷款应准备下列基本材料。

（1）营业执照正、副本复印件，企业名称、营业地址（省、市、县）。

（2）组织机构代码证正、副本复印件。

（3）税务证正、副本复印件。

（4）开户许可证复印件。

（5）贷款卡复印件及密码（或贷款卡查询结果复印件）。

（6）法人代表身份证原件复印件、法人代表的工作履历（工作经历及所任职务）。

（7）法人任职证明、法人简历、授权代理人的授权书及代理人身份证原件及复印件。

（8）股权结构（股东姓名、股东占比）、企业注册资本、成立时间、企业净资产、总资产（万元）。

（9）公司章程复印件、公司业务开展情况介绍（主要说明业务开展方式、结算方式及产品在技术质量上的竞争力）。

（10）验资报告复印件、公司近 3 年经审计的财务报表（包括完整的附注）和近 3 个月的财务报表。

（11）房产面积、购入价值（万元）、房产位置（省、市、县、区）。

（12）最主要的设备名称、最主要的设备数量、最主要的存货名称、最主要的存货数量。

（13）应收账款（万元）。

（14）银行借款总额（万元）、其他借款总额（万元）。

（15）本次贷款总额（万元）、用途及项目的可行性报告。

（16）可以提供的担保方式（住宅抵押、商铺抵押、工业厂房、企业保证、存货质押、应收账款质押等的权属证明）拟提供的反担保措施。

（17）贷款申请书。

（18）企业决定申请贷款担保的股东会决议或合伙人会议决议。

（19）特殊行业生产经营许可证的原件和复印件。

（20）基本账户开户行。

3. 贷款程序复杂

相比其他的融资方式而言，银行贷款的程序较为复杂，通常需要经过四个步骤，包括提出贷款申请、银行受理审批、签订借款合同以及贷款发放，具体介绍如下。

- ◆ **贷款申请**。首先需要向相关银行提出贷款的书面申请，到银行信贷科领取《贷款申请书》，并填写完整交回。申请书的内容包括贷款金额、贷款用途、偿还能力和还款方式。

- ◆ **银行受理审批**。银行在接收到企业的贷款申请之后，便会对贷款申请进行审批。审批包括立项调查即调查人员确认审查目的，选定主要考察事项，制订并开始实施审查计划。然后进行信用评估，即调查人员根据贷款人的经济实力、资金结构、企业经营情况以及企业发展前景等因素确定贷款人的信用等级。之后便是可行性分析，调查人员对发现的问题探究原因，确认其贷款的可行性。接着对贷款做出综合判断，判断企业目前的状况以及中长期发展情况，提出意见，按照规定权限进行审批。最后进行贷前审查，通过直接调查、侧面调查等方式进行最后的贷前审查。

- ◆ **签订借款合同**。如果银行对贷款申请进行审查后，认为其全部符合规定，并同意放贷，则会与贷款人签署《借贷合同》。

- ◆ **贷款发放**。合同签署后，双方按照合同规定核实贷款。融资方即可根据合同办理提款手续，提款时由融资方填写银行统一制定的提款凭证，然后到银行办理提款手续。

4. 借款期限短、金额小

大部分的中小企业需要短期借款，并且借款的金额较小。但是有的企业也需要战略性的、大数额的中长期借款，这时候中小企业很难像大企业一样获得期限长、额度大以及利率低的贷款，这严重制约了中小企业的发展。

虽然中小企业通过银行贷款融资会面临上述几个方面的问题，但是银行贷款的优势确实也是其他融资方式很难达到的，具体介绍如下。

（1）贷款成本较低。相对于其他的融资工具而言，银行贷款是融资成本最低的一种方式。银行的贷款利率根据具体的情况而定，但是一般而言，企业贷款利率高于小企业贷款优惠利率。信用等级低的企业贷款利率可能高于信用等级高的企业贷款利率。中长期贷款利率高于短期借款利率。总的来说，银行贷款利率比较具有优势。

（2）银行资金来源稳定。银行的资金实力雄厚，资金充足，资金来源也比较稳定。中小企业的贷款申请只要通过了银行的审查，与银行签订了贷款合同，同时满足了银行发放贷款的条件，银行总是能够及时稳定地向企业提供资金，满足企业的融资需求。

所以，虽然中小企业银行贷款融资存在很多方面的局限性，但是也有一定的优势，这就需要中小企业经营者以及创业者进行仔细衡量之后再决定是否使用。

3.1.2 鱼龙混杂的民间借贷

民间借贷指的是公民之间、公民与法人之间、公民与其他组织之间的借贷。只要双方当事人同意并表示真实即可认定有效，因借贷产生的抵押相应有效，但是利率不能超过人民银行规定的相关利率。民间借贷分为民间个人借贷活动和公民与金融机构之间的借贷。

民间借贷作为一种资源丰富、操作简单的融资方式，在很大程度上解决了银行信贷资金不足的情况。但是民间借贷的随意性及风险性容易造成诸多问题。下面来具体看看民间借贷所具有的特点。

（1）受经济发展的影响，企业民间借贷以借入资金为主，形式简单。一般的办理流程是，借款人提出申请，借贷双方商定借款金额、利息和期限。谈妥后，双方签订借款合同，贷款方式为信用贷款。民间借贷普遍，形式简单，以借据为主，借据上一般只简单说明借入人、借出人、金额、归还日期、利率等，无担保，仅凭信用。

（2）利率高、时间短。企业民间融资利率与行业、借资对象、时间、自身信誉等有很大关系。总的来说，房地产建筑业民间融资利率较高，农林牧渔业民间融资利率较低，正规的民间融资中介机构融资利率较高，向企业内部员工融资利率较低。

（3）企业民间融资主要用于流动资金周转。这说明企业通过民间融资主要是解决其短期资金不足的问题。

民间融资具有为追求高盈利而冒险或投机的一面，缺乏必要的法律约束，且随意性、隐蔽性较强，多数是私人交易行为，手续不规范，担保简单，更无跟踪监控机制，同时，受借款人还款能力、经营状况和不可预期因素影响较大，容易引发民间纠纷，影响区域金融秩序和社会的稳定。经过整理分析，民间借贷主要存在以下一些问题，如图 3-1 所示。

巨大的贷款压力
对借款人而言，高利息就意味着还款金额及还款压力的增加。所有借款人都希望自己的借款成本低一些，而民间借贷的利率普遍过高，这无疑给借款人增加了很大压力。目前国内部分民间借贷的利息过高，更有甚者高于本金

引发社会混乱
我国对于民间借贷的利率有明文规定，对于高出基准利率四倍的借贷，法律不予保护。由于没有了法律保护，所以高利息的民间借贷，一旦借款人出现还不上款的情况时，出借人便会通过各种方法来催账，严重者甚至还可能对借款人个人生命安全造成威胁

高风险性
对出借人而言，高利率虽然意味着高收益，但是也同样意味着高风险。因为高出法律规定利率的借贷，是不受法律保护的。所以如果钱借出去了，但是无法收回来，这对出借人而言是巨大的损失

图 3-1

尤其需要引起注意的是，民间借贷容易引发社会混乱，追根究底在于民间借贷的高利率，那么高利贷又存在哪些严重的危害性呢？具体介绍如下。

（1）造成社会治安混乱，增加社会不稳定因素。发放高利贷的人群中部分存在黑社会性质的组织。他们在催讨债务的过程中容易采取过激的行为来逼迫还债，造成人心

恐慌，危害社会稳定。

（2）企业高利息借贷容易导致经营状况的恶化。民间借贷原本只是中小企业融资的一个有益补充形式，但是高利息的民间借贷实际上加重了企业的经营负担，使其增大财务支出，最终企业的利润却被高利贷所吞噬，甚至会使企业陷入破产的境地。而对于原本就不善经营的中小企业，因资金周转的需要，向社会高息吸款后，一旦经营不善，便会拖欠借款人的本息，导致大量的借款人催款闹事；倘若企业倒闭，借款人高额回报的美梦破碎，血本无归，便极易引发借款人集体上访事件。此时企业的巨额债务包袱就抛给了社会，抛给了政府，给社会留下严重的不稳定隐患。

（3）破坏国家金融政策，扰乱国家宏观经济调控。金融市场的稳定是建立在资金供求关系的相对均衡上，而利率反映的正是资金的供求关系。如果民间高利息借贷发展壮大，其势必会在很大程度上影响资金供求关系，使资金供求矛盾日益扩大，严重扰乱金融秩序。高利贷在民间盛行，还会使中央银行不能准确地掌握社会经济活动的信息，从而削弱国家宏观调控功能，影响市场经济的快速发展。

3.1.3　成本较高的典当融资

典当融资指的是中小企业在短期资金需求中利用典当行救急的特点，以质押或抵押的方式，从典当行获得资金的一种快速、便捷的融资方式。而典当行作为国家特许从事放款业务的特殊融资机构，与作为主流融资渠道的银行相比，其市场定位主要在于为中小企业和个人解决短期需要，发挥辅助作用。

典当融资是目前比较受中小企业欢迎的一种融资方式，主要有以下几个原因。

- ◆ **当物的灵活性**。典当行一般接受的抵押、质押的范围包括金银饰品、古玩珠宝、家用电器、机动车辆、生活生产资料、商品房产、有价证券等，这就为中小企业的融资提供了广阔的当物范围。
- ◆ **当期的灵活性**。典当的期限最长可以是半年，在典当期限内当户可以提前赎当，经双方同意也可以续当。
- ◆ **当费的灵活性**。典当的息率和费率在法定最高范围内灵活制定，往往要根据淡旺季节、期限长短、资金供求状况、通货膨胀率的高低、当物风险大小及债权人与债务人的交流次数和关系来制定。
- ◆ **手续的灵活性**。对一些明确无误、货真价实的当物，典当的手续十分简便，当物当场付款；对一些需要鉴定、试验的当物，典当行则会争取最快的速度来为出当人解决问题。

尽管典当融资具有以上优势，受到中小企业的喜欢，但是典当的缺点——贷款成本较高，是中小企业不能忽视的。典当融资除了贷款的月利率之外，还需要缴纳高额的综合费用。其中，典当贷款的月利率按照人民银行公布的金融机构同档次贷款利率（可上浮50%）执行。

综合费用是典当行的主要收入来源。典当行保管当物及评估鉴定等服务都会产生成本。在典当融资中，典当行承受的风险更大，这也构成了高综合费的合理性。综合费用通常由服务费、保管费、保险费、利息等要素综合构成。

根据《典当管理办法》的规定，典当综合费用由服务费、保管费以及保险费组成，由典当行遵照国家的政策和金融法规制定综合费率，在支付当金时一次性扣收。综合费率的规定如下。

（1）动产质押典当的月综合费率不得超过当金的42%。

（2）房地产抵押典当的月综合费率不得超过当金的27%。

（3）财产权利质押典当的月综合费率不得超过当金的24%。

（4）当期不足5日的，按照5日收取相关费用。

案例陈述

魏女士在巢湖市经营着一家服装厂，春节是服装消费旺季，为抓住商机，亟须进一批面料，但手头资金周转不畅，她将自己的一套商品房典当出去，换回了10万元的现金。30天后，厂里另一笔资金回笼，魏女士又把商品房从典当行"赎"了回来。这样，一个月支付了3000元的典当利息。

同样，如果在银行贷款10万元，贷期1个月，以年利率4.86%来计算，10万元1个月应还利息为：$100\,000 \times (4.86\%/12) = 405$（元）。

根据案例可以看出，典当融资的成本相较于银行贷款而言较高，并且典当融资的特点主要是为企业救急。典当融资可以用手中闲置的物资、设备、房屋等资产，获取一定的资金，然后投入到生产经营中，将"死"物变成"活"钱，利用融资的时间差，获得经济效益。

相对于银行贷款来说，典当贷款具有手续简便、快捷、省时省力、不受贷款额度限制等特点，所以典当融资更受中小企业、个体工商户及个人的欢迎。中小企业融资贷款具有周期短、频率高、额度小、需求急的特点，与典当行短期性、安全性、小额性、便捷性的特点十分吻合。

需要引起注意的是，一些中小企业本身的经营利润并不高，如果依赖于高成本的典当融资，将会面临很大的还款风险。典当融资只能够解决应急所需，而不能够满足生产和技术研发等资金需求。对于一些用于长期资产投资和投机的资金需求，还需要将成本因素考虑在内，不宜通过典当进行融资。

所以对中小企业融资而言，选择典当方式进行融资时需要谨慎，要结合企业的经营情况和偿还能力，计算典当的融资成本是否划算，切忌不顾后果地盲目操作，以免造成不可挽回的损失。

知识补充｜典当金额的确定

> 一般而言，典当融资时典当行给出的物价为当下市场流通价的 5～8 成的资金。这其中就涉及确定当金的问题，因为典当是按照实际典当融资的金额进行收费的，所以当当的资金越多，那么收费也就越多。所以企业在进行典当时，需要根据实际的需要来确定典当的金额，这样才能避免典当的成本过高。例如，典当的房屋能够当 300 万元，但是企业仅仅需要 200 万元就够了，此时只需要当 200 万元就可以。这样到期赎回，房屋的价值并不会发生改变，也可以节省一大笔费用。

3.1.4 条件严格的企业债券融资

企业债券融资是指公司依照法定程序向债权人发行，约定在一定期限还本付息的有价证券，从而获取资金的一种融资方式。企业债券是一种债务契约，由非上市企业在银行间债券市场或交易所发行，其审批机关为国家发展和改革委员会。

国内企业的融资大多依赖银行贷款，直接融资较少，融资渠道较为单一，融资成本较高。企业债券拓宽了企业的融资渠道，其优势明显，具体有以下几点。

- ◆ 筹资的灵活性较强。
- ◆ 企业债券融资的期限相对较长。
- ◆ 当筹集的资金数量达到一定的规模时，融资成本较低。
- ◆ 企业债券融资对企业具有一定的广告宣传效应。

虽然企业债券融资相比其他的融资方式而言，有着明显的优势，但是并不是所有企业都能够顺利发行企业债券的。企业在利用企业债券融资之前首先需要了解企业债券融资的过程，如图3-2所示。

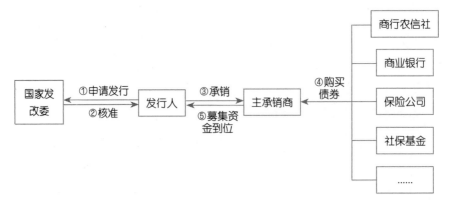

图 3-2

可以看到，企业要发行企业债券进行融资，首先需要向国家发改委提出申请，通过审核之后才能够发行债券。在进行申请之前，企业首先需要满足一般企业债券发行的要求，具体如下。

（1）股份有限公司的净资产不低于人民币 3000 万元，有限责任公司和其他类型企业的净资产不低于人民币 6000 万元。

（2）累计债券余额不超过企业净资产的 40%。

（3）最近 3 年持续盈利，并且 3 年平均可分配利润（净利润）足以支付债券 1 年的利息。

（4）筹集资金投向符合国家产业政策和行业发展方向，并且所需的相关手续齐全。用于固定资产投资项目的，应该符合固定资产投资项目资本金制度的要求，原则上累计发行额不得超过该项目总投资的 60%，用于收购产权（股权）的，比照该比例执行。用于调整债务结构的，不受该比例的限制，但是企业应该提供银行同意以债还贷的证明。用于补充营运资金的，不能够超过发债总额的 20%。

（5）债券利率由企业根据市场情况确定，但不能够超过国务院限定水平。

（6）已发行企业债券或者其他债务未处于违约或者延迟支付本息的状态。

（7）最近 3 年没有重大违法违规行为。

（8）前一次公开发行的债券已募足并未擅自改变前次企业债券募集资金的用途。

除了需要满足一般企业债券发行的要求之外，城投债还需要满足以下几个条件。

- ◆ **资产划定**。政府办公楼、学校、公园、医院等公益性资产不得作为资本注入融资平台，已经划入的资产应予以剥离。
- ◆ **收入限制**。城投类发债企业主营业务收入可以是土地出让金收入、因承担政府公益性项目建设获得的土地使用权出让收入返还和车辆通行费等专项收入，并且最近3年平均主营业务收入与补贴收入之比大于7∶3。
- ◆ **用途限制**。对于募集资金主要用于节能减排、生态环保、保障性住房、城市轨道交通、重大自然灾害重建以及其他国家产业政策鼓励发展领域项目建设的，可在同等条件下优先获得核准。保障性住房项目的土地为划拨用地，不得为出让地，如果招牌挂的地中有一部分用于保障房，其他为商业用地，则算作商业用地，严格把控募集资金投向房地产的开发项目。
- ◆ **211政策**。省会及计划单列市每年可发2只，地级市可发1只，百强县可发1只。百强县不占所在市的名额，可每年单独发债。国家级经济开发区和国家级高新技术开发区每年可单独发债。

知识补充 | 城投债

> 城投债又称为"准市政债"，是地方投融资平台作为发行主体，公开发行的企业债券和中期票据，其主业多为地方基础设施建设或公益性项目。城投债是根据发行主体来界定的，涵盖了大部分企业债以及少部分的非金融企业债务融资工具。

从上述的企业债券发行条件可以看到，企业发行企业债券需要满足非常严格的申请条件，这对一般企业而言是非常困难的。除了申请的基本条件之外，企业还需要面临发行企业债券复杂的发行流程，具体如下。

（1）企业做出发行债券融资的决定之后，就需要选定主承销商，拟定信用增级机制，选聘会计师事务所、律师事务所以及信用评级等中介机构。

（2）会计师事务所进行会计报表审计，信用评级机构进行信用评级，主承销商制作发行材料，然后向国家发改委报送材料。

（3）申报的材料需要人民银行和证监会会签，然后由国家发改委核准。

（4）国家发改委核准之后，发行人在指定的媒体上刊登发行公告，然后由中央国债登记结算公司登记托管。

（5）承销商销售债券。

（6）承销商向发行人划拨所筹款项。

综上所述，可以看出企业发行债券融资限制条件严格，债券发行流程复杂。《公司法》规定，只有实力强、经济效益好的企业才能够采用债券融资方式进行融资，而大多数有融资需求的企业实际上并不能够满足要求。另外，公司采用发行债券的方式获得的融资金额不得超过公司的资产净值，这就使公司发行债券融资既不能金额过低，也筹措不到金额更大的资金。

3.2 众筹融资的特点分析

相较于传统融资方式的局限性，众筹融资的特点更为明显，如灵活性、低成本性、低风险性等。正是由于这些特点，众筹融资才受到越来越多融资企业的追捧。

3.2.1 灵活开放的融资模式

众筹融资的一个显著特点在于融资模式的灵活开放性。这种开放性体现在三个方面，分别是资金的灵活性、回报方式的灵活性和众筹方式的灵活性。下面分别进行具体介绍。

1. 资金的灵活性

众筹融资是一种全程利用互联网将融资方与投资方连接在一起的融资模式。这样的融资方式使得众筹形成了一个开放性的项目融资平台，资金来源于大众支持者。与传统的抵押融资等方式不同，众筹融资的对象更为草根化、平民化。项目发起者与项目支持者都没有年龄、职业、身份等诸多限制，能够获得资金也不再是以项目的商业价值为唯一标准。

项目发起者只需要把自己的项目进行充分展示，使更多的人能接触并获取到项目信息，让项目吸引更多的投资者和感兴趣的人，就可以获得项目启动的第一笔资金，解决创业者的燃眉之急。这样的灵活性的资金来源方式带给项目发起者多方面的收益，具体介绍如下。

◆ 得到筹集资金的同时，得到了来自投资者对项目的反馈信息，包括喜欢或不喜欢，项目是否具有吸引力以及项目存在什么样的缺点等，这些是其他融资方式无法提供的。

◆ 由于众筹资金的灵活性，使得项目不得不面对更多不同年龄、不同职业以及不同需求的投资者，所以对项目发起者而言更容易准确地找到项目的目标人群以及明白目标人群对于项目的希望。

◆ 为了吸引不同的投资者，项目发起者不得不在众筹平台上对项目进行展示推广，这对项目而言能起到很好的宣传作用。

2. 回报方式的灵活性

众筹的回报方式多种多样，可以是项目相关的服务、产品、股权等，捐赠式众筹除外。丰富的回报方式给了投资者多重选择，增加了投资者投资的兴趣。对项目发起者而言，项目产品回报增加了项目的销售途径以及销售数量。服务性回报为项目聚集了人气，能够吸引大批消费者；债权型回报为项目投资者快速筹集资金。如图3-3所示为众筹中常见的几种回报方式，从中可以体会到众筹回报方式的灵活性。

图 3-3

3. 众筹方式的灵活性

与众筹回报方式对应的是众筹融资方式的灵活性。在众筹中，项目发起者发起众筹的方式也是灵活多样的，可以是奖励式众筹、股权式众筹或债权式众筹。众筹方式的多样性给了创业者更宽的选择空间。创业者可以根据企业或者项目的情况以及对资金的需要程度选择适合的融资方式进行融资。

3.2.2 有效分散融资的风险性

对创业者而言，众筹融资的风险非常小。如果创业者到银行申请贷款，创业项目失败，银行会通过强制抵押的方式让创业者还清贷款，但众筹却不是。在股权式众筹中，如果创业项目失败，只需要付出一部分债权就可以了；在奖励式众筹中，如果众筹失败，资金退还给投资者，创业者不会有损失的。

在众筹中，众筹筹集的资金来源于大众，同时也就意味着将项目的风险进行了有效的分散，分散给了参与项目众筹的投资者，从而降低了项目发起者的风险。事实上，很多时候，创业者可能并不是没有资金去支持一个项目的研发或生产，但是他们依然会选择众筹的方式，究其根本，主要有以下两点原因。

（1）分散项目风险。随着众筹的兴起，越来越多的项目发起人了解到了众筹分散融资风险的特点，所以也愿意通过众筹的方式将风险分散给广大投资者。

（2）测试市场反应。创业者发起众筹的另一个原因在于测试市场反应，可以通过投资者对于项目的反应，测试项目在市场未来的一个盈利情况。

案例陈述

博本 MN-C200 迷你主机是一台支持用手机控制的主机。经过软件工程师的测试和匹配，为 MN-C200 新增了一个实用功能，只要用手机下载提供的"远程控制"APP，就可以实现用手机当鼠标、键盘使用，还支持语音输入，从而释放双手。产品详情如图 3-4 所示。

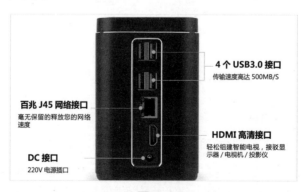

图 3-4

产品在众筹平台上线之后得到了广大网友的关注，14天的时间就完成了融资目标。到项目结束时，一共筹集资金1 723 055元，得到了2026名支持者的支持。

可以看到案例中的众筹项目除了快速筹集到项目生产运营的资金之外，更为重要的是项目在短时间之内得到了2026名支持者的支持，明确了产品在市场中潜藏的商业价值以及未来的商业利益。

对企业运营者而言，这样的融资方式能够降低其企业运营风险。如果企业通过银行或其他金融机构进行融资，得到资金之后用于项目的生产运营，当产品生产出来，却没有得到预期的用户反馈，从而造成商品的滞销，那么将会给企业造成巨大的经济损失。

对投资者而言，投资往往都需要承担较高的风险，但是众筹分散风险的特性使得每一个拥有闲散资金而没有多余时间的人都可以投资众筹项目。投资者投资股票等金融工具时不得不面对较大的投资风险，因为投资失败很可能使得投资者血本无归。但是在众筹投资中，如果众筹项目失败，投资者的投资资金会退还给投资者，这样一来大大降低了投资者的投资风险。

3.2.3 众筹投资的人数众多

众筹融资中的一个显著特征在于参与众筹投资的人数较多。虽然每个众筹项目的众筹资金可能很多，但是由于众筹的投资人数量较大，所以允许投资者仅仅投资所需资金的一小部分，因此也就有了更为广泛的资金来源。

在众筹中由于众筹投资的人数较多，所以项目发起者在发起新项目支持条件时也会设置不同层次的投资金额，有的甚至为1元，这样的投资金额设置让更多的投资者参与到了自己感兴趣的众筹项目当中。相对于传统意义上的融资项目对于最低出资金额的限制，众筹融资在客观上降低了对投资者所拥有资产数额的限制，从而使得更多的个人投资者可以将自己的闲散资金投入到自己感兴趣的项目当中。

需要注意的是，这里提及的投资者投资少量的资金，指的并不是项目发起者进行小额融资，而是在整个项目所需的资金中，投资者投资的金额所占比例。每一个投资者的出资所占份额较少是现在众筹融资的普遍现状。

而在捐赠式众筹和奖励式众筹中，大部分个人投资者的投资额在总筹资额中所占的比例不足总体的千分之一甚至是万分之一，他们中的多数投资者所占的比例在

0.5%～3% 的范围，只有少数个人投资者能够达到 5%～7%。

另外，由于投资者普遍的投资金额所占比例较小，所以投资者对项目并没有实际的控制权，项目的控制权全部掌握在项目发起者手中。这一点完全区别于天使投资，也有利于创业者。如果项目中存在某一个有能力承担比较大份额的融资需求的投资者，那么对创业者而言，选择这个投资者成为合伙人，也能够帮助项目更好地实施。

众筹融资的投资者参与人数是众多融资方式中最多的一种融资方式，在其他引入战略性合作伙伴的融资中，常常会就企业的实际控制权、股权结构等问题，与投资者之间产生矛盾。

但是在众筹中，由于大部分的众筹都是小额投资，所以投资者与项目发起人之间通常以一种消费者和企业的关系进行沟通，投资者对于项目也会以建议的方式提出自己的想法，并不会实际参与到企业项目的生产运营当中。

3.2.4 众筹的广告作用

众筹最大的一个价值在于广告价值。众筹是一个很热的概念，关注的人很多，同时也吸引了大量的媒体。因此，很多企业希望通过在互联网上发起一个众筹项目以宣传企业。

传统的融资是金融机构面向投资者，如果融资企业没有什么知名度，或融资企业和投资机构的名气较小，那么在企业的宣传造势上几乎起不到任何宣传作用。而在众筹融资中，融资者直接面向投资者，不再是资本投资家或资金雄厚的个人。

因此，众筹实际上就是一个向公众展示的平台，严格来说也是一种营销的方式。尤其是一些标新立异的产品，一经上线便能博得眼球，吸引更多的投资者参与其中，对企业本身而言也是一种宣传推广。

众筹融资的广告性可以从两个方面来体现，分别是项目成功和项目失败，具体分析如下。

当项目发起者的众筹项目融资成功了，显而易见，这次融资相当于是对大众的一次广告。也许有的人看到了你的项目，但并没有投资，很有可能他只是对项目的成功保持怀疑的态度，并不意味着他对项目本身不感兴趣。当项目发起者的项目募集成功之后，看到别人得到了回报，他很有可能会心动，成为潜在客户。

如果众筹项目融资失败了，但是项目发起者也借助了众筹平台，给了项目展示的机会，让项目未来的潜在消费者或用户看到了项目，这也为项目起到了一个宣传推广的作用。如果项目确实在平台上无法吸引投资者的目光，也没有投资者对其感兴趣，那么创业者也可以趁机思考该项目是否真的具有价值，是否值得继续。

总而言之，一个众筹项目从发起到实现，会经历一段不短的时间。在这段时间里，众筹项目会得到投资者的持续关注。如果项目足够有吸引力，投资者还会主动自发地去宣传众筹项目，这在一定程度上就增加了众筹的广告性，即便项目失败，也会对项目起到宣传作用。

除了项目参与者之外，大部分众筹平台也会为项目进行预热，这也能够起到很好的广告作用。

在广告费用昂贵的今天，众筹的广告效果甚至高于广告的投入。例如，在京东众筹平台，众筹金额为100万元，京东众筹平台收取3%的费用即3万元。如果用3万元在京东的广告位买广告，能够买什么呢？首页一条文字链一天的价格也不止3万元，反观京东在众筹的流量投入巨大，这对创业者而言是一个性价比较高的平台推广机会。

另外，如果想要众筹发挥出较好的广告作用，就需要对众筹项目想一个脍炙人口的广告语，能够让大众快速记住项目、记住企业。众筹广告语的制作需要具有以下几个特点。

- ◆ **众筹广告的语言简洁易记**。广告语一定要抓住产品重点、简明扼要并简洁易记。通常而言广告语的设置在形式上并没有过多的要求，字数则最好在6～12个字，并且众筹广告语要流畅、语义明确。简单而言就是让用户看见广告语就能够明白广告语宣传的是什么产品。

- ◆ **众筹广告设计新颖独特**。大众对于新鲜新颖的事物通常比较有兴趣，也更容易接受，广告语也不例外。所以迎合大众好奇心和模仿性的广告语往往更容易让大众印象深刻。需要注意的是，广告语不要抄袭，不要使用不恰当的关联语句。可以适当地添加一些双关语、歇后语等，以增加趣味性。

- ◆ **众筹广告要突出重点**。广告语是对众筹项目的一个高度概括，所以要突出推广的重点。广告语可以宣传众筹项目的优势、独具的特点以及作用等。

- ◆ **众筹的广告语具有号召力**。设置广告语的目的是吸引更多的用户，所以广告语要具有一定的号召力，用户才能快速地参与到众筹项目中。

3.2.5 吸引潜在的长期支持者

众筹融资有这样的一个现象：对于一个新鲜的事物，总是会吸引一批对其充满好奇心的投资者进行投资。而最早对项目提供支持帮助的投资者，通常都是对项目本身感兴趣，同时对项目会进行一番深入调查且高度认可的人。这些投资者很有可能在后来成为项目的合伙人。他们类似于 VC，除了能够给自己带来资金之外，还能够在项目的发展上给予更多的帮助。

对项目发起者而言，通过在众筹平台上展示自己的众筹项目，将自己的项目介绍给更多对此感兴趣的人，能够让项目发起者拥有更多与不同的人进行交流的机会，而那些投资者往往会因为项目发起者的创意，从而与发起者之间产生共鸣，进而帮助项目，推动项目的进行。最早对项目提供支持的这些人甚至有望在日后成为项目的成员。

长期投资者与普通投资者不同，他们是对项目具有很大兴趣并且投资参与积极性很高的人。想要吸引长期的投资者，那么项目发起者在与投资者沟通时需要做到以下几点，具体说明如下。

（1）进行项目介绍，包括产品与技术、资质与专利以及同类对比等。

（2）阐述对行业的理解以及行业里面存在的问题，未能满足用户需求的关键点。

（3）对于这些问题的解决思路是什么，用什么产品来实现，并说明对细节关键点的理解和把握，将来的竞争壁垒在哪里。

（4）团队有什么经验、优势去做这件事。

（5）对于项目，企业是否具有完善的经营计划。

很多项目发起者在与投资者交流的过程中更倾向于一味地阐述自身优势，希望能够在与投资者有限的交流中最大限度地向他们灌输信息。但是这样往往适得其反，因为绝大多数投资者对此其实并不感兴趣，只有真正了解投资者所想，才能够在沟通中做到有的放矢。

总而言之，众筹融资融的不仅仅是资金，更为重要的是资源，而人力资源便是众筹资源中的重要组成部分。众筹平台的低门槛会吸引各种各样的投资者，除了普通投资者之外，常常伴随着有实力的长期投资者。对于这类投资者，发起者要抓住机会，向投资者介绍自己的项目，发展其成为自己的长期投资者。

互联网融资与传统融资的比较

众筹融资是互联网融资的一种,它具备了互联网融资的特性。互联网融资相比传统融资,对创业者而言更具有吸引力。下面来具体介绍互联网融资相比传统融资的优势。

3.3.1 融资成本较低

互联网融资的特点之一在于成本较低。在前面介绍的几种传统融资方式中不难看出,普遍都存在一个融资成本昂贵的问题,而互联网融资可以在线获得融资,节省了大量的时间和金钱成本,尤其是众筹融资。相对于银行贷款等融资成本高、融资效率低的传统融资方式,众筹不仅融资成本低,融资速度快,而且融资成功率较高。

众筹融资是跨地域、跨行业的融资,给融资带来了极大的优势。另外,互联网融资的推广成本较低,可以利用较低的成本帮助投融双方进行推广,进一步提高融资的成功率,这一点在众筹平台可以得到充分体现。

下面以股权式众筹融资与传统股权融资为例进行比较分析。

在传统的股权融资中,融资成本是指融资的交易费用,主要包括企业评审、宣传广告、股票销售以及相关的发行费用。这些费用的支出具有较强的约束力,支出的时间、金额以及方式都有明确的规定,属于实际意义上的现金支出。根据目前上市公司的招股说明书来看,大盘股的发行费用为募集资金的 0.6%～1%,小盘股约为 1.2%,配股的承销费用为 1.5%。首先是上市公司每年的信息披露、审计与律师费用。作为公司,上市企业必须按照《证券法》《公司法》等规定,在上市前后定期或不定期地对企业经营事项进行信息披露,由此导致的审计、律师等费用也是必须支出的费用。据统计,上市公司历年的信息披露、审计与律师费用每年在 50 万～100 万元。从中可以看出,传统股权融资方式仅是财务上的支出费用就不低,而除了财力上这种可以明确查看的成本之外,传统股权融资的时间成本、人力成本等同样很高。

其次,无论是首次公开发行还是后续的增发,由于《证券法》对于发行程序和发行条件的严格限制,公司需要经过证券公司长时间的审查,同时需要会计师事务所、律师事务所协作,烦琐的程序需要花费大量的时间和人力成本,从而导致传统股权众筹的融资成本较高。

与传统的股权融资方式不同的是股权式众筹是基于互联网平台的融资,所以融资方只需要提供在融资额中提取一定比例费用支付给众筹平台,而不需要像传统的股权融资一样支付高昂的手续费用,因此其融资成本相对而言较低。

股权式众筹不同于私募股权投资,省去了一系列中间环节,降低了融资成本,提高了投资回报,也使得投资人和优质企业能够通过互联网直接交易,提高了融资效率,很大程度上缓解了中小企业融资难的问题,同时也为投资人提供了参与分享企业增值红利、享受更高投资回报的可能。由于股权式众筹不需要定期支付利息和本金,所以降低了企业的负债压力,能够将筹集到的全部资金投入到产品生产创新中,促进其自身的快速发展,提高创业的成功率。

另外,企业通过股权式众筹的形式进行融资还能够合理地避开多项税收,对中小企业而言,节省了一项比较大的支出,进一步降低了企业的融资成本。所以相较于传统股权融资而言,股权式众筹是一种融资成本较低的融资方式,即互联网融资相较于传统融资方式而言,融资成本更低。

3.3.2 数据分析优势

在传统的融资模式中,金融机构获得投资企业尤其是小微企业的信息成本较高,需要花费较高的人力、物力以及时间成本,收益与成本无法匹配。同时,在获得信息之后,金融机构需要花费较多的时间和精力处理信息,通常还要受到人为主观因素的影响,增加了信贷风险。

互联网融资平台可以通过交易平台对商户的认证、注册信息、历史交易记录、客户交互行为、销售数据、银行流水等方面信息进行一个定量分析,同时还可以引入心理测试系统判断出商户的性格特征,通过模拟测评分析商户的掩饰程度和撒谎程度,在此基础上分析出企业经营的信用特征,从而降低投资者的投资风险。这是传统融资方式无法做到的。

利用互联网进行数据分析还可以很好地将投融双方做一个分类,帮助两者之间建立匹配关系,精准地为投融双方寻找到合适的群体。一方面,可以加快融资的速度,提高融资的效率;另一方面也可以提高融资的成功率。

例如众筹融资,项目发起者在众筹平台上发起众筹项目,虽然是面向全世界的所有平台用户，但是通过平台对项目的介绍，可以快速地从众多投资者中吸引到对项目感兴趣的潜在投资者，从而加快融资速度。首先，投资者进入众筹平台，根据众筹项目的分类，可以帮助投资者快速找到自己感兴趣的行业所在的投资项目，如图 3-5 所示。

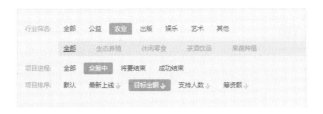

图 3-5

然后出现同行业的众筹项目列表，根据列表中的项目信息介绍，单击感兴趣的项目可以进入项目详细介绍页面。如图 3-6 所示为项目信息列表。

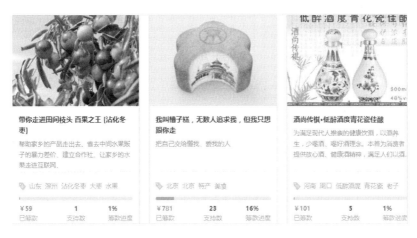

图 3-6

在项目的介绍页面，投资者可以查看到项目的具体数据信息，这些数据信息能够帮助投资者分析项目情况，从而决定是否支持，如图 3-7 所示。

取高粱之芳香、大米之醇净、糯米之绵软、玉米之醇甜、小麦之曲香，加上老子故里酒匠们口口相传的传统手工酿造工艺，形成了“窖香幽雅，绵甜爽口，回味悠长”的复合型窖香风格。其“香的庄重、绵得大方、净得脱俗。”这也正应和了老子倡导的顺应自然、返璞归真的哲学思想，是老子道家思想与太清酒文化结缘的基础。

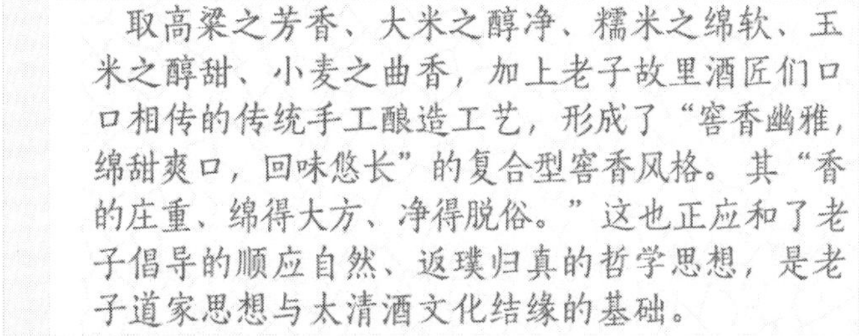

图 3-7

通过以上三部分的数据分析，如同投资者对项目进行了三次筛选，这样一来支持项目的投资者在很大程度上是真正意义上的顾客。通过数据的整合分析，帮助项目方精准地找到投资者，这是传统融资无法达到的。

3.3.3 信息展示优势

互联网融资可以利用互联网平台，融资不受时间和地域的限制，可以将投资者和融资项目的信息集中展示在互联网上面去。但是在传统的融资中，通常需要融资企业自己寻找投资者，若没有渠道寻找投资者，则转向于一些金融机构，而投资者寻找项目通常也需要依靠朋友关系网，双方的效率很低，并且中间信息存在盲区，但是互联网很好地解决了这一问题。

例如众筹融资，发起者可以在众筹平台上向所有的潜在投资者直观地展示项目，介绍项目的特点，从而吸引投资者进行投资。由于互联网的便利性，项目发起者在平台上展示项目的方式也越发多样，具体有以下几种展示方式。

1. 文字展示

文字展示是最为基础平常的展示方式，也是运用最多的一种展示方式。好的文案介绍，除了能够清晰地描述项目的特点之外，还能够加深大众对其的印象，吸引大众的目光，引起对其的思考。如图 3-8 所示为某众筹项目在平台上的文字展示部分内容。

图 3-8

2. 图片展示

虽然文字展示非常方便，但是很多时候投资者阅读完文字之后对于项目并没有真正的了解，无法想象出具体的产品信息和内容，这时候可以在文字介绍中添加图片展示。图片能够将文字无法直观展示的东西展现出来，清晰明白。如图 3-9 所示为某众筹项目在平台上的图片展示内容。

图 3-9

3. 视频展示

除了文字和图片之外,项目发起者还可以通过在平台上上传视频的方式向大众介绍项目。视频结合了音频、图片及文字,能够清晰准确地向投资者介绍自己的产品。如图 3-10 所示为某众筹项目在平台上的视频截图。

图 3-10

通过上述内容可以看到,众筹融资充分利用了互联网平台,采用了文字、图片以及视频的方式向大众介绍其产品,拉近了投资者与融资者之间的距离,解决了投资者与融资者之间信息传递存在盲区的情况。

信息展示是互联网融资中比较突出的一大特点。利用互联网能够将原本无法直观展示的项目,通过图片、文字、声音以及视频的方式直接展示在投资者面前,在加深投资者对项目认识的同时,也省去了很多传统融资的麻烦。例如,传统的房地产投资往往需要投资者到实际的房产地区去考察投资项目,在路上会耽误投资者不少的精力与时间。如果项目不尽如人意,之前的努力便成了无用功,而通过互联网可以将项目信息快速地介绍给投资者,能节省投资者的时间和精力。

3.4 众筹融资未来的发展模式分析

众筹成为众多企业一种新的融资途径。随着越来越多的企业引入众筹融资，众筹为了迎合更多企业的融资需求势必会发生一些趋势性的变化。

3.4.1 引入专业的众筹代理机构

对创业公司或者创业者而言，不论是希望以奖励式众筹活动吸引投资者，还是希望通过股权平台为投资者提供公司的股份，他们中的大多数人都会选择引入专业的众筹代理机构来打理众筹项目。下面以奖励式众筹为例进行介绍。

目前，大部分奖励式众筹项目活动都是通过项目方自己组织完成的，由于其文案设计、推广能力以及经验方面的不足，往往使得项目展示不那么完美，从而造成众筹项目失败。

鉴于这种情况，很多创业公司都会选择引入专业的众筹代理机构来运营众筹的相关活动。众筹代理指的是从一个产品或者一个创意开始、设计、包装、策划并成功发布众筹项目等，提供专业众筹服务的机构。如图3-11所示为奖励式众筹代理机构具体的服务内容。

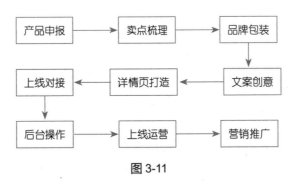

图 3-11

随着众筹的快速发展，这类的众筹代理机构也越来越多。如众筹代理网，它就是一家专业的众筹代理机构，负责为创业者提供众筹代理服务，如图3-12所示为其网站首页（http://www.zhongchoudaili.com/）。

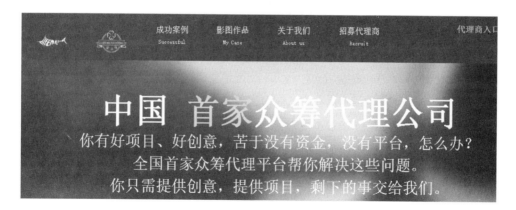

图 3-12

该机构主要提供淘宝众筹、京东众筹以及苏宁众筹平台上的众筹服务。除此之外，该机构还有一个特色的众筹服务，即能够提供国外众筹平台的众筹服务。在其页面上除了能够看到国内众筹平台的众筹案例之外，还能够看到国外知名众筹平台的众筹案例，如图 3-13 所示。

图 3-13

有了专业的众筹代理机构的打理，创业者能够加速实现自己的创业梦。但是创业者需要注意的是市场上的众筹代理机构有很多，而质量却参差不齐，所以创业者在选择众筹代理机构时一定要核实机构的资质，需要其具备以下几个条件。

（1）经政府有关部门批准，办理注册登记，取得法人资格证书。

（2）在有关法律、法规和政府规章中规定，经政府有关部门或行业协会实施执业资格认证，取得相关市场准入资格。

(3) 依法进行税务登记，取得税务登记证书。

在如今这个互联网金融时代，众筹越来越受到投融双方的追捧。在这样的环境之下，众筹代理机构的发展势必会成为一种趋势。但是创业者需要明白的是，尽管一家专业的众筹代理机构能够更好地带自己入门，同时完成众筹的各项经营活动，但是最终众筹项目成功与否的关键还是在于项目本身。

3.4.2 众筹活动不再局限于初创企业

很多人提及众筹时都认为，大多选择众筹融资方式的企业都是存在资金周转问题的初创企业。实际不然，在众多主流的众筹平台中可以看到很多大企业，甚至是上市企业的身影，它们也会选择众筹的方式来进行融资。不过相较于融得的资金，它们更看重的是众筹背后产品的人气和受欢迎程度，或是产品背后潜藏的商业价值。

越来越多的企业开始意识到参与众筹活动不仅能够使企业创新，还能够为企业产品的销售渠道提供新的方案。另外，有些公司会以子公司的名义进行众筹，这是为了让潜在的支持者更专注于产品的本身。下面以一个具体的案例来介绍。

案例陈述

京东金融上有一个"小帅VR一体机全景滇"的众筹项目。这是一款采用主板电池和头显分离式设计的头盔，能够给人以身临其境的感觉。除了支持安卓平台VR游戏之外，还有每天一集全景播报全景滇藏线路覆盖经典位置，项目如图3-14所示。

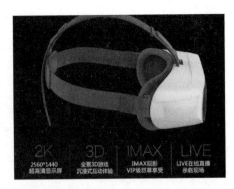

图 3-14

项目一经上线便得到了众多网友的支持，最终筹得资金 688 322 元，完成众筹。在项目发起人的位置可以看到，该项目是由青岛海雷德信息科技有限公司发起的，而该企业是海尔集团孵化出的小微公司。

可以看到，众筹已经不仅仅局限于初创型小微企业了，越来越多的大企业发起众筹项目。以后，这可能也会成为一种发展趋势，同时也说明了众筹对于企业的重要程度。

3.4.3 越来越多的风投关注众筹

有的创业公司为了获得风险投资，会选择展开众筹活动，以此来测试自己产品的市场反馈，从而增加自己与风投谈判时的筹码，因为众筹成功在很大程度上是对企业能力的一个肯定。在众筹渐渐成为主流的今天，越来越多的风险投资也开始关注众筹。

很多的风投将目光投向了众筹，众筹平台也因为风投们的加入而吸引了更多的融资企业与投资者们的加入。例如，在京东众筹的股权众筹上常常可以看到风投的身影，他们对某一个项目产生兴趣时，往往会成为项目的领投人，参与到项目中。那么为什么风投开始转向关注众筹呢？

众筹实质上是帮助各行各业的创业者或企业家解决资金短缺的问题。鉴于这种情况，越来越多的创业公司和初创企业也开始在众筹平台上集资，而风投本身就需要不断寻找新的投资项目，所以也就不足为奇了。风投通过众筹选择项目主要有以下几个优势。

1. 增加了选择范围

传统风投的项目主要来自关系网的推荐，或者是官网上创业者提交的申请资料，这样得到的项目相对较少。而众筹平台通过其平台的影响力吸引了大批创业者入驻平台。由于低门槛性的特点，将更多创业者的项目展示在平台上，为风投提供了更多的项目选择机会。

2. 快速审核项目

我们都知道每家风投企业都会有自己的投资风格，或比较倾向的投资行业。但是，由于创业者与风投两者之间存在信息不对称的情况，所以风投企业可能常常收到不青睐的行业项目。创业者投递资料时也不清楚每家风投企业的投资喜好而投错地方。

众筹平台的出现很好地解决了这一问题。创业者将自己的项目展示在平台上，平台根据项目所在的行业和项目类型进行分类，风投企业根据平台的分类可以快速地找到目标项目。通过查看项目的亮点介绍、项目优势、项目特点、项目情况等信息对项目进行高效的分析审核。对于心仪的项目，通过众筹平台可以快速找到创业者，与创业者进行沟通，令投资决策过程更合理。

3. 加快尽职调查过程

尽职调查是风投必不可少的重要步骤。尽职调查包含的内容较广，调查时间较长，工作难度较大。但是通常众筹平台会要求项目发起者提供一些必要的数据，供投资者参考，从而帮助投资者做出投资决策。标准化的项目呈现和商业计划书在很大程度上节省了风投的时间，减少了工作量。

综上所述不难看出，众筹给了风投多方面的便利。随着众筹的发展，风投与众筹的联系将会更加紧密，二者之间也会出现互惠双赢的局面。

第 4 章
完成众筹的全过程

本章要点

- 注册众筹网账号信息
- 发布众筹项目
- 设计各类回报
- 什么样的产品众筹更容易成功
- 选择支持的项目
- 支持一个众筹项目
- 参与众筹的投资者的注意事项
- 管理自己的众筹项目
- 管理平台账户
- 个人消息管理
- 个人设置管理

了解完众筹之后就可以开始正式参与众筹了。众筹包括发起众筹项目、支持众筹项目以及管理众筹项目。只有掌握了这些基本的众筹参与要点，才能够更好地参与到众筹当中。

知识要点	学习时间	学习难度
在平台上发布一个众筹项目	30 分钟	★★
参与并支持一个众筹项目	50 分钟	★★★★
管理众筹平台账户	40 分钟	★★★

4.1 在平台上发布一个众筹项目

对创业者而言,掌握如何在平台上发布一个众筹项目是众筹融资的基本要求,不同的众筹平台发布的流程有所区别,但是大体上是相同的。

4.1.1 注册众筹网账号信息

想要在众筹平台上发布众筹项目,首先需要在众筹平台上注册一个自己的众筹账号,也方便之后与投资者在众筹平台中进行交流。这里以众筹网为例进行介绍。

首先进入众筹网首页,单击"注册"超链接,如图4-1所示,然后在打开的页面中按照页面的提示输入手机号码及手机验证码,并设置账号密码,然后单击"注册"按钮,如图4-2所示。

图 4-1

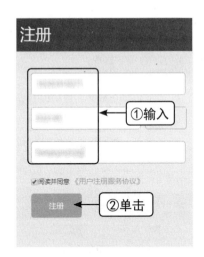

图 4-2

除了可以通过手机号码进行注册之外,众筹网还支持利用QQ号、微信号、微博号以及邮箱账号进行注册。下面来看看如何使用其他账号进行注册。

首先进入众筹网首页,在页面右侧选择对应的图标,这里以QQ号为例,单击企鹅图标,如图4-3所示。然后用QQ手机版扫描二维码,完成安全登录,如图4-4所示。

第 4 章 完成众筹的全过程

图 4-3

图 4-4

除了扫描二维码登录之外，还可以通过手机 QQ 账号密码登录，单击"帐号密码登录"超链接，如图 4-5 所示。然后根据页面提示，输入自己的 QQ 账号及密码，再单击"授权并登录"按钮，如图 4-6 所示。

图 4-5

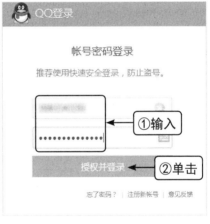
图 4-6

众筹的一个特点在于对项目的宣传推广，所以为了能够使得自己的众筹项目能够被更多的人看到，可以将自己的众筹项目分享到自己的 QQ 空间、朋友圈以及微博上，让更多的朋友看到自己的众筹项目。如果是使用自己的 QQ 等直接注册的，就可以直接分享；如果是用手机号码注册的，在之后的分享就需要另外登录自己的 QQ 账号或其他账号信息。下面来看看众筹项目分享流程。

首先进入众筹项目信息页面，在页面右上方选择对应的图标。这里以 QQ 空间为例，单击"QQ 空间"图标，如图 4-7 所示。之后页面进入到 QQ 空间和朋友网分享页面，在文本框中输入分享原因，然后勾选"同时转播到我的腾讯微博"复选框，最后单击"分享"按钮，如图 4-8 所示。

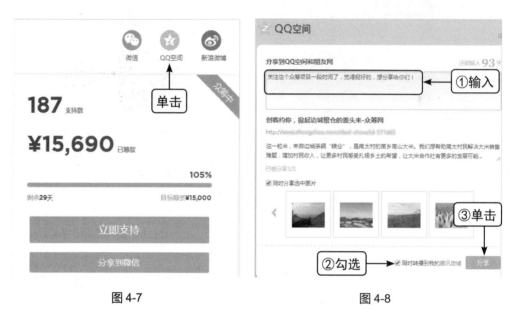

图 4-7　　　　　　　　　　　图 4-8

单击分享之后并不能够直接分享，页面会跳转到安全登录页面。这里的登录也可以选择二维码或账号密码等，登录成功之后，项目就直接分享到 QQ 空间中了。

账号注册完成之后，还要对账号信息进行完善。完整的账号信息能够让投资者更好地认识自己，也能增加投资者对自己的信任度。进入用户信息页面，此时的用户信息呈现空白，除了系统自动匹配的头像信息以及定位的地理位置信息以外，没有其他多余的信息，如图 4-9 所示。

图 4-9

首先需要单击"点此添加教育经历"和"点击编辑"超链接，添加教育经历并简单地介绍自己的工作、爱好及兴趣，方便大家快速了解自己。从图4-9可以看到，用户页面右侧有"编辑资料"和"个人中心"两个选项。这是两个非常重要的部分，"编辑资料"负责用户的个人信息资料；"个人中心"管理项目信息、资金信息、账户密码信息等。

用户单击"编辑资料"按钮后进入个人资料编辑页面，根据页面的提示完成个人信息的填写以及头像信息的上传，然后单击"保存"按钮即可完成个人信息的设置，如图4-10所示。

图 4-10

在页面的下方可以添加自己的工作经历。完整的工作经历能够增加投资者对自己的了解。由于是新注册的账号，所以并没有任何的订单信息和项目信息，个人中心处于空白状态。随着日后项目的发布和支持，个人中心的信息也会越来越丰富。

4.1.2 发布众筹项目

在众筹平台上发布一个众筹项目非常简单，但是想要发布一个成功的众筹项目却不容易。下面以众筹网为例来详细介绍如何发起众筹项目。

在众筹网的首页，单击"＋发起众筹"按钮，如图4-11所示。

图 4-11

在众筹网发起的众筹有三种形式，分别是奖励众筹、朋友众筹和无限筹。奖励众筹前面已详细介绍过，需要设置截止日期，并且向支持者发放回报；朋友众筹主要是通过朋友圈和社交网络筹集资金，没有时间上的限制以及回报设置；无限筹是一种没有时间限制，即时发货、即时结算的众筹模式。其中，大部分的众筹为奖励众筹。这里以奖励众筹为例进行介绍，在页面上单击"奖励众筹"超链接，如图 4-12 所示。

图 4-12

页面跳转至奖励众筹发起页面，根据页面提示选择项目的类别，填写众筹的标题、众筹目标、众筹天数，并添加项目封面，然后单击"下一步"按钮，如图 4-13 所示。

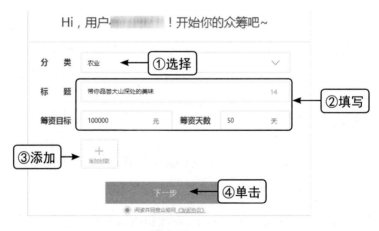

图 4-13

第 4 章 完成众筹的全过程

随后页面跳转至项目详情页面,在页面上发起者需要根据页面左侧的提示选择不同的内容进行设置,包括项目故事、我需要更多的支持、我提供的项目回报以及关于我。比如,选择"项目故事"选项,再在右侧的文本框中输入内容。需要注意的是,在每一项中,字数至少要超过 15 个字以及上传至少 1 张、至多 3 张的图片,设置完成后单击"下一步"按钮,如图 4-14 所示。

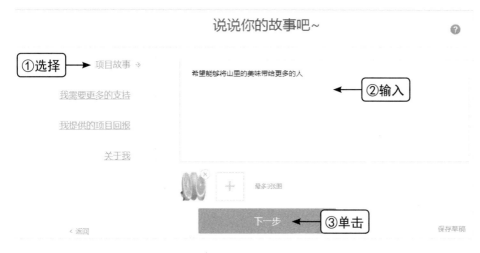

图 4-14

接下来页面跳转至项目回报设置页面,在页面单击"+ 点击添加回报"超链接,如图 4-15 所示。在打开的页面中输入支持金额和回报说明,然后选中"回报需要寄送"单选按钮或"设置上限人数"单选按钮,最后单击"确认"按钮,如图 4-16 所示。

图 4-15　　　　　　　　　　图 4-16

确认完成之后,页面返回至添加回报页面,发起人根据项目的需要继续单击"+ 点击添加回报"按钮,进行添加就可以了。回报设置完成之后,在页面的下方设置回报发出的时间,然后单击"发起完成,提交审核"按钮,如图 4-17 所示。完成上述流程后,众筹项目的发起就结束了，然后需要等待平台审核。

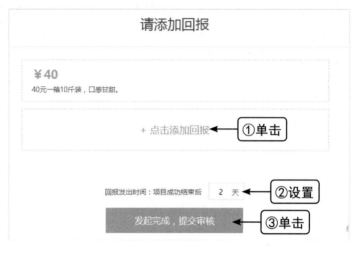

图 4-17

4.1.3 设计各类回报

项目发起人发起众筹离不开设置各类回报。好的回报设置能够吸引更多的支持者参与众筹，而不恰当的回报设置也会打消支持者参与众筹的积极性。那么应该如何恰如其分地设置回报呢？

项目发起人在设置回报之前首先要明确两个最基本的设置原则，具体介绍如下。

- ◆ **投其所好**：在设置回报之前，预先在市场中调查，了解支持者最想要通过项目获得什么样的回报。如你想要钓鱼，就不能拿胡萝卜做鱼饵，没有吸引力的回报，无法吸引任何支持者。
- ◆ **回报组合**：通常一系列回报组合比单一回报更具吸引力，所以可以在回报设计中设置更多的组合形式。

首先可以准备一些免费的纪念品作为回报。在众筹平台上发起的众筹，支持者往往遍布世界各地。此时，寄送一张带有项目特色、充满项目故事的照片或明信片，能够给支持者以亲切感，拉近与支持者之间的距离，并且能够通过明信片的方式将众筹的故事更多地分享给支持者，感谢他们的支持。

对于一些有想法的支持者，可以准备一次有计划性的支持者访问，通过电话的方式向他们进行问候，同时听听他们对项目的想法或建议。也可以举办一场小型的活动，带动大家的积极性，让大家更加主动地发动各自的人际交往圈。这也更能体现众筹的意义。众筹不仅仅是单纯地筹集资金，更多的是筹集人脉，将更多志同道合的人聚集起来，发展项目，甚至是成为项目的合伙人。

另外，需要考虑实质上能够为支持者提供什么样的回报。对于不同的众筹，回报的设置也不同，具体介绍如下。

（1）很多股权类众筹的回报基本上是承诺给投资者发放一定的分红。发起者在设计分红回报时需要注意，不能够给予分红多少的承诺，只能够给予盈利后分红的权利。

（2）对于产品或服务类的众筹，很多支持者都是看中产品或服务才进行投资的。所以支持者除了是第一批支持创业的投资者外，更为重要的还是最早一批的种子客户。所以在这类产品或服务众筹的回报设置上需要注意用户体验，实时收集用户的反馈信息，让回报落到实处。

（3）除了可以给支持者一些产品或服务的实惠之外，还可以提供给支持者一些折扣优惠。例如 VIP，加强支持者与项目之间的黏合度。

除了上述的回报设置技巧之外，对于回报设置中需要避免的禁忌也要引起注意。

例如，一个旅游众筹项目，在回报中设置钱显然是不恰当的。支持这个项目的支持者一般都是旅游爱好者，此时可以设置一些山地自行车、冲锋衣、登山鞋、背包等，这些与旅游有关的礼物会更有吸引力。由此可以看出，在回报设置中，更多的是需要切实地考虑支持者支持项目的心态，从而选择恰当的回报礼物。

对于回报的发放也需要注意。发起者公布的回报发放时间是对支持者的一个承诺，需要在规定的时间内尽力去完成，兑现承诺。因此，发起者在回报设置之初要设置一个能够完成兑现的时间，以减轻自己的压力，切记不可为了吸引支持者就不顾实际情况胡乱承诺，这样只会让支持者失去信任。如果在项目过程中遇到问题，或者有可能出现延期，此时一定要及时告知支持者，取得他们的谅解，然后重新承诺新的时间。

| 知识补充 | 支持者众筹风险 |

支持者需要注意，虽然众筹中项目发起人会进行回报设置，给支持者一定的回报，但众筹也是一种投资，具有一定的风险，支持者可能获得高回报，也可能血本无归。

4.1.4 什么样的产品众筹更容易成功

了解了如何发起众筹之后,很多人会有疑问。如今众筹已经不再新鲜,越来越多的众筹项目呈现在投资者眼前供投资者选择,那么什么样的产品众筹才能够吸引投资者眼球,比较容易众筹成功呢?

1. 产品具有特色

查看以往成功的众筹项目不难发现,成功的众筹项目往往都具有自己明显的产品特色。所以想要打动投资者,首先自己的产品需要具有独特的创新意识,让人感到很新奇,才能快速地吸引投资者的目光。例如,闻所未闻的智能纸尿裤、充满民族风情的地域旅游等。

2. 简单易做的产品

产品众筹有别于股权众筹,项目的发起者需要在约定的时间内向投资者进行相应的产品回报。如果产品制作较为复杂,或者是制作时间较长,那么可能会没办法按时发货,从而增加后续产品的交付风险。反之,如果产品制作简单易成,可以大规模地投入生产,这样的产品比较适合产品众筹,比较方便实现回报。

3. 具有感知性的产品

相较于复杂高端的技术性产品,大多数投资者更倾向于贴近生活、能够为日常生活带来便利的产品。众筹的目的在于让投资者通过项目介绍了解其产品,从而进行投资,如果产品科技性太强,操作复杂难懂,则可能会失去广大投资者。

4. 能够打动人的回报

产品众筹是一种以回报作为最终目的的投资,所以有吸引力的回报是打动投资人的关键。但是需要注意的是,不要为了回报而忽略预算。不管提供什么样的回报,都需要做一份详细的预算,其中包括包装和运输的费用等。

以上是成功的众筹项目具有的一般特点。另外,我们知道每一个投资者都有自己的投资喜好,所以才会存在各种各样的众筹项目。因此,发起者不必刻意地模仿某一个成功的众筹项目,或者是去迎合某一类的投资者,坚持自己产品的特色,从而吸引那些志同道合的投资者才是正确的选择。

第 4 章 完成众筹的全过程

4.2 参与并支持一个众筹项目

在众筹平台中除了发起众筹之外，还可以作为投资者支持众筹项目。发起众筹与支持众筹是众筹平台中的两大主要功能。发起者除了要了解如何发起众筹项目之外，也需要了解如何支持众筹项目。

4.2.1 选择支持的项目

作为项目支持者，在支持众筹项目之前首先需要选择一个自己喜欢并感兴趣的众筹项目。虽然每个众筹平台的众筹项目分类、排列方式等会有所不同，但是基本上各个平台的项目支持流程大同小异。这里以众筹网为例进行介绍。

进入众筹网首页可以看到，首页中分为五个板块，分别是"首页""奖励众筹""公益众筹"、APP 以及"+发起众筹"等超链接，单击"奖励众筹"超链接，进入众筹项目列表页面，如图 4-18 所示。

图 4-18

在众筹项目列表页面，根据行业筛选、项目进程、项目排序三个条件，对项目进行筛选，选择个人喜欢的众筹项目类型，如图 4-19 所示。

图 4-19

在打开的页面中可以看到该类型下不同的众筹项目，包括项目的图片、项目标题、项目介绍、项目关键词、项目众筹进度等情况。投资者可以根据这些情况对项目进行一个简单的了解，只需要单击个人喜欢的项目名称超链接即可，如图 4-20 所示。

图 4-20

进入该项目的详细页面，在页面中可以看到详情，包括项目的名称、项目发起人等，还可以看到项目的图片、支持人数、项目进度等，如图 4-21 所示。

图 4-21

在项目图片展示的下方,可以看到项目详情、项目更新、评论、支持记录四个页面的选项卡。在"项目详情"页面中,投资者可以将项目分享至微信、QQ空间以及新浪微博,或者直接邀请朋友一起参与众筹,如图4-22所示。

图4-22

除此之外,还可以详细查看项目的介绍信息,包括项目故事、项目背景、项目特点等,如图4-23所示。

图4-23

单击"项目更新"选项卡,可以查看项目众筹的进度,方便投资者了解项目的进展情况,如图4-24所示。

图4-24

单击"评论"选项卡，可以查看到其他参与者或支持者对该项目的评价，从而帮助投资者对项目进行判断，另外也可以在此页面发表自己对项目的看法，如图4-25所示。

图 4-25

单击"支持记录"选项卡，可以查看其他投资者的投资信息，了解项目的详细支持情况，也可以看出项目资金的公开、透明性，如图4-26所示。

图 4-26

4.2.2 支持一个众筹项目

通过仔细的浏览，选择确认好一个项目之后就可以进行如下操作，实际地支持一个众筹项目了。

进入众筹项目页面，在项目的首页图片上单击红色桃心图标，关注该项目。关注该项目之后就能够在个人中心随时查看该项目的进展情况，如图4-27所示。

图 4-27

要支持一个众筹项目,需要了解该众筹项目中的不同支持等级以及不同支持等级带来的不同回报,然后选择自己要支持的级别,如图 4-28 所示。

图 4-28

在打开的页面中设置支持的份数,并在收货信息下方填写收货人姓名、手机号码和详细的收货地址,然后单击"提交订单"按钮,如图 4-29 所示。

图 4-29

页面跳转至支付页面，在这个页面中有多个支付方式，选择支付方式，然后单击"去付款"按钮，完成支付后即可成功支持该项目，如图4-30所示。

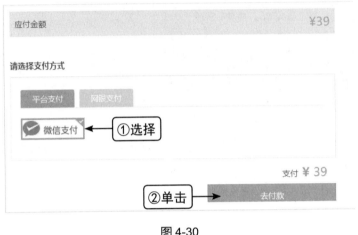

图 4-30

4.2.3 参与众筹的投资者的注意事项

根据前面的介绍可以看到，在众筹中投资者支持一个项目的整个过程非常简单方便。投资者除了能够帮助发起者实现创业梦想之外，还能够以众筹的形式以低于市场价的价格购买到产品。但是在参加众筹之前，投资者需要对众筹进行一定的深入了解。

1. 众筹的参与类型

目前，国内的众筹主要有四种模式，所以投资者在进行众筹投资之前首先需要明确自己投资的众筹模式。在大多数的众筹平台中，奖励式众筹和股权式众筹是主流。奖励式众筹大都以产品预售为主，参与者投入资金，从而获得产品期权。如追梦网、京东众筹、淘宝众筹、众筹网等，都是产品预售的形式。而股权式众筹则是通过互联网发售股份，募集资金。投资人通过平台投资项目，从而获得股权。股权式众筹的回报通常以分红和未来收益为主，如天使汇、爱创业等都是股权式众筹网站。

2. 众筹的门槛

众筹的低门槛性是众筹的一个特点，但是投资者在进行投资之前也需要对不同众筹项目的投资门槛进行了解。在众筹中，一般产品类的众筹设置的准入门槛较低，同时会设置很多不同的支持档位，投资者根据自己的实际情况选择合适的档位进行支持，这是为了让更多的普通投资者参与其中。只要投资者感兴趣就可以进行投资，然后等待产品邮寄就可以了。

与产品众筹的投资门槛相比，股权众筹的门槛相对要高得多，这是为了确保投资人具有相对应的风险承受能力。很多的股权众筹网站往往会实行"领投＋跟投"的模式。对跟投者，网站一般会确认投资者的风险承受能力，同时会对投资者的最低投资金额进行限制。

3. 众筹的回报

产品众筹通过不同的投资档位设置吸引不同的投资者。投资者通常把以较低的价格购入产品为主要回报。但是与奖励式众筹投资不同的是，股权众筹的投资类似于天使投资，往往能够给投资者带来巨大的收益回报，但是也很有可能让投资者血本无归。所以要保障众筹项目的回报，投资者首先需要查看众筹平台的运营能力，选择实力背景雄厚的运营平台。其次，投资者在平台审核选项目的时候，可以查看平台是否对项目进行规范以及监督到位，是否能保证选择到诚信的项目发起者。另外，如果项目的回报不能预期实现，那么后期如何保证发起者和参与众筹投资者之间的沟通顺畅等，也是需要重点关注的问题。

4. 投资者的投资风险

虽然众筹投资的风险相较于股票、基金、黄金等理财产品而言，其投资风险较低，但是众筹实质上仍然是一种投资，所以存在一定的投资风险，并且不同的众筹类型其投资风险也不同。投资者在投资之前首先要考虑众筹投资存在的风险。

例如，参与产品众筹时，投资者投资的资金虽然普遍是小额资金，但是也存在一定的风险性。它包括：由不可抗力因素引起的产品损害以及产品质量问题等突发情况，或者预购一款新的科技类产品，产品处于研发阶段，过了交货期限，项目方却迟迟不能交货，又或是投资者收到了众筹产品，但是产品存在明显的粗制滥造问题。

而债权类众筹最有可能触犯法律红线，如非法吸收公众存款罪、集资诈骗罪。股权众筹可能出现虚假发行股份罪等。所以普通投资者参与众筹需要注意以下几点事项。

（1）客观衡量自身的抗风险能力，谨慎投资。

（2）选择众筹平台或个人发起众筹活动时，首先查看众筹平台的实力以及规范性，然后查看项目发起方的信誉和实力，而非单纯查看平台的收益率高低。

（3）注意有意识地将交易记录进行保存，避免不必要的纠纷或诉讼。

管理众筹平台账户

每个参与众筹的人都会在众筹平台上拥有一个自己的众筹账户，通过账户可以完成众筹项目的查看、订单的确认、项目的进度追踪等。管理好众筹账户能够帮助众筹参与者更好地开展众筹。

4.3.1 管理自己的众筹项目

要管理众筹平台上自己的众筹项目，包括自己发起的众筹项目和支持的众筹项目，首先需要进入众筹网的个人中心。在左侧单击"我的发起"超链接，可以查看自己发起的众筹项目的详细信息，如图4-31所示。

图 4-31

了解自己发起的众筹项目基本情况，然后及时更新项目的众筹进度，这样就能帮助支持者进一步了解项目的具体情况，从而增强支持者与项目之间的联系。

单击"项目管理"超链接，进入项目管理页面，在页面中可以查看自己发起的已经成功的众筹项目，查看支持者支持项目的全部订单情况，根据订单的状态查看支持者的订单信息，对需要发货的订单及时发货。对某一订单的单独查询可以输入订单号或手机号进行查看，如图 4-32 所示。

图 4-32

对于自己已经众筹成功的众筹项目，发起人要实时地了解每个支持者的订单状态，核对每个支持者的支付信息、收货信息、物流信息等，以便能够在承诺的时间之内按期发货，这是众筹项目管理中非常重要的一步。

单击"我的订单"超链接，页面出现我的订单列表，可以查看到自己的订单情况，包括未支付订单和已支付订单，如图 4-33 所示。

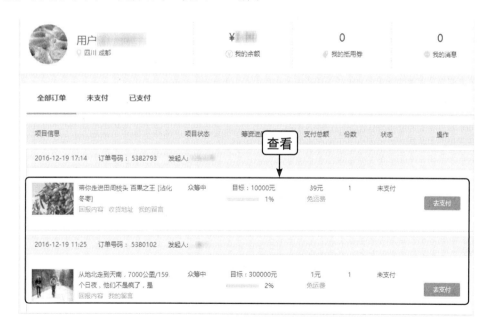

图 4-33

单击订单中的"回报内容"和"收货地址"超链接，可以核对自己的众筹项目的回报以及收货信息，如图 4-34 所示。

图 4-34

对于未支付订单,在确认无误之后,单击"去支付"按钮,页面跳转至支付页面,单击"微信支付",然后单击"去付款"按钮即可完成订单支付,如图 4-35 所示。

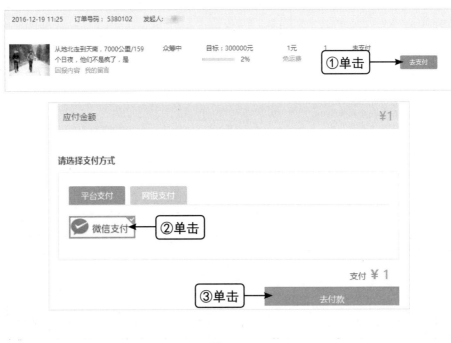

图 4-35

4.3.2 管理平台账户

管理平台账户主要是对自己的余额信息、红包信息、抵用券等资金情况进行了解。

现在很多众筹平台为了吸引更多的投资者与发起者会在平台设置一些红包或者抵用券。投资者在支付订单时，系统会随机发送一些红包或抵用券用以抵扣众筹项目金额的支付。

在个人中心"我的"栏中，可以看到"我的关注""账户余额""我的红包"以及"抵用券"四个选项。单击"我的关注"超链接，页面显示关注的众筹项目列表，可以查看项目目前的众筹状况、筹资进度等信息，如图4-36所示。

图4-36

单击"查看项目"超链接，页面跳转至众筹项目介绍页面，投资者可以查看项目的具体情况，决定是否支持，如图4-37所示。

图4-37

投资者经过查看后发现对项目不感兴趣，可以单击"取消关注"超链接，在打开的对话框中，单击"确认"按钮取消关注，如图4-38所示。

图 4-38

在对我的关注进行管理筛选之后,单击"账户余额"超链接,可以查看自己的余额和交易记录,在交易记录中可以查看自己的交易详情,如图 4-39 所示。

图 4-39

单击"我的红包"超链接,可以查看红包的详细情况,包括红包总价值、剩余红包个数、红包的有效期等。使用红包可以节省部分金额的支付,但是由于红包存在使用时效性,所以容易遗忘。在个人中心实时对红包进行管理,能够避免这类情况的发生,如图 4-40 所示。

图 4-40

在使用红包时需要遵守红包使用规则，禁止恶意刷红包的行为。每个平台的红包规则在细节上虽然不同，但是大体上是相同的。红包使用的一般规则如下。

（1）选择合适的档位支持，红包支持的档位应该在红包的金额范围之内，如果档位支持的金额大于红包实际金额，则红包无法使用。

（2）红包需要在使用期限内使用，过期作废。

（3）单个用户支持一个项目多次，只能够使用一次红包。即不能领取多个红包支持同一个项目进行多次抵扣。

如果红包符合条件要求，在支付环节过程中，提交订单之后，页面跳转至支付页面就会看到红包，单击使用就可以了。而抵用券的使用与红包基本类似，但是其使用的范围相对于红包而言要窄一些。首先可以单击"抵用券"超链接，查看我的抵用券列表，如图4-41所示。

图4-41

每张抵用券都有自己的券号。与红包相同的是每张抵用券也会有不同的面值，同时也有使用期限。但是每张抵用券都有自己的使用规则，并且具有使用的限制类别。限制类别即有的抵用券适用于指定项目而非适用于任何项目。抵用券的一般规则如下。

（1）抵用券只适用于投资者在众筹平台内支付投资金额抵用。

（2）抵用券面值不找零，不能够兑换现金。

（3）每个众筹项目只能够使用一张抵用券。

（4）抵用券在有效期范围内使用，过期作废。

如果抵用券符合要求，在支付环节过程中，提交订单之后，页面跳转至支付页面就会看到抵用券，单击使用就可以了。

4.3.3 个人消息管理

支持者在浏览项目时可能会对某个感兴趣的项目进行评论，或者对某一个支持者的评论持有疑问，进行回复，促进与支持者之间的交流。而项目发起者可能会收到来自支持者的留言评论。这些留言中有的对项目提出疑问，需要发起者尽快回复。通过这些回复与评论可以增加与支持者的互动，进一步促进众筹项目成功。

在个人中心"消息"栏中，单击"我的评论"超链接，页面显示所有的评论消息，评论被分为"收到的评论""回复他人的评论"以及"对项目的评论"，选择"收到的评论"选项可以查看收到的评论消息，如图 4-42 所示。

图 4-42

选择"回复他人的评论"选项，可以查看回复消消息列表，如图 4-43 所示。单击项目名称超链接，页面会跳转至项目介绍页面，单击回复对象名称超链接，可以进入对方的个人主页面，查看对方的基本信息，或发送私信进行聊天。

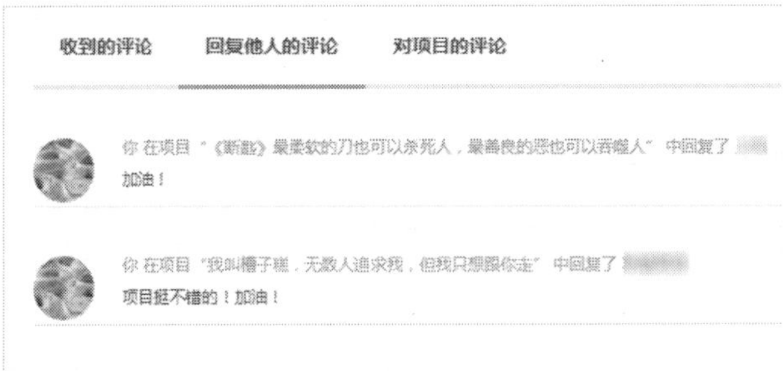

图 4-43

选择"对项目的评论"选项，可以查看自己对众筹项目的评论信息，如图 4-44 所示。单击项目名称超链接同样可以进入项目介绍页面。

图 4-44

不论是收到的评论、回复他人的评论，还是对项目的评论，都会直接显示在众筹项目介绍页面，但是私信却不然。私信是私下与对方联系的一种方式，不会显示在项目介绍页面，只能够在"个人中心/消息/我的私信"中查看到。私信能够增加支持者与发起者之间的黏合度，及时解决支持者的疑问，扮演一个客服的角色。而支持者之间的私信更像是投资者之间的相互了解，能够有效地扩展自己的交际圈。需要注意的是，私信最多只能够发送 300 字。

单击"我的私信"超链接，页面会显示收到的私信与发出的私信列表，如图 4-45 所示。单击私信对象的名称超链接就可以进入对方的主页，查看对方的基本信息以及发送私信。

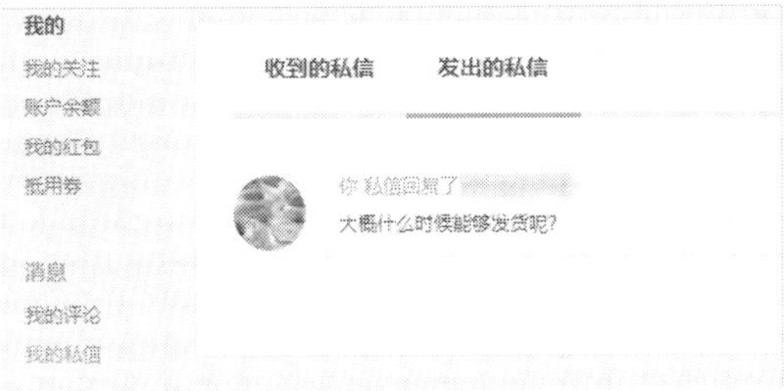

图 4-45

4.3.4 个人设置管理

在众筹平台中，个人设置的管理是基本的管理内容，其中包括个人资料、修改密码以及收货地址管理。首先是个人资料的管理，这与注册账号之初的个人资料填写不同。这里的个人资料主要包括基本资料、实名认证以及银行卡的绑定。

进入个人中心，在设置栏中单击"个人资料"超链接，页面显示账户基本信息，包括手机号码、邮箱、头像、用户名等信息，如图 4-46 所示。

图 4-46

先单击"实名认证"选项卡,然后根据页面提示输入真实姓名及身份证号,最后单击"确认"按钮即可进行实名认证,如图4-47所示。实名认证成功后,页面会显示"您已完成实名认证"字样,如图4-48所示。

图 4-47　　　　　　　　　图 4-48

单击"银行卡绑定"选项卡,根据页面提示输入银行开户名、银行卡号、开户城市以及开户支行,然后单击"确认"按钮,如图4-49所示。完成之后,页面会显示输入的信息,核对信息是否正确,如果不正确,可以单击"修改"按钮对信息进行修改,如图4-50所示。

第 4 章 完成众筹的全过程

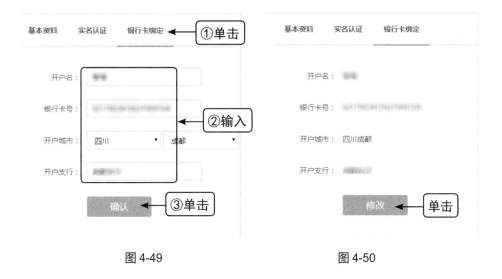

图 4-49   图 4-50

不管是实名认证还是银行卡绑定，都是为了账户信息完整，以便更好地完成众筹活动。既然在平台上进行了实名认证，并且绑定了银行卡信息，那么就更需要好好地管理账户信息，以免账号被盗造成损失，所以就需要对账户密码进行管理。

很多人对于账户密码管理都存在不好的习惯，怕遗忘，所以不喜欢更改密码，或设置非常简单的密码，甚至是使用生日作为密码，这些都是不安全的。为了保障账户的安全，需要定期更换密码，并且设置安全系数较高的密码。

在设置栏中单击"修改密码"超链接，然后根据页面提示输入原始密码和新密码，并输入确认密码，最后单击"确认"按钮，如图 4-51 所示。密码修改成功后，页面会显示"密码修改成功！"字样，单击"确定"按钮即可，如图 4-52 所示。

图 4-51   图 4-52

知识补充 | 密码设置

密码关系账户的安全，所以需要设置一些安全系数较高的密码，安全系数高的密码通常具有以下几个特征：①密码尽量复杂一些，至少在14个字符以上。②密码不是单纯的数字，可以加入大小写字母或字符。③避开生日、电话号码之类的密码。④可以利用手机九宫格，如密码集体上移一格子。

在众筹平台支持项目时会涉及收货地址，以便项目方将回报产品邮寄给自己，其中可能涉及变更收货地址的情况，所以也需要对收货地址进行管理。在设置栏中单击"收货地址"超链接，可以查看自己地址的详细信息，如果发现信息错误，则单击"修改"超链接，如图4-53所示。

图 4-53

页面跳转至修改地址页面，根据页面提示选择需要修改的信息进行修改，单击"确认"按钮完成地址修改，如图4-54所示。

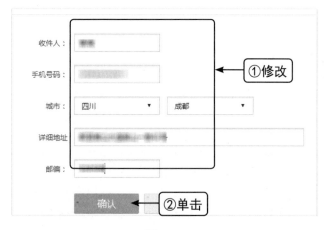

图 4-54

如果需要另外添加收货地址，则需要在收货地址页面单击"新增地址"按钮，如图 4-55 所示。

图 4-55

页面跳转至新增地址页面，根据页面提示输入收件人姓名、手机号码、城市、详细地址以及邮编，单击"确认"按钮，则新增地址成功，如图 4-56 所示。

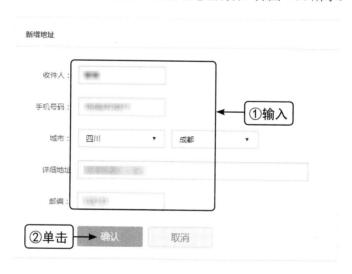

图 4-56

投资者需要注意新增地址添加成功之后，默认地址并没有发生改变。由于存在多个收货地址，所以投资者在支持项目时，系统会自动默认收货地址。

投资者在支持项目并进入支持页面时需要确认收货信息，如果发现地址并不是新的收货地址而想要使用其他新地址时，需要单击"使用其他收货地址"超链接，如图 4-57 所示。

图 4-57

页面会显示出所有的地址列表，选中正确的收货地址，单击"提交订单"按钮，就可以更换邮寄地址了，如图 4-58 所示。

图 4-58

第 5 章
众筹成功的决定因素

本章要点

- 查看众筹平台的正规性
- 选择与项目相符的众筹平台类型
- 考虑平台的增值服务
- 众筹项目文案的基本内容
- 为项目添加一个背景故事
- 为项目添加一个短视频
- 巧用社交网络发布信息
- 让社交红人帮忙传播项目信息
- 与投资者建立情感联系
- 丰富的众筹推广方法
- 众筹失败的客观原因分析

学习目标

每一个发起者都希望自己的项目能够众筹成功,获得融资,从而进行创业,那么了解众筹成功有哪些决定因素便十分重要了。影响众筹成功的因素有很多,包括平台的选择、项目文案的撰写以及项目宣传推广等,这些都需要发起者认真了解。

知识要点	学习时间	学习难度
选择适合的众筹平台	25 分钟	★★
众筹项目文案撰写	60 分钟	★★★★
众筹项目的宣传推广	40 分钟	★★★
坚持不懈是众筹成功的关键	50 分钟	★★★★

选择适合的众筹平台

对项目发起者而言,选择一个适合的众筹平台是众筹成功的第一步。每一个众筹平台都有自己的特色和优势,利用其优势与自己的项目进行结合可以提高众筹成功率。

5.1.1 查看众筹平台的正规性

选择一个靠谱的众筹平台不仅对项目发起者很重要,对于投资者同样很重要。对项目发起者而言,一个优质的众筹平台本身就已经汇集了大量的资源,除了能够帮助发起者快速筹集资金之外,还能够为项目发起者提供额外的增值服务,帮助项目快速成长。而对投资者而言,最担心的便是众筹平台资质不良,携款而逃,给其带来巨大的经济损失。

在此之前需要明白的是,众筹平台在整个众筹环节中扮演的是一个中介的角色,主要体现在以下4个方面。

1. 风险性提示

众筹平台必须对潜在的投资者揭示众筹投资的风险性,并且进行适当的投资风险教育。京东众筹中的投资风险提示介绍如下。

(1) 众筹不是商品交易。支持者根据自己的判断选择、支持众筹项目,与发起人共同实现梦想并获得发起人承诺的回报,众筹存在一定风险。

(2) 京东众筹平台只提供平台网络空间、技术服务和支持等中介服务。京东作为居间方,并不是发起人或支持者中的任何一方。众筹仅存在于发起人和支持者之间,使用京东众筹平台产生的法律后果由发起人与支持者自行承担。

(3) 众筹项目的回报发放、发票开具及其他后续服务事项均由发起人负责。如果发生发起人无法发放回报、延迟发放回报、不提供回报后续服务等情形,您需要直接和发起人协商解决,京东对此不承担任何责任。

(4) 由于发起人能力和经验不足、市场风险、法律风险等各种因素,众筹可能失败。

众筹期限届满前失败或募集失败的，您支持的款项会全部原路退还给您，其他情况下，您需要直接和发起人协商解决，京东对此不承担任何责任。

（5）支持纯抽奖档位、无私支持档位及公益众筹项目档位，一旦支付成功将不予退款，众筹失败的除外。

2. 项目的审核

众筹平台对拟筹资项目进行适当审核，核实项目信息的真实性和完整性。众筹平台的项目审核通常包括书面审核和实地审核两种形式，尤其是对于股权式众筹。

- **书面审核**：众筹平台在收到商业计划书或融资计划书后，需要了解项目的基本要件，包括项目基本情况、证件状况、资产情况、产品定位、生产过程等信息，其真正关注的集中于商业计划书的一部分，即项目和项目负责人的核心经理、项目概况、产品或服务的独创性及主要顾客群、营销渠道、主要风险，尤其融资要求、预期回报率、现金流预测等数字内容更是众筹平台需要重点考察的内容。同时，还应特别关注项目优质的管理模式、发展计划的高增长率、潜在的成长性和规模等。投资者会从投资组合分散风险的角度来考察一项投资对其投资组合的意义。
- **实地审核**：众筹平台在通过融资方的书面审核之后，如果认为初步符合平台的投资项目，一般还会进行实地的走访审核。主要是为了将书面信息与实际信息进行相互印证，如生产线是否正常，管理是否规范，客户质量情况以及资金情况等。

3. 夸大宣传与包装

众筹平台不对投资者做出诱导性行为，不对筹资项目进行夸大包装或宣传行为，确保投资者完全是按照自己的想法和喜好来进行自由投资。

项目上线之后，为了提高融资效率，增加众筹成功概率，大部分的众筹平台都会对项目进行一定程度上的包装和宣传。但是由于平台对项目的了解有限，一旦宣传和包装的尺度把握不好，就很容易陷入虚假宣传和夸大宣传。虚假宣传的表现形式有美化业绩和运营数据、优越的对赌条款、过度强调安全退出等。出现这类问题主要有以下两个方面的原因。

- 项目方本身夸大项目的优质性，平台对此现象的调查不严，并没有对项目方提供的项目介绍、数据、业绩等进行审核。
- 平台本身对于这些问题不重视，或者希望通过粉饰项目从而吸引投资者在平台上注册和投资，提高人气和融资成功率。

虚假宣传带来的后果显而易见，如误导投资者。股权众筹投资者多为草根出身，对于项目质量和前景的把握能力较弱，平台的宣传对于他们的投资决策将产生极大影响。一旦平台存在虚假宣传，容易使投资者低估风险，造成投资者利益受损，如果发生风险事件，还可能会激化平台、项目方和投资者之间的矛盾。

4. 平台禁止关联交易与自融

平台自身不参与项目投资，更不能够参与平台自融。自融指的是将平台上融来的资金用于自己的企业、关联企业或者是亲戚朋友的企业。自融的问题最早出现于债权众筹 P2P 平台。一些自融的 P2P 平台融资后，即出现跑路或者资金链断裂等问题，导致投资者利益受损，造成严重的影响。这往往涉嫌非法集资，被认定为不合规。

由于监管机构尚未完善，一些其他形式的众筹也开始出现自融的现象，业内又称其为"自众筹"。其中还不乏一些知名的众筹平台。自融主要有两种情形，一是众筹平台直接在平台上为自己的项目或者是平台发起融资。二是利用众筹平台的关联企业进行间接性的融资。但是无论是哪种形式的自融，一旦涉及自融项目，平台对于项目进行的相关宣传、尽职调查、风控、资金托管、信息披露等多个方面就很难做到真正的客观、公正。所以，在融资结束之后，项目出现问题时投资者的利益很难得到保障。

平台自融现象的出现无疑是加大了投资者的投资风险。众筹平台作为第三方中介应该切实履行好自己的义务与责任，负责搭建起投融双方沟通的桥梁，对项目真实性、资金安全性等进行监管。

2014 年年底出台的《私募股权众筹融资管理办法（试行）（征求意见稿）》在"禁止行为部分"中指出："禁止通过本机构互联网平台为自身或关联方融资。"互联网金融专项整治行动中也有一条重要的检查内容是"是否利用自身平台进行融资"。可以看到，相关部门针对这一现象做出相应的规范措施，众筹平台未来的规范性指日可待。

既然众筹平台扮演一个中介的角色，承担中介的责任，在整个众筹过程中占有重要的作用，那么项目发起者和投资者应该如何选择正规的众筹平台呢？主要从以下几个方面入手。

（1）查看平台的资质。查看平台是否合法是最为基础的。正规的众筹平台最基本的资质应该包含营业执照、税务登记证、组织机构代码证等企业法人资质。这些是在工商、税务部门有关网站上能查询到的公开信息。同时，正规的众筹网站也会在官网上对此进行公布。

除了上述基本的企业法人工商、税务等资质之外，ICP 许可证也是一个重要的经营资质，应纳入投资人考察平台是否靠谱的参考指标中。ICP 即为网络内容服务商，ICP 证是网站经营的许可证，根据国家《互联网信息服务管理办法》规定，经营性网站必须办理 ICP 证，否则就属于非法经营。有该许可证的平台在其官网的下方一般会将其 ICP 证号公开。除此之外，如果涉及私募基金业务的众筹平台，必须要进行私募基金登记备案，并具备私募基金管理人资质，否则没有资格参与私募基金的管理与销售。

（2）确认资金在平台的安全性。对互联网金融而言，资金在平台上的安全尤为重要，众筹也是如此。如果众筹的平台是不合法的平台，那么即使投资者投资获得了收益也无法得到。任何一个项目的募集都需要有一定过程，在募资的过程中，投资者的资金会陆续进入平台。在这个过程中，更需要平台通过严格的监管机制来确保资金的安全。

首先，可以采用资金托管的模式。众筹平台不能设立资金池，所有的投资资金均需通过第三方账户托管。众筹平台选择具有相应资质的资金托管机构，从而实现投资资金的支付、存管以及投后管理等流程的正规化和安全化，确保投资人的资金安全有保障。

其次，平台需要提供强大的财务管理功能。投资者与融资者在众筹平台中的各种资金收入与支出，包括重置、提现、代管支持款、退回支持款、本金支付、收益支付以及平台收取的平台费用等，都能够有一个明确的交易流水记录，用户可以通过后台的查询功能轻松查询到。只有每一笔资金真正意义上做到清晰、明确才更容易被用户所接受。

（3）信息披露的程度情况。信息披露情况是查看平台靠谱与否的关键所在。平台用户可以通过信息披露是否规范，查看出平台的正规性。具体而言，平台的信息披露应该包括但不局限于平台融资项目总数、平台融资总金额、平台项目融资额度、平均满标时间、平台风险信息提示、单个项目融资进度、单个项目融资资金及满标时间等。

众筹平台的信息披露应该以"透明度"来表示平台信息披露的指标。透明度由 5 个部分组成，包括分类明细、动态更新、项目表达、平台表达和项目信息。众筹平台公布的信息越透明，越具有公信力，则表明该平台越正规。反之，不正规的众筹平台则普遍存在项目信息不全、只记录起投额度而忽略融资总额以及股权众筹没有具体出让股份比例等情况，这些都需要引起投融双方的注意。

5.1.2 选择与项目相符的众筹平台类型

随着众筹的快速发展，越来越多的众筹平台呈现在了人们眼前。众筹在国内目前主要是两种形式：产品众筹和股权众筹。如果你是项目发起人，你要明白你的产品适合哪个平台，你的情况是适合做奖励模式还是股权模式，哪个平台的产品定位与你相符。

首先，可以从众筹平台的规模入手，发起者需要考虑的是想要借助平台知名度和名气为自己的项目做宣传而选择大平台，还是想要选择更具针对性的中小平台。下面先对大平台和中小平台进行简单的比较分析，如表5-1所示。

表 5-1 大平台与小平台的对比分析

对比项目	大平台	小平台
优势	大平台拥有较大流量，有足够的用户基数作为保障。平台依托互联网巨头，资金实力雄厚，拥有互联网的背景基础，技术优势明显	针对性更强，配套服务更为人性化，在平台上发布项目，同类型项目之间的竞争较小
劣势	平台上线项目多且杂，会降低用户对于单个项目的关注度，另外大平台的众筹只是一部分，主要在于电商模式，因此众筹模式并不规范，不利于项目方	平台知名度较小，可对接的资源较大平台小
机会	平台知名度较大，依靠品牌名气能够持续引流	发现还未被进入或竞争较小的细分市场，走专业化的道路
竞争	越来越多的众筹平台出现，加大了行业的竞争力	对于大平台的冲击，抵抗力较弱

从表5-1中可以看出大平台与小平台的区别。虽然大平台的实力较强，但是众筹平台上的众筹项目种类太多，上线门槛相对较高，所以比较适合一些成立一段时间且具备一定实力的企业进行融资，成功率较高一些。对一些初创型企业或者是个人而言，垂直性众筹平台效果可能会比大平台更好一些，因为这类众筹平台上线门槛较低，比较适合这类企业。

除此之外，还需要对自己的项目有所了解，看看这个产品是什么领域的，如智能硬件、农业、影视、音乐、游戏等。一些垂直性众筹平台的众筹效果会比大平台的效果更好。因为垂直性平台中的潜在用户更多，平台相关渠道更多，可以为产品带来大量曝光和流量，从而使筹资成功率大大提高。下面列举一些常见的专业性众筹平台。

◆ 乐童音乐是一个专注于音乐行业的项目发起和支持平台，在这里可以发起一个有创意的、与音乐相关的项目和想法，并向公众进行推广，获得用户资金支持。如图 5-1 所示为乐童音乐的首页（http://www.musikid.com/）。

图 5-1

◆ 5SING 众筹是国内领先的数字音乐交互服务商，以原创音乐为主线，致力于互联网数字音乐产业发展，并且为原创音乐提供创造、发表、展示、交流音乐作品的平台，以支持、包装、推广音乐人为服务核心。如图 5-2 所示为 5SING 众筹的首页（http://5sing.kugou.com/）。

图 5-2

◆ 有机有利是国内领先的生态农业众筹平台，它专注于生态农业众筹和有机食品定制，在国内首创众筹土地项目。由通过认证的原产地农场直接发起众筹项目，消费者参与并支持，同时获得回报。如图 5-3 所示为有机有利的首页（http://www.youjiyouli.com/）。

图 5-3

◆ 摩点网是一个专注于 ACG（Anime 动画、Comic 漫画、Game 游戏）领域的众筹平台，以众筹的方式将有趣的 ACG 创意变为现实，让更多人体验优质的文化创意产品。摩点网以游戏众筹起家，逐步将业务范围拓展到整个 ACG 领域。目前众筹的项目分类包括游戏、动漫、出版、粉丝应援等。如图 5-4 所示为摩点网的首页（http://www.modian.com/）。

图 5-4

◆ JUE.SO 作为众筹平台 2012 年 4 月上线，主打文创，偏重于设计创意类产品，发起者可以在上面发起项目，然后申请启动资金。当完成一定数额的募集之后，启动项目并将产品回馈给支持者。JUE.SO 曾经是中国最大的互联网创意众筹平台。如图 5-5 所示为 JUE.SO 的首页（http://www.jue.so/）。

图 5-5

5.1.3 考虑平台的增值服务

在众筹平台琳琅满目的今天，项目发起人除了会考虑平台与项目的符合程度之外，往往还会考虑平台除了能够帮助筹集资金之外，还能够为项目带来哪些增值性服务。这往往能够为项目的发展带来事半功倍的效果。

例如股权众筹，目前很多股权融资平台除了提供融资服务之外，其实也是一个非常垂直的曝光平台。在参与股权融资的过程中，项目方需要接受众多投资人对于项目的审视和考察，创业者将获得更多的融资机会，对修正自己的创业项目也多有裨益。因此，发起者还需要考虑股权融资平台能否带来其他附加值，比如媒体曝光，又比如后续的投后服务，以及投资人交流机会等。下面以天使汇平台为例进行介绍。

天使汇（AngelCrunch）成立于 2011 年 11 月，是国内首家发布天使投资人众筹规则的平台。天使汇旨在发挥互联网高效、透明的优势，实现创业者和天使投资人的快速对接。如图 5-6 所示为天使汇的首页（http://angelcrunch.com/）。

图 5-6

天使汇平台的整个运作流程非常简单,主要分为6个步骤,具体介绍如下。

(1)投资人入驻平台。

(2)创业者在线提交项目。

(3)AngelCrunch 专业分析师团队审核项目。

(4)投资人浏览项目,AngelCrunch 给投资人推荐项目。

(5)创业者和投资人约谈。

(6)创业者和投资人签约。

在整个运作过程中,天使汇平台可以为创业者提供什么样的增值服务呢?主要可以分为3个方面,包括融资前、融资中和融资后。

- ◆ **融资前**:天使汇平台的专业分析团队会提出建议,协助创业者发起项目,并表达优势,同时向创业团队提供商业计划书撰写、估值模型、财务预测、投资协议、融资谈判等各方面的指导。
- ◆ **融资中**:天使汇平台会严格地把控国内外的投资机构和投资人,慎重邀请入驻。然后再根据其需要将恰当的项目推荐给恰当的人。另外,天使汇还会定期举办创投沙龙等各种现场活动,通过各种手段促成创业者与投资者双方约谈,并在约谈过程中给予各方面的协助,力求实现快速融资。除此之外,通过平台审核的项目,还会得到平台宣传推广机会。
- ◆ **融资后**:天使汇会为创业企业继续提供后续的融资支持,其中包括A轮及后续融资。

除了以上的服务之外,天使汇根据不同的创业者,提供了不同的创业帮助产品,如图5-7所示。

图 5-7

两亿宅男创业基金指的是一只专注于技术创业的种子投资基金,投资额度为20万元人民币。项目发起者只需要向指定的邮箱发送项目申请,然后平台会对项目进行审核,审核通过之后就可以开始进行创业了。两亿宅男创业基金是天使汇新出的一个项目,除了能够为创业者提供资金以外，还能够提供其他增值服务，具体内容如下。

（1）这款项目对创业者具有优势。拿到投资的创业者不需要离职或休学创业，降低了创业的门槛和风险。

（2）两亿宅男创业基金所投资的团队，其核心成员都有机会参与天使汇与清华大学五道口金融学院联合推出的独家创业课程，帮助创业团队快速成长。

（3）包办创业融资。天使汇平台拥有2000多位认证投资人，还提供快速合投、100X加速器、闪投快速封闭路演、科技媒体tech2ipo.com及与深交所深度合作的创业直播间和中关村大屏幕。

（4）为创业者提供全套工商服务。包括工商注册、股权变更、法律咨询、商标申请、专利注册、媒体服务、公司估值等。

（5）资源开放共享。天使汇旗下100X加速器活动、线下定期闪投、极客咖啡活动对本基金投资团队开放，大屏幕、科技媒体、线下场地共享。

可以看出两亿宅男基金主要为处于种子期的创业企业提供各种各样的帮助。

另外，天使汇一网通与北京市工商局合作，为创业者提供公司注册信息变更的线上服务，帮助创业者轻松解决注册公司、变更股权等公司管理业务，能够让创业者更加专注于产品本身。创业者只需要在家里就可以解决注册公司等问题，具体操作如下。

（1）创业者登录壹网通（http://www.1wangtong.com/）通过线上提交公司信息。

（2）壹网通全程办理企业营业执照、印章、组织机构代码证和税务登记证。

（3）壹网通与银行合作，线上开设企业基本账户。

（4）快递纸质材料，创业者无须奔波办理。

通过以上的具体流程可以看到，壹网通使得创业者设立公司更简单、更方便、更安全。以上只是部分的增值服务，平台还针对不同时期的创业公司和创业者提供了不同的增值服务。

增值服务很大程度上可以帮助创业者解决各类创业问题，从而加快企业的成长。因此，创业者在选择众筹平台时要仔细考虑该众筹平台除了资金以外还能够为自己提供什么样的服务。

5.2 众筹项目文案撰写

项目发起人想要发起一个众筹离不开文案的撰写，同时众筹文案也是众筹项目展示给平台用户的重要组成部分。优秀的文案可以吸引到更多投资人的关注，从而得到更多投资者的支持。

5.2.1 众筹项目文案的基本内容

撰写众筹文案之前首先需要明确众筹文案包括的内容。撰写众筹文案的目的在于向平台上潜在的投资者介绍项目信息，包括项目发起者、项目内容、项目特点、市场环境等信息。虽然不同的文案撰写者撰写的文案内容不同，但是基本的内容不会变化。众筹文案的基本内容主要包括以下几点。

◆ **介绍自己**：介绍自己是文案中最为基础的一个部分，这也是一个自我形象塑造与提炼的过程。可以通过文案的方式向支持者介绍自己，让支持者了解自己，相信自己。除此之外，通常还会介绍到自己的公司与制作团队的基本情况。

◆ **介绍项目**：在文案中还要告诉支持者自己想要做的是什么样的一件事，换句话说，就是介绍你的项目。项目内容叙述得越详细越好，最好能够结合项目本身的特点，设计出一些宣传的卖点。撰写时需要注意，查看文案的受众是一些普通群众，所以撰写时要从受众的角度出发，尽量避免一些专业术语。

◆ **介绍原因**：主要是介绍为什么需要大家的支持，主要从支持者的角度出发，从支持者的角度来思考问题，让用户感觉这些都是发生在他们身边的事，从而触及他们的痛点。

◆ **回报设置**：通常除了捐赠式众筹之外，其他模式的众筹都需要进行回报设置，并且要通过回报设置充分地表达出自己的诚意。在回报的设置中需要设置不同的档位，除了给支持者提供实质性的回报之外，还需要提供精神方面的回报。对于低档位的回报，需要更多地考虑增加用户的参与感，而对于高档位的回报，需要融入更多的成就感与直接的利益回报。

◆ **图片展示**：除了文字之外还需要一组图片来详细展示项目，以便支持者能够清楚地了解到项目内容。图片尽量体现专业，因为图片不仅仅是项目的展示途径，也是对项目发起人及团队的专业性考核。

除了以上的几点基本要素之外，还可以在文案中加入一些其他要素，不仅可以完善文案内容，还可以增加支持者对项目的了解，提高对项目的信任，其他要素如下。

（1）众筹项目的财务预算。可以在文案中列出项目相关的财务预算，让支持者能够清楚地知道，筹集而来的资金将要怎么用，用在哪些地方。例如，某一个微电影拍摄众筹，那么项目发起人可以将拍摄电影的人员预算、租用电影设备预算、剪辑预算以及推广预算等，这些项目详细地列出来，可以增加支持者对项目的信任感。

（2）行业知名人士的推荐。如果项目发起者在行业内具有一定的人脉资源，可以邀请知名人士写一篇推荐文，放在文案当中。那么势必会吸引大批潜在支持者，可以为项目带来巨大吸引力。

另外，文案的撰写需要具有以下 3 个方面的特点，如图 5-8 所示。

专业性
在文案的撰写中需要利用图片、文字等方式来展示项目发起者以及项目团队的专业性，给支持者一个专业的团队印象，增加支持者对项目的信任感

唯一性
相较于普遍常见的事物，支持者更倾向于具有唯一性的产品。因此，在文案的撰写中需要将众筹产品的唯一性进行重点描述，以此吸引支持者

潜力性
众筹也是一种投资。比起没有期望的项目，支持者当然更愿意支持具有巨大潜力的项目。因此，可以在文案中将项目的潜力表达出来，包括项目的增值空间、市场预测、团队能力等

图 5-8

5.2.2 为项目添加一个背景故事

想要众筹的项目能够吸引投资者的目光，从而让其愿意支持项目完成创业，首先需要项目打动对方。简单来说，就是要让众筹项目变得有温度、有感情且有感染力。因此，可以为自己的众筹项目讲一个打动人心的故事，这类项目往往能够有效地快速筹集资金，众筹成功率较高。

创业者可以与投资者之间创造感情的连接点，而讲故事的方式能够让投资者快速地将自己放入到某种真实的情境当中。一个好的故事能够营造出好的氛围，创造出一种深度从而影响投资者。

首先项目发起者需要明确自己讲故事的对象是谁——支持者，什么样的群体是自己的潜在支持者。从支持者的角度出发考虑支持者所希望看到的是什么样的产品，从而赋予这个产品一个鲜活的故事背景。进行故事描述的过程中需要将自己的真实经历带入场景，推己及人，从而拉近与用户之间的距离，像朋友之间的谈话一般，而不是像个领导一般给人以一个拒人千里之外的感觉。下面来查看一个真实的众筹项目故事。

案例陈述

由彩虹公益社发起的《傻校长和他的小毛驴的故事——爱传递计划》众筹项目，计划筹资4500元，最终筹集资金7535元，其中的项目故事背景是打动支持者的关键因素。

【故事背景介绍】

他是每月有着200元工资的校长，他除了孩子一无所有，却有着无限卑微却又无比强大的一个教育梦。也许他还没有意识到这是一个梦，也许他自己并不把自己上升到一个什么样的高度，在这个梦想已经被无数扯淡的言辞败坏的今天，他做的一点一滴让我相信这就是对梦想最好的诠释。我希望他的努力不只是痴人的愚妄、执着的迷狂，希望他的坚信在这个世界总会找回哪怕一声回响。这不是杜撰，这不是瞎编。如果有可能，我希望拍一部真实而非虚构的纪录片，只是记录，不加评述……

校长很富：他有一个老婆、3个娃，和一头驴！

校长很穷：他在这个时代，真的一个月只有200元的收入！

校长又很富：他想用他的双手堆砌他梦想中的教育王国。

校长还是很穷：除了学生他一无所有……

【故事内容介绍】

有这么一个"愚蠢"的代课校长，他怀着教书育人的"傻呵呵"的心愿，在1993年开始执教。当时的政策是教龄满15年可以转正入编，同时又能完成父亲的心愿，成为一名伟大光荣的人民教师。奈何这样的期望只维持了3年。1996年以后，教龄不再作为转正与否的标准，至今校长转正依旧遥遥无望。校长的父亲为了能让儿子成为光荣的教书先生，实现自己对他的期望和梦想，拼命地把一家重担扛于一身。一家的重担又累垮了父亲，为了给父亲治病，他求爷爷告奶奶地借了8万元。手术后，年迈的父亲又活了8年，在他撒手人寰后，代课校长再也不动摇此生的选择，就做一个让父亲骄傲的人民教师，以缱父亲毕生的心愿！然而，心愿宏大而现实残酷,他一个月工资仍然只有200元,3个娃都到了上学季,校长如今一筹莫展,左手是父亲与自己的梦想,右手是作为父亲想去帮娃娃们实现梦想。

该说说驴了。校长不是阿凡提,但校长也有一头驴!这头驴是校长家唯一的一头驴,他们相伴多年,校长对它疼爱有加。那是2012年的最后一天,刘校长小酌了两杯后,高兴地说到,他要把那头驴拿去卖了换羊,羊能挣钱。他兴高采烈地说,有了羊以后,他周一至周五当校长,周六周日当羊倌。他憧憬着未来可能实现的美好日子,仿佛那一天很快就会到来。然而还没等幸福的日子到来,两个孩子都很有出息地需要去外地上学报到,学费的压力使得校长只好卖了他心爱的小毛驴,校长当羊倌的梦想正式破灭。

能把故事看到这,我相信你和我想的一样,是时候帮帮这个可爱的校长了,吹起集结战斗的号角,我们一起帮助刘校长赎回他心爱的小毛驴儿,让两个孩子高兴地去上学!谢谢大家,阿凡提和小毛驴在这儿向您致敬了!

【为什么需要支持】

(1)上面说了校长有个当羊倌的梦,"3个娃娃都上学了,高学费,没办法,家里唯一的一头驴卖了给娃娃交学费,驴叫唤,老婆哭,孩子流泪,唉!伤心极了……"看到那条说说以后,我们知道了随着驴被卖,刘校长的"致富梦"又要告一段落了。不仅如此,这个家庭还面临着更大的困境:一头爱驴,换了3500元,今年有驴卖,那明年呢?那头驴已经是家里最后的牲口了。明年上哪里再去找一头爱驴换学费呢?

(2)随着计划生育的普及,孩子越来越少。如今六个年级一共只有80多人。与全国各地轰轰烈烈开展的并校运动一样,会宁县的并校也在不断进行中,一旦被并到乡中心小学,等待他的只有下岗一条路。为了帮校长解决一些生活负担,彩虹公益社聘请校长为当地的助学专员,并寻找爱心资助人资助了孩子读书时的生活费用。但是民间组织费用有限,故希望这次活动申请成功后一部分经费用于赎回校长的驴,圆校长的致富梦,另一部分钱用于助学走访中校长的交通和餐饮补贴费。

承诺与回报:感谢您的阅读和支持,质疑、监督抑或扩散都是对我们的莫大关注,我们希望公益里有更多理性的思想,在这里4500元不是资助校长家的开销,不是一头驴子的价格,而是校长坚持梦想的最实际的价值,我们邀请你加入我们其中一点点去看着它升值。

文案以故事的形式介绍校长和毛驴,使校长简朴的生活和高尚的情操在文字间变得生动丰富,让阅读者感受到其中的真诚,让整个项目不再是显示屏幕上生硬的图片配文,而是一个充满温度、富有感情以及感染力的真诚的叙述,打动了大批的支持者。

5.2.3　为项目添加一个短视频

不管是文字还是图片，很多时候都会存在一定的局限性。文字上可能会出现一语双关，或词不达意的情况，图片则可能会出现显示不全、特点不突出的情况，并不能够真正做到尽善尽美。因此，可以为项目制作一个精美的短视频，通过视频的方式来介绍项目。

通过视频的方式可以直接将声音、图片、文字等内容结合起来，全面直观地向支持者们介绍产品。另外，视频的方式提高了支持者查看项目介绍的方便性和趣味性。视频不一定必须出现在众筹项目的文案设计中，但是不可否认的是拥有短视频的众筹项目，对支持者而言往往更具有吸引力。视频介绍具体有如下几个优势。

- ◆ **目光焦点**：在传统的文字图片展示中，通常是以大量的文字为主，然后再配以图片，浏览者以兴趣为主，进行快速地浏览。但是视频可以以单一的方式进行展示，让浏览者的目光形成焦点，从而关注到项目的重点。
- ◆ **生动全面**：视频将图片、文字、录像以及声音多种方式相结合，更为生动而全面地展示项目内容信息。
- ◆ **信息量大**：一个视频可以根据项目方的需求，以及项目具体的内容调整时长，将需要告诉浏览者的信息和盘托出，使之对企业状况或者产品特性、功能、机理以及使用方法得以较全面、较清晰的展示，有利于树立良好的企业形象或品牌亲和力。

由于大部分产品众筹项目都是产品没有生产出来之前的预售行为，如果需要消费者产生购买欲望，必须让其了解产品。相较于图片与文字，众筹视频能更生动、立体地将尚未生产的产品展示出来，促进消费者对众筹项目的了解，从而产生购买欲望。

在制作众筹视频时，时长不宜过长，基本控制在 2～3 分钟内。最后在制作众筹视频时，视频的风格要区别于传统视频的厚重、深沉感。而要以一种时尚、轻快、干净的画面风格进行呈现。只有在考虑到以上的基本点后，制作出来的视频才能更符合产品众筹的需求，这也是众筹视频与传统视频的区别之处。

众筹视频就是为了让支持者更加清楚地明白这个众筹项目或众筹产品。这样才可以更好地帮助到潜在的用户，使其在观看视频的同时进行产品体验，极大程度上让众筹产品和项目得到非常大的曝光度，同时还可以让企业品牌得到一定的推广，让粉丝成为消费者及投资者。

5.3 众筹项目的宣传推广

众筹项目上线完成之后，为了吸引更多支持者，需要完成最为重要的一步——项目的宣传推广。如何让更多的人看到该项目呢？这就需要掌握一些推广技巧。

5.3.1 巧用社交网络发布信息

在快速的信息流转中，用户通过发布、关注、跟随、回复、再回复与其他用户之间产生关联，所有的这些行为形成了一个个细小的良性沟通，而一个用户与另一个用户之间形成一个小的循环，这些许许多多的小循环就形成了社交网络。

随着互联网的发展，社交网络已经成为人们互动交流的重要渠道。人们可以通过社交网络平台分享自己的生活、工作、旅游、学习等，从而结交更多的朋友，拓展自己的交际圈。

以微博为例，微博参与机制的背后，实际上是用户主权地位的提高。用户不仅可以自主发布信息，能自主筛选接受的信息，更能够通过甄选建立一个以自我为中心的动态社群。微博服务商提供的是基础设施建设、氛围营造、规则制定，而由此延伸的功能增强和多氧化的应用也是用户自由选择的结果。

为了让众筹项目被身边更多的人发现，可以充分利用社交网络广阔的人际关系网和快速传播等特点。在社交网络平台上发布自己的众筹项目，通过朋友以及网友的传播从而达到快速传播的目的。

目前国内的社交网络平台有很多，如常见的QQ空间、微博、人人网、开心网、豆瓣网等。发起者不需要再一次发布项目信息，只需要转载就可以发布到社交平台上，同时还可以加入自己对项目的评价，即分享转载该项目的原因。下面以豆瓣网为例进行详细的介绍。

进入自己需要进行推广的众筹项目介绍页面，在"分享到"下方单击豆瓣网图标，如图5-9所示。

图 5-9

页面跳转至豆瓣网分享页面，页面中有两个选项卡，包括"推荐到广播"和"添加到豆列"，在"推荐到广播"选项下方可以看到该项目的简介，然后输入自己的推荐理由，最后单击"推荐"按钮，如图 5-10 所示。

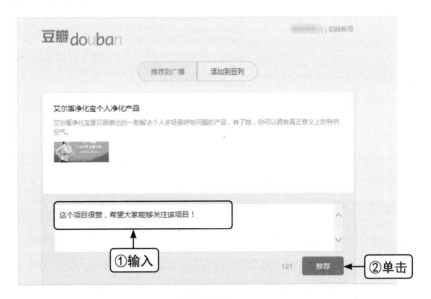

图 5-10

完成之后页面会出现"分享成功"的字样，此时进入豆瓣网首页就可以查看到刚刚发布的消息，同时，自己的朋友也能够查看该项目，如图 5-11 所示。

第 5 章 众筹成功的决定因素

图 5-11

豆瓣网的分享除了推荐到广播之外，还可以添加到豆列。首先单击"添加到豆列"选项卡，然后选择豆列，在"推荐语"文本框中输入推荐理由，最后单击"保存"按钮，如图 5-12 所示。

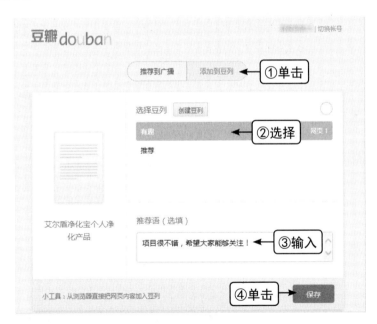

图 5-12

之后进入豆瓣网的首页就可以查看到刚刚分享到豆瓣网豆列中的项目了，如图 5-13 所示。

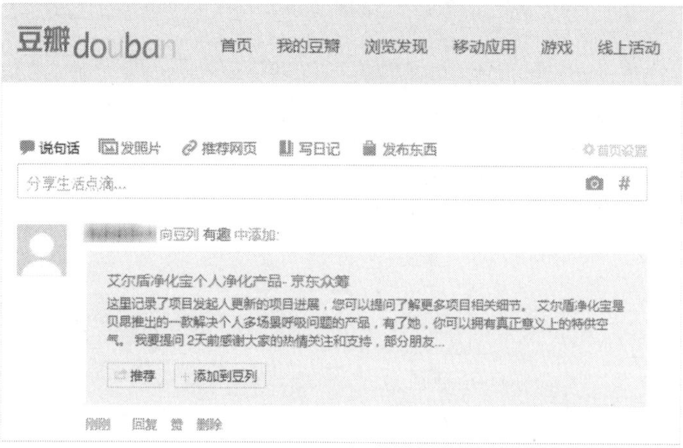

图 5-13

5.3.2 让社交红人帮忙传播项目信息

社交红人转发又被称为"影响力人物营销",这是一种比较新颖的营销手段。它充分发挥出了社交媒体在覆盖面和影响力方面的优势。事实上,这是一种比较传统的推广方式,只不过在原来传统的方式上加入了互联网的优势。

影响力人物营销也可以运用在众筹中。在社交网络平台上,有很多出名的社交红人,他们的微博或朋友圈有大量粉丝关注。如果这些社交红人能够帮忙转发项目信息,将能够增加项目的曝光量,使得项目获得更多人的关注,从而提高项目众筹的成功率。

在新媒体时代,不得不承认,社交红人的影响力远大于普通用户,他们的一举一动都受到了大批粉丝的关注和支持。他们在社交网络上的宣传造势往往能带来商业上的巨大利益。

案例陈述

螺蛳粉先生是北京蓟门桥一家卖螺蛳粉出名的店铺,因在新浪微博中率先使用"螺蛳粉先生"一名与顾客在微博上互动,开通微博订餐而声名远播。目前,"螺蛳粉先生"的新浪微博粉丝数将近 3 万人,依靠微博营销,螺蛳粉先生 80% 的顾客来自微博,每天卖出螺蛳粉 400 多份。店主马先生认为微博非常适合餐饮业做推广,把握微博营销中的平衡非常重要。

第 5 章 众筹成功的决定因素

螺蛳粉先生经常在微博中分享一些食客与螺蛳粉的趣事儿。马先生平时会留心观察顾客，在微博中看到粉丝晒螺蛳粉的照片或者发关于螺蛳粉的消息，就会想起该顾客在店内就餐的情形，然后以幽默有趣的方式进行回复。通过这种方式与粉丝之间产生联系，建立浓浓的亲切感，如图 5-14 所示。

图 5-14

因为味道好，顾客才会在微博中 @ 螺蛳粉先生，食客们看到微博，找到店进行品尝才能不失望。但是马先生也经常在微博中看到"投诉"，例如顾客抱怨店太小、等太久等，马先生都及时回复和改进。他说正是微博营销的两面性，让小店不断改进，以质量和服务为重，才能长期地黏住粉丝和顾客。

螺蛳粉还离不开名人口碑效应。马先生本人是一名文艺青年，曾经出版过 8 本小说，也获得过新概念作文大赛一等奖，所以马先生有一批圈中好友。朋友们常常在店内聚会，他们在店内享受美食之后就会到微博中晒晒。每次有名人 @ 螺蛳粉先生之后，螺蛳粉先生的粉丝数都会增长大概 100 人左右。随着螺蛳粉先生越来越火，名人效应也就越发明显。

想要这些社交红人帮忙转发项目信息，首先需要与他们沟通联系，建立感情，主要有以下几种比较有效的途径。

（1）可以主动在微信以及微博上发送私信，这是与他们联系的最简单直接的方式。但是由于他们的粉丝数量较大，所以不一定能够第一时间查看到消息。

（2）主动给他们邮寄项目样品，收集他们的用后反映，然后希望他们能够帮忙转发。

（3）可以多利用一下线下活动，在活动中与其认识，并进行合影。

（4）邀请他们一起办活动，或邀请其参与项目，也可以让他们提供赞助一些私人的礼物回馈给支持者，从而带动项目。

5.3.3 与投资者建立情感联系

众筹意味着发起者不通过面对面的方式与投资者交流，而仅仅通过项目展示的方式让其投资支持。但是对大部分投资者而言，他们总是愿意去相信亲眼所见的投资项目，并且亲耳听听他们的资金用途等。因此，打消投资者的顾虑，加强与他们的联系可以增强与投资者之间的情感。

在众筹中首先要与投资者保持沟通，这里的沟通并不是指 24 小时手机待命，而是及时地跟进新项目的情况与进度。众筹项目是一个持续的过程，并不只是前期的项目包装或者宣传。在项目进行的过程中，要实时地更新产品的进展情况，让投资者感到安心，并认同该项目是一个真实可靠的项目。如图 5-15 所示为某众筹项目的更新情况。

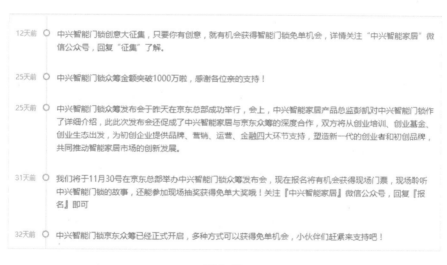

图 5-15

但是作为项目的发起者，需要做的不仅仅是告知他们，还要与他们互动。让他们能够在平台上提出疑问，然后为他们解答疑难。最为简单的交流平台便是众筹项目的留言板。投资者可以通过留言的方式进行提问，发起者则需要及时回答问题。

需要注意的是，回答问题时忌生硬官方的说辞，需要为他们解决实际的麻烦，可以在回复的语句上添加一些可爱的表情符号，拉近彼此的距离。如图 5-16 所示为某项目的投资者与发起者之间的交流。

图 5-16

除此之外,发起者还可以建立聊天室,将有意向的投资者全部引入其中,在其中扮演起一个客服的角色,集中地为他们解难答疑。可以利用 QQ 或微信,建立 QQ 群和微信群,与投资者进行线上交流。另外,还可以组织一些集体性的活动,将关系发展到线下。发起者只需要在项目介绍中加入自己的 QQ 号或微信号,然后吸引有意愿的投资者来加入就可以了。如图 5-17 所示为某项目发起者在项目中的信息介绍。

图 5-17

真实地交流是说服投资者参与投资的最佳方式。对投资者而言,他们希望自己的想法得到倾听,自己的问题有所回应。作为发起者,只要给了足够的空间与机会让其发出自己的声音,那么他们就会与产品产生强有力的联系,并且将其推荐给自己的好友。

5.3.4 丰富的众筹推广方法

众筹项目很多时候就像是一个新上市的商品,需要各种各样的途径和方法来将其介绍给更多的人,让其面对更多人的评判,从而获得市场占有率。除了前面介绍的推广方式之外,还有一些其他的推广方式。

1. 与媒体建立合作，多推广宣传

发起众筹项目之前进行媒体宣传是非常有必要的。企业如果前期在这方面多投入，成效会非常明显。流量是众筹的一个重要指标，而众筹页面通常并没有多少流量，所以发起者需要将不同的流量拓展到产品页面中去，这就需要媒体和社交网络的帮助。

大众媒体和社交媒体都是和用户沟通、为页面导流的一种方式。发起者可以在百度之类的平台上发布一些众筹项目的新闻稿做宣传。同时，积极寻找媒体进行正面的项目曝光，提高项目的影响力，增加投资者的关注度。

2. 结合当下热点，吸引众多投资者关注

由于平台上的众筹项目众多，发起者的项目很容易就被埋没在其中，所以在前期的项目选定上需要结合当下的热点，吸引众多投资者的目光，因为人们总是会被当下的流行趋势所吸引，从而起到宣传推广的作用。

案例陈述

之前快乐男声在国内名噪一时，吸引了大批粉丝争相追逐，项目方抓住时下热点，发起快乐男声电影众筹活动。

项目一经上线，仅仅一天时间就获得了1490位粉丝的支持，融资超过72万元，其影响力可见一斑。到项目众筹结束，20天的时间一共有39 561位粉丝参与项目，融资金额达到5 074 780元。

快乐男声电影的众筹项目不仅是国内互联网金融与商业娱乐的首次成功跨界联姻，还首次推出了众筹"粉丝经济"模式。

另外，在国内众筹网站中所发布的文化创意类项目多为小众电影、独立音乐和另类动漫，项目的受众面比较窄，商业价值多被淡化。这使得众筹一度被认为是一种为文艺而生的融资模式，而传统商业娱乐无法进入这一全新的文化创意生态系统。

3. 重视线下发展

线下发展也是很好的一种推广方式。个人的人际关系与资源是有限的，如果能够让自己身边的亲朋好友帮助转发，然后持续不断地传递信息，项目就会在短时间之内被很多人看到。

4. 注重发起者的信誉

每个众筹平台上的账号与淘宝账号一样都存在一个评分机制，如果发起者每次发起的众筹项目都失败，或者在项目成功之后拒绝履行回报出现退款情况，那么会严重影响到发起者本人的信誉，而发起者之后发起的项目也不会轻易得到人们的支持了。相反，如果发起者的信誉良好，每次发起的众筹项目支持者都得到了良好回报，并且反映良好，那么之后发起的众筹项目自然而然就会积累一定的人气，而之前的投资者也会起到一定的宣传推广作用。

推广宣传的方法有很多，需要发起者在生活中多多留心，抓住每一个能够宣传项目的机会，从多个途径进行宣传。良好的宣传能够为众筹项目的成功起到一个推波助澜的作用。

5.4 坚持不懈是众筹成功的关键

不是每个发起者发起的项目都一定能成功，各种客观和主观因素都能导致众筹失败。当众筹失败后，一定要坚持不懈，这样才能扭转局面，最终众筹融资成功。

5.4.1 众筹失败的客观原因分析

我们都知道发起者在众筹平台上发起一个项目都需要经过平台的严格审核，审核通过之后才能够上线进行融资。但是发起者很可能由于审核的原因，还未上线便遭遇失败。下面先来了解平台审核项目的流程，具体介绍如下。

（1）第一次审核，一般是电脑审核，确定项目发起时的每一项内容是否齐全。

（2）第二次审核，平台进行人工审核，通过电脑或者电话等方式来核实项目的真实性，以及是否具有合规的资质。

（3）第三次审核，后台审核，主要是为了确保项目有足够的可行性。

（4）项目成功上线之后，平台会继续监管，确保资金管理与回报的履行。

除了以上的审核之外，还有一些平台会对项目进行一个预热审核。预热的项目可以发布到平台上，投资者可以对项目进行查看浏览，但是不能够进行筹资。如果项目的浏览量较大，则说明该项目的潜在投资者较多，具有一定的潜力，可以上线；如果项目的浏览量不大，则说明该项目对投资者而言并不具备吸引力，那么最终不能够成功发布在平台上。

以上每一个审核步骤都可能出现项目失败的情况。发起者进入自己的账户页面，在发起项目中便可查看因为什么原因出现失败。针对不同的失败，具体解决办法如下。

（1）第一次审核失败。发起者在第一次审核时便出现审核失败的情况，多半是由于发布的流程不正确，提交的信息不完全造成的。发起者需要返回页面，逐一检查项目名称、简介、文字、发起者账户信息、支持等级与回报设置是否完整。另外，发起项目需要上传的图片，每一个平台都会对其图片进行要求，查看图片是否符合规定。

（2）第二次审核失败。第二次审核通常是众筹平台通过电话或者邮件的方式联系项目发起者，如果长时间联系不上便会宣布审核失败。因此，发起者在发起项目之后一定要保持电话的畅通性，以免错过。

在审核的过程中，还会要求项目发起者提供一些项目相关的证明材料，如专利证明、生产许可证、代理证书等。如果项目发起者无法提供，平台也会宣布审核失败。发起者对于这些材料性的文件应该提前准备，如果缺失就需要尽快办理补办。

（3）第三次审核失败。第三次审核失败通常是由于项目不具备可行性，并且缺乏亮点，所以不能够在平台上发起众筹。发起者应反思项目的本身，是否是一个具有吸引力的项目，如果不是，发起者就需要趁早放弃。当然，由于每个人的审核标准不同，以及平台的侧重点不同，审核的结果可能存在出入，可能这个平台并不适合，那么投资者可以考虑其他的平台。

如果项目是好项目，那么投资者需要对项目进行重新立项与包装，找出亮点，然后发布到平台。但是重新发起之后，审核就需要从第一次审核开始。

5.4.2 众筹失败的主观原因分析

众筹项目失败，除了平台审核的原因之外，可能也与发起者自身有关，所以发起者需要从自身分析其原因，一般包括如下几个方面。

1. 公信力不足

发起者成功发起项目首先需要自身具备一定的公信力。很多众筹项目发起的前提是基于一个现有的社会组织，如校友会、行业协会或者俱乐部等。如果发起者在圈子内本身便具有一定的公信力，那么只要项目定位好，具有吸引力就能够吸引到大多数的投资者。相反，如果发起者是一个不具备公信力的个人创业者，那么其项目很难引起注意，也就很难众筹成功。

2. 不够专注

众筹还需要发起者对项目具有专注力。有的项目发起者认为众筹比创业容易，只要项目在平台上线即可，不够专注，甚至三天打鱼两天晒网，那么这样的众筹项目必然坚持不下去。

发起者既然开始众筹就要对项目具有足够的专注力。在项目初期，积极地向潜在投资者介绍产品，让产品有更多的曝光机会，让大家接触和认识到。若大家不认识产品，必然不会对其投资。

另外，发起者可能存在专注力不够持久的问题，认为项目上线了就意味着成功了，所以心思就不在上面了。如今每天都会有很多新奇的事物出现，发起者容易被吸引，所以又马上开始着手准备新的众筹项目了，这样往往是竹篮打水一场空。

3. 定位不够清晰

如今不可否认的是，众筹真的被炒得很热，越来越多的人想要进入众筹的圈子中来。但是这样为了众筹而众筹的想法实际上是不好的。发起者在发起众筹之前首先需要有一个清晰的定位，清楚这个项目的核心是什么，是为了解决什么问题，以及针对的是什么样的目标群体等。

如果定位不清晰会给企业以及发起者带来重大的损失。准确的定位除了能够帮助企业解决资金发展的难题之外，还能够给予企业发展上额外的资源，或者增值服务帮助。但是不清晰的定位，常常会聚集一些天差地别的、各行各业的人进来，除了资金以外，并不能够给企业带来什么切实帮助，有时甚至会阻碍企业的正常发展。尤其是在股权式众筹中，如果不适合的人持有企业较多份额的股份可能会影响企业的运营。

4. 股东构架设计不精准

在众筹中，股东构架的设计和筛选是比较难的问题，很多创业企业都因此而出现问题。从股东筛选的角度来看，创业企业做众筹不能够心急和慌忙做决定。即选择领投人时，尽量选择有经验、有实力、行业内有充足资源的领投人，再吸引其他的跟投人。好的股东构架设计能够帮助企业快速发展。

5. 让投资者具有参与感

很多时候发起者只是一味地将自己认为好的产品、好的设计以及好的服务推送到平台之上，并没有考虑到投资者的感受，所以很容易造成众筹失败。因此，可以将投资者或者潜在投资者的想法、感受以及期望加入到项目当中，提高投资者的众筹参与感，激发投资者们的参与兴趣，那么这样的项目往往更容易成功。例如小米手机的众筹项目，投资者通过众筹参与其中，可以在小米门户网和小米社区上提出建议，帮助其改进，小米也会加入投资者的想法。

6. 不符合现实的鼓吹

有的发起者为了成功募集资金，吸引更多的投资者，就开始夸大项目，甚至给投资者构筑一些不可能实现的投资回报期望，从而获得投资。这样是错误的，可能有的投资者会因此而投资，但是这样投资的结果往往会引发更多的问题，因为太过夸大的投资回报根本不符合现实的企业情况。

在投资者投资之前就需要将投资的最坏结果告知投资者，让投资者在能够接受的情况下进行投资。这样发起者才可以无后顾之忧，一心一意地专心经营企业的众筹项目，为投资者争取更多的回报。

以上便是发起者自身可能会出现的一些问题。当然除了上述之外，可能还存在一些其他的问题。总之，当项目出现问题导致众筹失败时，发起者除了要找客观原因之外，更多的是要从自身开始分析可能存在的问题。

5.4.3　保持恒心坚持创业

众筹融资让很多有创业想法的创业者看到了创业希望。众筹平台不仅能够为发起者筹集资金，还能够为创业项目宣传营销，尤其是那些资源强大的大平台。不过，并不是所有的产品都能够众筹成功。

有些项目产品本身存在一些问题，所以众筹失败，这个当然不予置评，同时也不在讨论之内。这里要介绍的是除了那些滥竽充数的产品之外，还有一部分本身确实是很有潜力的产品，但是在众筹中却以失败收场。另外还有一部分的产品，它们在众筹初期时遭遇到了失败，但是经过项目调整之后最终获得了成功。总而言之，这些都离不开发起者对项目坚持不懈的态度。

案例陈述

发明家 LeoKnight 发明了一个非常优秀的产品，是一个便携式丙烷小火炉。主要针对户外运动爱好者，能够为夜间户外运动添加一些便捷和情调。怀揣着这个理想，2014 年 6 月 3 日，Knight 在众筹网站上发起了一个项目，目标金额为 8 万美元。

但是梦想与现实的差距太大了，在离项目截止日期只剩下 3 天的时候，这个产品只吸引了 297 名大众投资人，共获得众筹资金 3.8 万美元。除非奇迹出现，否则 Knight 肯定无法完成众筹目标。在这样的情况下，虽然极其不情愿，但是他还是不得不取消了这个众筹项目。

虽然项目失败了，但是 Knight 并没有就此放弃。在 2014 年剩下的时间里，他一直在进行研究总结，为自己的下一次众筹之旅进行准备。2015 年 1 月 6 日，他再一次携 Campfire in a Can 重新回到了众筹网站上，发起了一个新的众筹项目。

这个新的项目使用了与以往不同的营销元素，如一个时间更短的推广视频、新的价格档位和更加详尽的文字说明。这一次 Knight 完成了逆袭，他的 Campfire in a Can 成功完成众筹目标，获得了 12.5 万美元的众筹融资，这个金额比他的保守估计多出了 4.8 万美元。

案例中的主人公 Knight 虽然遭遇了一次众筹失败，但是他并没有放弃，而是积极改善自己的项目，总结自己的失败之处，重新开始众筹，最终众筹成功。可以看到，众筹项目可能会遭遇一些意想不到的瓶颈，但是更为重要的是要始终坚持自己的理想，最终才能够获得成功。

案例陈述

肌体理疗师 Akiva Shmidman 在 2003 年凭借着自己的创意开发了一个名为 BeActive Brace 的产品，这是一个非常神奇的护腿，虽然是戴在腿上，但是它却能缓解和治疗腰疼症状。2008 年，他开始在家人、朋友和患者间对这个产品进行了小范围的测试。并且在接下来的5年时间中，他自己经常在深夜的时候对测试结果进行反复的研究，并不断地改进。

2013年，Shmidman觉得BeActive Brace产品已经完善了，能够推向市场介绍给更多人使用，思虑之后他决定发起众筹。5月20日，他在Indiegogo上发起了众筹项目并且为其制定了5万美元的融资目标。然而，当7月9日众筹截止日到来的时候，这个项目只完成了预定众筹目标的2%，即1170美元。不客气地说，这次众筹尝试，Shmidman以"惨败"收场。

Shmidman意识到众筹并不适合BeActive Brace，所以他报名参加一个发明者演讲活动。他站在舞台上介绍自己的产品，而这次的演说效果非常好。之后一家名为Top Dog Direct的营销机构联系到了Shmidman。在进行了几次会面之后，双方签下了合作协议。不久之后，BeActive Brace登上了沃尔玛、Walgreens、CVS、Rite Aid、Bed Bath & Beyond等大型卖场的货架，这个产品成功登陆全美市场。

案例中的Shmidman虽然一开始想要通过众筹推荐产品，但是失败了。所以改变了途径，通过演讲的方式来向他人介绍自己的产品，最终获得成功。由此可见，众筹并不是唯一的成功方式。

尽管众筹具有很多优势，但是并不一定适合所有的项目和所有的创业者。创业者即使众筹失败也要坚持不懈地寻找更多的途径来完成创业。众筹并不是唯一的方式，也不一定是最适合的方式。

第 6 章
稍显复杂的股权众筹模式

 **本章要点**

- ◆ 平台发起股权众筹项目需要的条件
- ◆ 股权众筹融资的流程
- ◆ 股权众筹的注意事项
- ◆ 股权众筹与股权投资的区别
- ◆ 股权众筹须做好尽职调查
- ◆ 股权众筹平台如何进行尽职调查
- ◆ 尽职调查的内容
- ◆ 项目立项
- ◆ 股权众筹项目的方案设计
- ◆ 股权众筹项目上线
- ◆ 常见的股权众筹退出方式
- ◆ 特色的股权众筹退出机制
- ◆ 股权众筹退出面临的实际问题

 **学习目标**

在众筹融资中,股权众筹一直都是项目发起人比较热衷的,因其融资金额相比其他类型更大,能快速解决项目发起人的实际资金需求。但事实上,并不是所有的项目发起人都能顺利发起股权众筹。由于其涉及股权,所以过程稍显复杂,很多发起人不能完成众筹融资。下面就来具体看看股权众筹。

知识要点	学习时间	学习难度
股权众筹融资程序	25 分钟	★★
股权众筹的尽职调查	40 分钟	★★★
股权众筹的设计与上线	50 分钟	★★★★
股权众筹的退出机制	50 分钟	★★★★

股权众筹融资程序

股权众筹的融资程序相比奖励众筹而言较为复杂，因为其涉及项目公司的股权结构，所以如何引进融资、如何确定投资人以及投后如何分红等问题都需要发起人详细了解。

6.1.1 平台发起股权众筹项目需要的条件

股权众筹对大多数的创业者而言是一种比较理想的融资方式，因此很多创业者都想通过这一方式得到创业资金。但是并不是每个发起者都可以顺利地得到创业资金。众筹平台必须要对投资者负责，所以对于创业者都有着比较严格的审核条件。创业者想要在股权众筹平台成功拿到资金，就需要满足该平台的条件。每个平台对创业者的条件限制不同，但是大致上类似，由于平台的侧重点不同，所以细节上会有所不同。这里以大家投和大伙投两个股权众筹平台为例进行介绍。

大家投平台没有明确创业者需要满足什么样的条件，但是明确限制了什么样的创业者谢绝进入平台融资，具体介绍如下。

（1）边上班边融资，等融到钱才愿意辞职的打工者。

（2）自己一分钱都不投资的创业者。

（3）同时有几个项目在创业的创业者。

（4）项目只有几页文档，没有团队、没有任何实际行动的创业者。

（5）对项目融资预算没有成熟规划，能融多少算多少的创业者。

除此之外，大家投平台还需要创业者的项目满足高新技术、创新的商业模式以及市场高成长性3个原则。整体看来，大家投的限制条件比较宽泛，反观大伙投的限制条件则比较明确。

大伙投平台对于创业者的条件限制为具有完全民事行为能力的自然人，或依法设立并有效存续的单位，其中包括企业法人以及其他组织，同时具有一定的投融经验和风险承受能力。

大家投平台对于创业者的融资项目有着明确的规定，以下3类项目可以在平台上发起融资。

（1）三期项目，指具有经过市场初步检验的产品和商业模式的初创期项目。

（2）具有成功商业模式和一定基础的成长期项目。

（3）具备一定规模、在四板及以上市场挂牌企业的场外定增项目。项目涵盖科技类项目、战略新兴产业等领域。

针对初创期、成长期和场外定增项目发起融资，分别需要满足不同的条件要求，具体如下。

初创期项目：

- 原创性的产品或服务（科技类项目须有发明专利证书或可信的发明创造凭据），且已经形成成品和有销售收入。
- 若为孵化器项目，须孵化园区给予推荐。
- 创业团队及实际控制人具有相近的丰富的经营管理经验，实际控制人和项目发起人承担欺诈融资连带责任。

成长期项目：

- 符合国家"十三五"规划重点方向的新兴产业企业、创新型企业。
- 需要满足主营年收入300万元以上，年复合增长率不低于50%的要求。
- 实际控制人和项目发起人承担欺诈融资连带责任。

场外定增项目：

- 已经在四板或更高层次市场挂牌的新兴产业企业、创新型企业、消费类项目。
- 要求主营年收入1000万元以上，有一定的盈利能力，并且年复合增长率不低于30%。

除了这些外在的必要条件外，对于项目本身，股权众筹和奖励众筹一样也需要满足一定的要求才能够众筹成功。

（1）项目应具有特色和吸引力。在奖励众筹中，一个项目具有特色可以吸引投资者进行投资，之后项目方回报给支持者产品或者服务就可以了，但是股权众筹不同。比起商品回报，投资者更为注重的是他们的投资能够带来的高额利润收益，所以具有特色的项目是基础。项目的特色除了要吸引投资者的眼光之外，还必须是一个能够吸引大众的目光、促进消费、为企业带来可观的利润、为投资者带来财务上回报的特色项目。因此，项目是否具有特色是该项目众筹成功与否的关键因素。换句话说，只有具有特色、吸引力的项目才能吸引更多的投资者。

（2）确定合理的筹资金额。股权众筹的风险相对于奖励众筹而言要高，这就使得投资人在投资时更为谨慎，会根据一个项目风险的大小来确定自己的投资金额。因此，创业者可以就这一项目的风险程度以及预期的收益为基础，测算出合理的筹资金额。

据统计，25%的项目筹得的资金低于目标的3%左右，50%的项目筹得的资金仅仅高于目标的10%。这就意味着，如果项目达到了筹资目标，通常也是勉强达到。所以创业者在目标设置的初期就需要根据具体的情况设置一个现实的筹资目标，不要贪婪，筹集的资金越多，达到筹资目标的可能性也就越小。

> **知识补充｜筹集金额的确定**
>
> 　　需要注意的是，创业者除了要考虑企业发展的必要资金额度之外，还需要考虑平台的资金额度限制。有的股权众筹平台对于创业者筹集资金的额度有明确的限制。例如，大家投平台就明确规定，尚未进入A轮VC投资的项目，融资金额在50万～1000万元之间。

（3）项目融资的时间确定。股权众筹项目中对于项目的融资时间也需要进行合理安排。制定有效的筹资时限，能够增强投资者的投资信心。对于平均需要500万元的项目，为期30天的项目有35%的成功率，但是60天的项目只有29%的成功率。这是因为，对那些投资期限设定较短的项目而言，投资者们会潜意识地认为该项目的成功率更大一些。项目的投资信号会更强烈，随着时间的临近，潜在投资者的投资行为也会随之逐渐放大。

所以创业者在设置时长时要尽量遏制将项目延长的想法，延长项目的时间并不会增加融资的额度，反而可能错过很多潜在的投资者。只有设置一个合理的筹资期限才能使得项目成功。

（4）良好的社交圈。事实上，股权众筹项目的成功很大程度上是依赖于自己的朋友圈。朋友入股、朋友出资支持项目在股权众筹项目中所占的比例很高，所以发起股权众筹的创业者也需要一个良好的社交朋友圈。

积极地拉拢自己的交际圈在股权众筹中有很大的作用。在股权众筹投资中,往往投资者的投资金额比较大,所以在不熟悉创业者的情况下会显得犹豫不决。但是由于朋友的交际,加深了投资者对创业者的认识,所以更愿意投资其中。

6.1.2 股权众筹融资的流程

前面曾经提到众筹中有三要素,分别是项目发起者、投资者和平台,但是在股权众筹之中还有托管人。托管人是为了保障投资者的资金安全、投资者投资的资金切实用于创业企业的项目,以及筹资不成功时及时返回的情况之下设立的。众筹平台通常都会设定专门银行担任托管人,履行资金托管职责。

在股权众筹的融资流程中,托管人起着重要作用。下面来看看股权众筹的具体融资流程。

(1)项目筛选。股权众筹的第一步是低成本、高效率地筛选优质项目。创业者需要将项目的基本信息、团队信息、商业计划书上传至股权众筹平台,由平台的投资团队对项目做出初步质量审核,并且帮助其完善必要信息,提升商业计划书的质量。

(2)创业者约谈。股权众筹大部分针对的是初创型企业,企业的产品和服务研发正处于起步阶段,几乎没有市场收入。因此,传统的尽调方式并不适合这类项目,而决定投资与否的关键因素就是投资者与创业者之间的有效沟通。在调研的过程中,多数投资者均表示,创始团队的能力与素质是评估项目的重要标准之一。即使项目在早期阶段略有瑕疵,只要创始团队学习能力强、具有战略眼光,投资人也可以考虑对其进行投资。

(3)确定领投人。对股权众筹项目而言,一个优秀的领投人通常是决定项目成功与否的重要因素。领投人通常为职业投资人,在某一个领域有着丰富的经验、具有独到的判断力、丰富的行业资源以及影响力,能够协助项目的成功完成。在整个股权众筹的过程中,由领投人领投项目、负责制定投资条款,并且对项目进行投后管理、出席董事会以及后续的退出。事后,领投人可以获得5%～20%的利益分成作为收益,具体比例根据项目和领投人共同决定。

(4)引进跟投人。在股权众筹中除了领投人,还有跟投人,同样扮演重要的角色。一般情况下,跟投人不会参与企业的重大决定,也不会进行投资管理。跟投人通过跟投项目,获取投资回报。同时,跟投人有全部的义务和责任对项目进行审核,领投人对跟投人的投资决定不负担任何责任。

（5）签订投资框架协议。框架协议是投资人与创业企业就未来的投资合作交易所达成的原则约定，除约定投资者对投资企业的估值和计划投资金额外，还包括被投资企业应负的主要义务和投资者要求的主要权利，以及投资交易达成的前提条件等内容。框架协议是在双方正式签订投资协议前，就重大事项签订的意向性协议，除了保密条款、不与第三人接触条款外，该协议本身并不对协议签署方产生全面约束力。框架协议主要约定价格和控制两个方面，价格包括企业估值、出让股份比例等；控制条款包括董事会席位、公司治理等方面。近年来，投资条款清单有逐步简化的趋势，仅包含投资额、股权比例、董事会席位等关键条款，看上去一目了然，非常简单易懂。

（6）设定有限合伙企业。在合投的过程中，领投人与跟投人入股企业通常有两种方式。一种是设立有限合伙企业，以基金的形式入股，其中领投人作为GP；跟投人作为LP；另一种则是通过签订代持协议的形式入股，领投人负责代持并担任创业企业董事。

（7）注册企业。投资完成后，创业企业若已经注册公司，则直接增资；若没有注册公司，则新注册公司并办理工商变更。

（8）签订正式投资协议。正式投资协议是天使投资过程中的核心交易文件，包含了框架协议中的主要条款。正式投资协议主要规定了投资人支付投资款的义务及其付款后获得的股东权利，并以此为基础规定了与投资人相对应的公司和创始人的权利义务。协议内的条款可以由投融资双方根据需要选择增减。

（9）投后管理及退出。除资金以外，天使投资人利用自身的经验与资源为创业者提供投后管理服务可以帮助创业企业更快成长。另外，很多股权众筹平台，也会在企业完成众筹后，为创业者和投资人设立投后管理的对接渠道。投后管理服务包括发展战略及产品定位辅导、财务及法务辅导、帮助企业招聘人才、帮助企业拓展业务、帮助企业再融资等方面。

（10）退出。退出是天使投资资金流通的关键所在，只有完成了有效的退出才能将初创企业成长所带来的账面增值转换为天使投资人的实际收益。天使投资主要的退出方式包括VC接盘、并购退出、管理层回购、IPO、破产清算等。不过，随着我国股权众筹行业发展渐趋成熟，投资者的投资退出渠道会更加多元。

以上为股权众筹的融资流程，由于其涉及企业股权的分配，所以较为复杂。

6.1.3 股权众筹的注意事项

在股权众筹融资的流程中有几个重要的问题需要引起投资者和创业者的注意,但是这些问题常常被其忽略,从而造成不可挽回的损失。

1. 股权众筹中不同阶段可能存在的风险

股权众筹融资运作的流程可以分为项目审核阶段、项目宣传与展示阶段、项目评估阶段以及项目执行阶段。不同的阶段中存在着不同的风险,具体如图6-1所示。

项目审核阶段

对于发起人项目信息的真实性与专业性,众筹平台在审核过程中并没有专业评估机构的证实,项目发起人和众筹平台间具有的利益关系很可能使其审核不具有显著的公正性。众筹平台在其服务协议中常设定了审核的免责条款,即不对项目的信息真实性、可靠性负责。平台项目审核这一环节实质上并没有降低投资人的风险,投资人需要自主进行事前审核,这很可能需要花费大量的成本以降低合同欺诈的风险

项目展示与宣传阶段

项目发起人为获得投资者的支持,需要在平台上充分展示项目创意及可行性。但这些项目大都未申请专利权,故不受知识产权相关法律保护。同时在众筹平台上几个月的项目展示期也增加了项目方案被"山寨"的风险

项目评估阶段

项目的直接发起者掌握了有关项目充分的信息以及项目可能的风险,为了能顺利进行筹资,其可能会提供不实信息或隐瞒部分风险,向投资者展示"完美"信息,误导投资者的评估与决策。项目发起者与投资者信息不对称导致投资者对项目的评估不准确

项目执行阶段

众筹平台归集投资人资金形成资金池后,可能在投资人不知情的情况下转移资金池中的资金或挪作他用,导致投资者资金损失。另外,项目在执行过程中也可能因为技术方面原因,如新技术瑕疵多或新技术代替原有技术,导致项目执行不畅,给投资者带来损失

图6-1

2. 股权众筹流程中需要完善的地方

由于股权众筹正处于一个发展的阶段,所以股权众筹的流程也并不是那么尽善尽美,其中需要完善的地方有很多。

(1)项目的展示环节。项目的展示对于创业企业和融资平台都非常重要,甚至可

以说直接决定了投资人是否能够产生认购股权的意向。但是，目前国内很多的股权众筹平台对于项目展示环节不够重视。项目的展示与奖励众筹基本相同，主要以图片、文字或视频的方式展示，投融双方的接触不深。但是股权众筹与奖励众筹不同的是，股权众筹涉及的资金额度较大，而深入地了解和沟通能够有效地帮助项目融资成功。

例如，项目发起人可以进行线上活动，介绍项目的同时专门给出特定的时间段来与潜在投资者进行沟通互动，解答疑难问题。也可以将微信、QQ、微博等聊天软件利用起来，建立一个群聊天室，给投资者们一个专属的空间让其能够畅所欲言。

（2）股权众筹的投后管理。目前，国内的众筹平台大多采用线下成立有限合伙企业的运作模式，由领投人担任普通合伙人并且负责投后的管理工作。但是由于领投人通常为职业投资人，其投资的企业过多，而要对每一家投资企业进行投后管理，精力难免分散。

所以可根据实际的情况适时考虑众筹平台代管以及专业第三方股权托管是很是必要的。一方面，众筹平台可以建立专门的融后管理团队，赚取部分收益；另一方面，如果有专业第三方股权托管公司代行相关职责，也能更好地保障诸多众筹投资人的利益。

（3）领投人制度的完善。因为国内股权众筹目前的主流模式是"领投＋跟投"制度，所以领投人资质评估就显得尤为重要。当下各大股权众筹平台都纷纷出台了自己的领投人资格审核要求，大多是从履职经历、投资经历上进行区分，更多的是对个人的一些要求。例如，某平台领投人资质要求如下。

- ◆ 两年以上天使基金、早期VC基金经理及以上岗位从业经验。
- ◆ 两年以上创业经验（只限第一创始人经验）。
- ◆ 三年以上企业总监级以上岗位工作经验。
- ◆ 五年以上企业经理级岗位工作经验。
- ◆ 两个以上天使投资案例。

未来在领投人制度建设方面，一是要尽可能引进机构投资人身份，促使平台与天使、VC产生更紧密的联系；二是要强化领投人的专业水平和道德品质，尽可能防止领投人欺诈的风险。

（4）投资者的风险提示。任何投资都是有风险的，股权众筹同样也不例外。每位投资者投资之前都必须认真阅读众筹风险提示书,以保障投资者与众筹平台之间的合法权益。但股权众筹平台对投资者的风险提示做得明显不到位,这主要是基于国内法律、法规缺失。

股权众筹平台应当在投资之前对众筹投资人做出风险提示,其主要风险包括损失投资额、流动性风险、低概率分红、股权稀释等。

(5)中途退出机制。股权众筹本质上是股权投资,而股权的流动性对投资者而言又至关重要。在后期可以通过并购或者 IPO 退出,但在投资中途如何退出是个问题,特别是在投资 1~3 年间,投资者因为各种原因拟退出项目投资。因为是通过有限合伙企业间接持有融资项目的股权,所以投资者中途退出变成了有限合伙份额的转让,这里需要确定的是中途转让的企业估值问题和具体的受让方如何确定的问题。一个良好的机制至少应该形成进退皆有序的循环体系,这样也更有利于投资人放心大胆积极地认购。

3. "领投 + 跟投"的投资模式

目前"领投 + 跟投"是国内股权众筹平台采用的主流模式,但具体常用的是以下 3 种方式。

- ◆ **设立有限合伙企业**。由领投人担任普通合伙人,其他跟投人担任有限合伙人,共同发起设立有限合伙企业,由有限合伙企业对被投企业或项目进行持股。这一模式仍然在国内占据多数,产生原因主要是为了规避相关法律、法规的限制。

- ◆ **签订代持协议**。由每一位跟投人分别与领投人签订代持协议,领投人代表所有投资人对被投企业或项目直接持股。这样一来规避了有限合伙企业要进行工商登记的麻烦,但领投人在参与被投企业或项目的重大决定时,往往需要征得或听取被代持方即跟投人的意见。另外,实践中也有融资企业的大股东或实际控制人,直接与投资人签订代持股权协议的情形,这类情形大股东或实际控制人往往都会变相约定提供固定回报。

- ◆ **签订合作协议**。这一类模式实践中并不是很多,主要用于实体店项目。通常是项目发起人与不同投资人分别签订合作协议,约定投资人的股权比例和相关权利义务,并不进行相应的工商登记,公司内部承认投资人的股权份额并据此进行相应的盈利分红。投资者参与众筹这类实体店项目,往往看重的是其稳定的现金流和盈利能力。

虽然设立有限合伙企业是比较常用的方式,但是作为发起人需要了解3种方式的内容以及不同之处,有助于自己进行股权众筹融资。

6.1.4 股权众筹与股权投资的区别

通过股权众筹的流程可以看到,股权众筹是基于互联网众筹平台以股权转让与交易的方式进行的一种新型投融资模式,即创业企业出让一定比例的股份,面向大众投资者融资,投资者通过权益性投资入股,可获得未来股权、分红等收益回报。而股权投资也是投资者购买目标企业的股份,获得未来股权收益回报的一种投资,二者之间有什么明确的区分呢?

1. 融资对象的不同

对投资者而言,股权众筹与股权投资之间一个明显的区别在于两者的融资对象不同。在股权众筹中,项目的发起方主要是个人创业者和中小企业,但是在股权投资中,股权融资的对象一般多为发展成熟、体量较大的大中型企业。

在此基础之上,也可以看出两者之间的收益成长性的不同。对股权众筹而言,由于其投资的对象是初创企业和中小企业,所以企业存在巨大的发展潜力,以及高额的收益回报期望。但是股权投资中,由于其大部分为稳定的大中型企业,这样的企业在发展上很难再出现比较大的突破,收益空间相对较小。因此,股权众筹相较于股权投资而言其增值空间更为广阔。

2. 开放性和大众性

股权众筹由于借助互联网开放的特征,能够让更多的社会人士参与进来,支持个人创业,共同分享股份投资中所产生的收益。但是股权投资通常是针对性地面对特定的投资者开放,对于一般的投资者设立了过多的限制条件,因此开放性不足。

股权众筹作为一种直接的融资渠道相比股权投资而言,更加开放、透明,能够有效地将投资方与融资方进行对接,并且降低了传统沟通中沟通的资金成本与时间成本,能够成功有效地帮助中小企业解决资金问题。

3. 隐性成本不同

传统的股权投资隐性成本非常高。对创业者来讲,主要是缺乏经验,不能充分展现项目亮点，同时对接投资人数量非常有限，找到匹配的投资人需要运气。由于缺乏金融和投资知识，对交易结构、交易估值很难进行科学的把握，容易遭受不可避免的损失。但是股权众筹中，平台通常会帮助寻找项目的亮点以支持创业者。

另外，由于其平台的互联网性，项目面向的投资者更多，融资的成功率更高，所以股权众筹的隐性成本较低，其相较于股权投资主要有以下几个方面的优势。

（1）股权众筹模式为创业企业带来宣传优势。企业进行股权众筹本身既是面向投资人的融资行为，也是一种面向大众的市场营销行为。如果创业企业从创业初期的天使轮融资阶段便进行股权众筹，比起通过传统模式进行融资的企业，天然便具有宣传优势。但是传统融资基本上只有投资者和创业者自己了解情况，如果融资金额不大、投资者不是话题人物、话题机构，创业企业将不会获得任何宣传先发优势。

（2）股权众筹模式下，创业企业更容易得到合理估值。创业企业进行股权众筹之时，有投资意向的投资人都会在股权众筹平台上表明投资意向，全程非常透明。投资人公平竞争，也能清晰了解融资企业前景。股权众筹有效地避免了投资者和创业者的信息不对称，从而避免了创业企业在信息不对称情况下廉价出售股份的情况。在股权众筹模式下，创业企业更容易获得合理估值和融资金额。在传统融资模式下，投资人更了解投融资市场现状，创业者对投融资市场基本没有任何了解，双方信息非常不对称，不利于创业企业获得合理估值。

（3）股权众筹的投资人既是财务投资人，也是资源投资人。股权众筹的投资人，尤其是领投人，自己是出资方，也是投资决策者。投资人进行投资决策之时，会跟创业者亲自接触，建立联系。由于投资行为事关自身利益，投资者在向创业企业注资之后，还会向创业企业持续投入各种资源，帮助创业企业发展，而传统投资方基本上只是创业企业的财务投资人。传统融资的投资方的出资者和投资决策者并非同一人。投资决策者一般只是投资机构的职业经理人，他们一般无法获得投资对象企业的股权，对投资后创业企业的发展和需求关心程度不高，只会在出资和退出时与创业企业接触。

（4）股权众筹是创业者选择投资人的过程，股权投资是投资者选择创业者的过程。对创业者而言，股权众筹往往更具有优势。

（5）股权众筹速度快。创业者只需要将项目上传到股权众筹平台，便可迅速获得众多投资者反馈，如果反馈良好，便可迅速达成交易。股权投资过程复杂，首先创业者需要发掘人脉关系才能将项目展示给投资人；其次投资决策过程烦琐。

（6）股权众筹面向范围更广。股权众筹面向更大范围的人群，也是一种真实用户的调研行为，使创业企业真正经受市场考验。如果融资市场反响不佳，创业企业还可以快速转向，重新设计符合市场的创业思路。股权投资是投资者和创业者一对一交易，判断力依赖于投资者一人。

但是相较于股权投资，股权众筹也存在一些不可忽视的问题，容易引起风险，具体如图6-2所示。

触及公开发行证券或"非法集资"的风险
股权众筹的发展冲击了传统的"公募"与"私募"界限的划分，使得传统的线下筹资活动转换为线上，单纯的线下私募也会转变为"网络私募"，从而涉足传统"公募"的领域。在互联网金融发展的时代背景下，"公募"与"私募"的界限逐渐模糊化，使得股权众筹的发展也开始触及法律的红线。

存在投资合同欺诈的风险
股权众筹实际上是投资者与融资者之间签订的投资合同，众筹平台作为第三方更多的是起中间作用。我国的股权众筹多采用"领投+跟投"的投资方式，由富有成熟投资经验的专业投资人作为领投人，普通投资人针对领投人所选中的项目跟进投资。但是，如果领投人与融资人之间存在某种利益关系，便很容易产生道德风险问题。领投人带领众多跟投人向融资人提供融资，若融资人获取大量融资款后便存在极大的逃匿可能或以投资失败等借口让跟投人损失惨重。

股权众筹平台权利义务模糊
从股权众筹平台与投融资双方的服务协议可以看出，股权众筹平台除了居间功能之外还附有管理监督交易的职能，并且股权众筹平台要求投融资双方订立的格式合同所规定的权利义务也存在不对等。因此，股权众筹平台与用户之间的关系需要进一步理清，并在双方之间设定符合《公司法》的权利义务关系

图 6-2

因此，不论是对创业者还是对投资者而言，选择股权众筹进行投融时，除了要了解其优势之外，更为重要的是要了解其可能给自己带来的风险有哪些，避免给自己造成无法挽回的巨大损失。尤其是投资者，往往容易被项目可能带来的高收益所吸引，而忽略了项目可能带来的风险。

股权众筹的尽职调查

任何的股权投资都离不开尽职调查,股权众筹当然也需要尽职调查。尽职调查也是非常重要的一步,除了能够确认项目公司的真实性,还能够保障投融双方的利益。

6.2.1 股权众筹须做好尽职调查

在股权众筹融资的流程中有一项为项目筛选,即平台方筛选合适的项目在平台上线进行融资。筛选的内容就是尽职调查,即平台为了保障投资者的权益,需要核实融资企业的真实性。

对股权众筹投资而言,尽职调查是创业者、投资者以及股权众筹平台的第一道防线。股权众筹平台通过一系列的检查与衡量来确保投资机会是尽可能安全的,同时也是确保投资者能够承受该投资风险。

1. 尽职调查能够保障投融双方的利益

事实上,尽职调查是所有股权投资中的必要环节,股权众筹也不例外。尽职调查作为风险管理的重要组成部分,实际上就是通过对所投企业项目的调查,让股权众筹投资者能够准确地了解项目的真实情况,从而分析确定项目企业实现经营目标的可能性和现实性。

股权众筹中的融资对象主要是处于初创期的中小企业,但是众筹平台上的众筹项目质量却参差不齐。所以,对融资方而言,尽职调查能够让平台筛去一些质量较差、真实度不高的项目,从而降低创业企业的竞争压力。因为投资者的数量不变,众筹项目数量减少有利于提高众筹的成功率。

从投资方的角度来说,投资本身就客观存在许多风险,比如项目发起人不合规、项目融资额度虚高、产品或服务商业模式不清晰等问题。通过尽职调查,一旦发现预投项目存在上述问题,投融资双方可以一起协商解决,有利于保障众筹双方的利益,确保股权投资活动的顺利进行。

2. 尽职调查中众筹平台的责任

股权众筹中一个明显的特点在于参与投资的社会人士数量众多，且大多以个人为主，同时比较分散。另外，由于大部分投资者都是资金有所闲余的普通人士，对于尽职调查并不具备专业的考察能力，所以让所有的投资者都参与到项目的尽职调查中来并不现实。这时众筹平台就要充分发挥其中介的作用，执行尽职调查的任务，并承担尽职调查的责任。

尽职调查的过程可分为两部分：一是根据监管要求对筹资企业或项目与投资者的相关信息进行分析。二是根据分析结果决定一个项目或一个投资者是否符合众筹的相关要求。股权众筹平台会对筹资项目做筛选，只选择那些通过了尽职调查的项目。这样的做法既可以保障投资者的利益，又有利于促使平台与投资者建立良好的信任关系。

3. 调查重点与模式

目前，股权众筹平台所上线的项目大多数属于早期的创业投资范畴。这一类公司具有成立时间短、业务规模较小、资产结构简单、公司内部运行不规范等特点。针对这些特点，尽职调查的重点和目标要高度契合早期创业公司项目的内在运作规律，以防发生偏差导致投资风险的增大。

此外，股权众筹是互联网+的产物，众筹平台的尽职调查如何适应互联网化的挑战是一个值得思考的问题。股权众筹平台不仅要在尽职调查中调整关注的重点，而且还要在调查模式上做出突破。虽然由于互联网技术的运用和社会化信用体系建设的不断完善，一部分的企业资料和情况已经通过网络进行上传和查证，但是大多数仍需要通过线上、线下相结合的模式开展实地调查。

一方面，可以委托投资中介服务机构，如律师事务所、会计师事务所、第三方信用评估机构等进行尽职调查或与其合作。另一方面，众筹平台加强对平台合格投资人的尽职调查培训也显得尤为重要。让投资人掌握尽职调查的方法、标准和程序，这也是股权众筹平台在尽职调查工作中不可忽略的。

6.2.2 股权众筹平台如何进行尽职调查

发起者想要通过股权众筹快速融到创业资金，那么就必须通过平台尽职调查这一关，了解平台尽职调查的内容及方式。

虽然股权众筹是利用互联网展开的，如：目标企业申请融资，投资者认购股份，创业企业收到融资资金以及投资者收到投资收益等都是通过互联网来实现的，并且平台的基本信息核实也通过创业者进行网络上传进行查证完成，但是大部分的尽职调查项目还是需要通过线下实地展开。

下面来看看某众筹平台尽职调查的程序。

（1）项目方提交项目后，项目经理对项目进行项目初判。

（2）创业者签订《融资合作意向书》后提交相关项目资料，众筹平台进行资料审核。

（3）众筹平台投委会决策立项。

（4）众筹平台的风控部进行风控尽调。

（5）众筹平台投委会最终决策。

（6）平台风控及文影部进行实地尽调并拍摄。

总的来说，尽职调查的过程主要分为两个部分，一是根据监管要求对筹资公司与投资者的可得信息进行分析；二是根据分析结果决定一个投资机会是否能够开展众筹或者一个投资者能否参与众筹。实际上，很多时候完成这一过程是法律规定的义务，其对股权众筹的监管要求并不低于对资本市场、二级市场或者并购交易的监管。

由于尽职调查的调查范围较广，调查内容较多，所以众筹平台通常会采用分工合作的方法进行。平台会联系投资中介服务机构，如律师事务所、会计师事务所以及第三方信用评估机构等，以委托或合作的方式进行尽职调查。这样一来，除了能够减轻平台尽职调查工作负担外，也能够使调查的内容更真实全面。

6.2.3 尽职调查的内容

发起者在了解众筹平台尽职调查的流程之后，就需要准备做好应对尽职调查的措施。在正式进行众筹筹资之前，创业者需要准备好应对法律、商业、市场、人员、财务等几个方面的调查，具体包括以下几点。

1. 目标企业的主体资格调查

首先会对目标企业的主体资格进行调查，其中包括：目标企业的设立审批、申请文件、登记文档、营业执照、验资证明、目标企业登记事项、历次变更以及变动情况的合法合规性，目标企业成立以来的合并、分立、变更以及重大改组、重大投资行为，目标企业年审情况及是否有影响目标企业合法存续的重大法律障碍，如吊销、注销，目标企业经营中依法应取得的资质、认证、特别许可等是否已合法取得及是否仍合法有效，本次股权交易是否已取得合法有效的授权和批准，对交易条件是否有限制性要求等。

2. 审查目标企业股权结构和股东出资

调查目标企业股权结构和股东出资情况，具体包括：目标企业当前的股权结构及合法性；目标企业股权结构的变革过程及其合法性，目标企业股权是否存在争议、混乱、矛盾与不清晰；目标企业各股东出资是否符合在工商部门备案的章程的规定，包括出资方式、出资比例与数额，是否有虚报注册资本或虚假出资情况，用于出资的有形财产的权属，用于出资的无形资产的归属及权属证书以及用于出资的无形资产的类别等；目标企业对外投资情况包括设立分公司情况、投资参股子公司情况、投资控股子公司情况；目标企业股本变动及相应合同、章程、决议、批文、变更登记情况；目标企业及其关联企业的兼并、分立、合并、破产、清算情况。

3. 目标企业的章程情况

目标企业章程的审查包括：章程内容的合法性、完整性，现行章程及曾生效的章程；章程是否履行了必要的批准手续及是否在公司登记机构登记备案；章程内容中是否有反收购条款，如有，则查明具体内容；章程内容是否有所变化、变化是否合法及是否履行了相应手续；章程内容是否有超级多数条款，并评估其意义；章程内容是否有董事会分期、分级选举条款，禁止更换董事条款，并评估其意义；章程内容是否有特别授权条款，并评估其意义；章程内容是否有特别程序条款，并评估其意义；章程内容是否有影响企业并购的其他特别规定，如高薪补偿被辞退的高管人员、股东权利计划等。

4. 目标企业财产情况

目前企业的财产情况是尽职调查的重要内容，通过财务状况可以看出企业的实力。主要包括：目标企业土地使用权性质、使用权归属及证书与实际是否相符；目标企业房产权归属及证书与实际是否相符；目标企业主要机械设备、设施的使用情况与实际是否相符；目标企业专利类别、数量、权属、存续及剩余有效期；目标企业商标类别、数量、适用大类、权属、存续；目标企业版权类别、数量、权属、存续；目标企业其他无形资产情况；目标企业资产抵押、质押情况；目标企业租赁的性质、类别、期限；目标企业车辆类别、产权归属、年检、车况及使用年限、保险;目标企业其他财产的清单、产权归属现状等;目标企业财产保险情况;目标企业经营性资产评估报告;目标企业财务会计报表、资产评估报告。

5. 目标企业重大合同以及债权债务的审查

目标企业是否处于负债的情况,负债多少,以及负债能力是怎样的,都是尽职调查的内容。具体包括:目标企业重大合同在目标企业控制权改变后是否仍然有效或合同约定是否产生变更;目标企业重大合同中是否存在纯义务性条款或其他限制性条款;目标企业对外担保合同的具体情况及主合同履行情况;目标企业债权质量状况;目标企业债务性质,合法性、有效性、数量及履行情况;目标企业债务偿还期限、附随义务及债权人对其是否有特别限制;目标企业贷款文件、贷款数额、还款期、逾期利息及罚金情况;目标企业外债情况、批文及登记证明;目标企业外债担保文件、履约保证书情况及批准登记手续;目标企业资产抵押、质押清单及文件、债务履行情况;目标企业负债是否已被追索、是否已被提起诉讼或仲裁、是否有潜在的重大诉讼或仲裁;目标企业及分支机构、子公司财产保险情况、正在进行及可能的保险索赔或争议。

6. 目标企业人力资源状况

目标企业人力资源状况也是尽职调查的内容之一,包括:与目标企业有劳动合同关系的职工人数、劳动合同的期限、岗位分布及现状;目标企业可分流人员范围、数量及构成;目标企业事实劳动关系及交叉劳动关系情况;目标企业需要新签、变更、解除、终止劳动关系的情况;目标企业停薪留职、内退、请长假、长期学习、参军入伍、挂名、自谋职业、因私出国、女职工"三期"职工数量及目前状况;目标企业职工持股、管理层持股状况;目标企业职工激励计划情况、职工福利制度计划安排;目标企业劳动卫生、劳动安全、劳动保护、劳动保险制度建立及执行情况;目标企业劳动法律、法规及政策的执行情况,有无处罚,有无潜在处罚的可能性。

7. 目标企业的经营情况与业务状况

从目标企业的经营情况与业务情况可以看出该企业是否具有发展的潜力,所以十分重要。调查的内容包括:目标企业的经营状况、业绩、资产总额、负债总额、所有者权益;目标企业主营业务的分类、比重、市场情况;目标企业经营性资产与非经营性资产的比例分类与现状;目标企业的经营是否有或可能会发生政府或法律、法规上的限制和管制；目标企业的主要产品状况、主要构成、国内外主要厂家生产状况、产品销售率。

以上为尽职调查的基本内容。也是尽职调查的重要内容。但是除了上述所示的内容之外，尽职调查还会审查目标企业的税费征、减、免等优惠情况；目标企业的产品或服务的技术；目标企业的关联交易与同业竞争以及目标企业组织结构等情况。因此，发起者需要提前做好被调查的准备。

6.3 股权众筹的设计与上线

股权众筹项目的设计与上线与奖励众筹类似，但是又有其独特的地方，如商业计划书、股权设计、收益设计等。一个好的设计能够为项目本身加分，吸引更多的投资者投资。

6.3.1 项目立项

虽然如今股权众筹火爆，使得各行各业的创业者都跃跃欲试，想要通过众筹的模式发展自己的企业，但是并不是所有的项目都适合众筹。股权众筹作为一种投资活动，要求项目必须要有所成长，才可能给投资人带来回报。在这样的情况之下，创业者就需要思考什么样的项目才是有价值的项目，适合做股权众筹。

- ◆ 股权众筹不要只局限于某类商品的生产，如人际关系、渠道、智慧以及场地。某一些行业内鲜为人知的经验、技巧、商业规则等都可以作为股权众筹的项目。所以股权众筹不要局限，应该扩展开来从多个角度来思考。
- ◆ 股权众筹项目的领域尽量避免过于生僻。生僻领域的项目受众比较窄，所以大部分的投资者与消费者对于项目都存在一个怀疑的阶段，这不利于众筹项目的成功和企业的发展。
- ◆ 股权众筹项目的产品与技术范畴最好不要太过高精尖。投资者投资项目的目的在于通过项目快速得到收益，而过于高精尖的产品难度过高，不利于项目快速发展，这样很难得到投资者的支持，众筹项目成功率较低。即使项目成功，项目的回报也会面临很大的考验，增加创业者的压力。
- ◆ 理想的众筹项目，在前期产品设计时要考虑满足投资人财务投资的需求，还能让其获得某种特别的回报，如赠送样品、免费体验、优先试用、VIP会员等。

这样的话，投资者投资一个项目除了能够得到股东分红收益之外，还能够得到非股东不能够享受的特别待遇，让投资者的内心愉悦，从而提高投资乐趣。

◆ 股权众筹的项目最好是能够实际看到、感受到的项目，如一家商铺、一家超市或一个农场。因为比起虚拟的东西，投资者往往更看重实际存在的项目。

相信随着股权众筹的发展会有越来越多独具特色的项目出现在投资者面前。但是发起者需要注意，不论项目的风格、样式以及特点如何变化，其核心宗旨不会变，即"互联网""众人"和"小额"这3个特点。

6.3.2 股权众筹项目的方案设计

股权众筹项目与传统的融资项目一样，在融资之前需要向投资者披露商业计划书。不同的是股权众筹的项目面对的是大众募资，因此在信息披露方面会要求更为完整，更为规范。

首先，在股权众筹的商业计划书中需要包含传统融资项目商业计划书中的一些基础信息，如公司信息、股权结构、团队信息、产品或服务信息、经营情况以及未来规划等。如图6-3所示为某股权众筹项目在平台上展示的部分商业计划书内容。

图6-3

其次，作为一个众筹项目，为了吸引更多投资者参与投资，需要从以下几个方面进行具体的设计，如图 6-4 所示。

众筹时间

通过股权众筹方式进行融资的项目，信息资料在有限时间之内通常不允许更改，因此往往需要设定一个募资时间。众筹的期限一般为正式对外公布后 2 个月内，如果提前完成融资目标则及时终止；如果时间到期而融资额尚未完成，是否支持延长众筹时间，以及延长多久，这些都需要向平台进行申请协商。

融资金额

众筹金额应该和众筹项目的价值相等，所以发起者需要提前估算清楚。如果众筹的金额过多，会影响投资者的投资情况；如果众筹金额过少，则会影响项目的完成情况。这些都需要发起者慎重思考并决定

出让股份比例

既然是股权众筹，那么股份则是最为重要的投资重点，所以发起者在设计众筹项目时就需要考虑出让股份的比例。股份出让比例应该设置上限和下限。例如，某项目预期融资 100 万元，出让 10% 的股份，但是实际上融资 150 万元，在这样的情况下，发起者是否同意出让 15% 的股份。对此做出上限要求之后，超出部分则不再分配股份，因为这牵扯到企业的股权稀释问题。同样也需要设置下限。例如，100 万元的融资目标，此时融资 80 万元，发起者是否同意出让 8% 的股份

领投人和跟投人的要求

一般项目通过众筹融资，往往很少会向领投人以及跟投人提出要求。但是由于项目处于一个发展阶段，以及项目发起者对于众筹的想法，所以有时项目发起者也会对领投人和跟投人提出要求。例如，要求领投人的行业经验，相关职务以及产业链关系等，而跟投人则通常会限制其认购范围等

投资者特定权益

投资者投资股权项目除了是对项目感兴趣外，另一个原因就是能给自己带来利益、权益，所以一个优秀的众筹项目就需要描述给投资人的权益、利益是什么。因此，如何有效地运用资源，给予投资者特定的权益也是众筹项目设计之初最吸引投资者的一部分，如产品试用权、服务终生免费权、代理分销权等

图 6-4

以上为股权众筹项目设计的要点，发起者在设计股权众筹项目时需要将其考虑进去，才能够吸引到更多投资者参与投资，从而完成股权众筹。

6.3.3 股权众筹项目上线

股权众筹项目在平台上线时与其他众筹项目一样也需要经过项目名称设计、筹集金额确定、项目包装等过程。但是与其他众筹不同的是，股权众筹项目的上线有其独特的特点。下面先来看看股权众筹项目如何在平台上线。

1．确定项目名称

首先要确定一个项目名称，名称需要尽量精简，一句话点明。但是发起者需要注意在股权众筹项目的名称之中不能够体现"股权""分红"及"收益"等内容，只需要介绍项目的名称与特点即可。例如，××××部队火锅2号店、××××酒店二期、××××精品酒店等。

2．发起者情况介绍

发起者情况介绍能够帮助投资者了解项目，情况介绍中一般包括公司介绍、规模介绍、创业团队介绍等信息。如下所示为某股权众筹项目发起者的情况介绍。

项目所属行业：PC 互联网。

项目所属阶段：已经盈利。

企业所在城市：深圳市。

企业成立时间：2010 年 10 月。

企业员工人数：50 人。

项目标签：连锁、茶饮、快时尚、慢生活。

企业名称：深圳市调茶××茶局餐饮有限公司。

企业创始人：王××，董事长，从事茶局餐饮行业多年，有着丰富的经验，以及宽广的行业人际关系。

3．介绍融资信息

融资信息也是发起者需要公布的重要信息，通过这部分的内容可以具体了解到发起者的融资计划、企业目前情况、需要的资金数量等信息。通常包括 3 个部分，现在企业的状况、融资之后的开展计划以及融资需求。如下所示为某火锅店的融资信息介绍。

【现有店铺】

店铺名称：××火锅三期高安店。

店铺地址：江西宜春。

店铺筹备总投资：1 350 000元。

【开店计划】

预期融资开店数量：1家。

开店时间预备周期：45天。

预期店面地址：宜春高安市××广场。

预期开业时间：2017年2月23日（融资成功后）。

预期分红时间：60天（融资成功后）。

第一年预计盈利：1 020 000元。

【融资需求】

开店融资金额：1 350 000元。

个人最低投资金额：13 500元。

项目方：出资金额为405 000元，出资比例为30%。

投资人：出资金额为945 000元，出资比例为70%。

每一个股权众筹项目都需要介绍详细的融资信息，这能够增强投资者对于项目的信息的了解。但是发起者不能为了吸引投资者而出现夸大分红收益的情况。

知识补充｜融资信息注意

发起者在平台上线项目展示融资信息的时候需要注意商业机密性。因为在项目的融资信息中通常会包含一些商业机密，但是为了融资而不得不展示出来，此时要注意机密的展示程度。另外，可以选择定向展示，即对真正有投资意向的潜在投资者开放展示，而对于一般的项目浏览者，则关闭其网页信息。

---

4. 项目的包装

股权众筹的项目包装和奖励式众筹以及公益式众筹相同，也是通过图片、文字或者视频的方式将产品或服务的特点展示出来即可。但是在股权众筹的项目包装中有一点非常重要,即项目的盈利展示。投资者投资项目最为关心的便是自己的回报收益情况,以及以什么样的方式得到回报收益。所以一般项目在上线时需要通过文字或图表的方式将项目未来的盈利点展示出来。

下面来看看某中韩合作的部队火锅众筹项目盈利展示的具体情况。

案例陈述

某中韩合作的部队火锅在人人投平台上发起股权众筹项目,为了吸引更多投资者参与投资,发起者在项目的包装中详细地进行了项目盈利情况预测,并介绍了投资者分红方式以及股权权益。表6-1所示为部队火锅的盈利预测。

表6-1 部队火锅盈利预测

项目	1月	2月	3月	4月	5月	6月	7月	8月	9月	10月	11月	12月
每日顾客量	100人	100人	100人	110人	110人	110人	120人	120人	120人	130人	130人	130人
每客均价	50元	50元	50元	50元	50元	50元	50元	50元	50元	50元	50元	50元
日营业额	0.5万元	0.5万元	0.5万元	0.55万元	0.55万元	0.55万元	0.6万元	0.6万元	0.6万元	0.65万元	0.65万元	0.65万元
每月营业天数	31天	28天	31天	30天	31天	30天	31天	31天	30天	31天	30天	31天
月营业额	15.5万元	14万元	15.5万元	16.5万元	17.05万元	16.5万元	18.6万元	18.6万元	18万元	20.15万元	19.5万元	20.15万元
食材成本	4.65万元	4.2万元	4.65万元	4.95万元	5.12万元	4.95万元	5.56万元	5.56万元	5.4万元	6.05万元	5.9万元	6.05万元
水电费用	0.78万元	0.7万元	0.78万元	0.83万元	0.85万元	0.83万元	0.93万元	0.93万元	0.9万元	1万元	0.98万元	1万元
租金	2.5万元	2.5万元	2.5万元	2.5万元	2.5万元	2.5万元	2.5万元	2.5万元	2.5万元	2.5万元	2.5万元	2.5万元
人工费用	3万元	3万元	3万元	3万元	3万元	3万元	3万元	3万元	3万元	3万元	3万元	3万元

续表

项目	1月	2月	3月	4月	5月	6月	7月	8月	9月	10月	11月	12月
每月利润	4.57万元	3.6万元	4.57万元	5.22万元	5.56万元	5.22万元	6.61万元	6.61万元	6.2万元	7.6万元	7.12万元	7.6万元
每季利润	12.74万元			16万元			19.42万元			22.32万元		
每年利润	70.48万元											

分配方式：

韩籍运营团队费用为营业流水的2%。

发起方可获得分红为净利润的10%。

全体投资人可获得分红为净利润的90%。

例如，营业额为15万元，净利润为5万元，那么韩籍团队费用为15×2%=0.3（万元）；项目发起方可获得分红为（5-0.3）×10%=0.47（万元）；全体投资人可获得分红为（5-0.3）×90%=4.23（万元）。

股东权益：持股期间进店消费，每人每月一次个人消费免单（不累计），同时投资者可以享受××火锅投资价值增长机制的保护。

根据案例的介绍，可以清楚地看到投资者能够享受到的权益和预期收益。相比图片而言，以图表的方式进行介绍能够更加直观，也使项目更具有吸引力。

5. 项目的筹资目标与支持等级

股权众筹同样也设置了筹资时间和筹资目标，一般筹资的金额较高，那么出让的股份比例也较多。但是在股权众筹中，一般设有最低的投资限额，并没有最高的投资限额，按照投资者的投资金额来进行股权分红。另外，在股权众筹中还存在没有投资等级的情况，投资者可以自由地输入投资金额，系统会根据投入的金额自动匹配应获得的股份比例，然后参与股权分红。

股权众筹中的项目包装对项目而言尤其重要。除了要体现出项目的特点、优势以及亮点之外，未来的发展性以及能够提供给投资者什么样的回报都是重点内容，全都需要体现出来，这样才能够吸引到投资者投资。另外，目前市场上也存在很多的项目包装中介，创业者也可以考虑听从专业项目包装师的意见来进行。

股权众筹的退出机制

股权众筹的退出问题一直是投融双方关心的问题。投资者希望能够有一个好的退出机制保障自己的利益,而项目方也希望通过退出机制完善自己公司的股权结构。下面来具体看看。

6.4.1 常见的股权众筹退出方式

股权众筹虽然受到许多创业人士的钟爱,但是其中的弊端还是一直为人所诟病。例如,股权众筹的退出机制就成为现阶段很多人讨论的一个问题。目前,国内公司的股份一般是通过发行、回购以及转让这 3 种方式遵循《公司法》的相关规定进行处理。但是在股权众筹中,股份应该如何退出呢?下面来介绍股权众筹中主要的退出方式。

1. 首次公开发行 IPO

在股权众筹投资的退出机制中,首次公开发行 IPO 是众筹投资者和创业者最喜闻乐见的退出方式。因为证券市场的杠杆作用,创业企业一旦上市成功,那么股票价值必然会得到大幅度的提升,企业的价值也会随之增长。此时,投资者所持的股票会得到突破性的增值,一旦抛出则可以获得高额的资本收益。

另外,对创业者而言,IPO 不仅能够使股票价值得到提升,更为重要的是企业进行 IPO 也就意味着资本市场对于企业良好经营情况的认可,可以使企业获得在证券市场上持续融资的渠道,从而能够让企业获得进一步发展所需的资金。

虽然首次公开发行 IPO 的优势明显,但是由于众筹投资的对象多为创业期的中小企业,所以当资本退出时,企业的发展通常还达不到公开上市的标准。并且因为各国证券法往往对上市股票的发起人所持股票的转让有一定限制,无法实现短期之内一次性退出。所以尽管首次公开招股对投资人而言可能是最有利可图的退出方式,但在发达国家公司准备上市的可能性很小,在发展中国家这种可能性更小。

大多数公司从来没有以此类方式退出,通常在其出售股份之前,公司已经被收购了。一般认为上市公司的报告和备案规定很烦琐。因此,以 IPO 的方式实现退出的投资人在数量上并不占主要地位。

2. 企业并购退出

当企业的业绩尚且达不到公开发行上市的标准时，或者投资者不想接受 IPO 这种烦琐手续和信息披露制度的约束，则可以考虑采用并购的方式实现退出。在并购的过程中，新的投资者将上一轮投资者的股权全部或者部分收购，随之全部或部分上轮投资的投资者即可退出该项目。

据统计，在退出中，66% 的初期投资者都是通过并购的方式退出，所以并购依然是众筹投资中最主要的简单有效的退出方式。并购退出可以避免 IPO 各种烦琐的手续，而且可以一次实现所有股权转让，在价格上也会有较高的收益，所以受到投资者的喜爱。并购者一般都是专业的风险投资机构，或是该创业企业所在行业内发展较好的大公司。

3. 大股东回购退出

大股东回购指的是企业股东中持股比例较多的一方回购其他小股东的股份，条件是在建立之前签订的投资协议中规定，项目在一定时期内未达到某个预期目标，大股东则必须按照约定的条件回购其他投资方持有的股权。

这种回购方式与 IPO 方式相比，风险水平相对较低，方式简单快捷，在让投资者的投资有所保障的同时，也可以让创业者在公司进入正常发展阶段后重新收回公司的所有权和控制权，因此受到投资者和创业者的喜欢。这种退出方式的预期收益回报水平也随之有所降低。另外，需要注意的是，在出资入股时就在协议里约定清楚具体的受让价格，比如前文所说的有的众筹项目在入股协议里约定，发生这种情况时由所有股东给出一个评估价，取其中的平均值作为转让价，也有的约定以原始的出资价作为转让价。

4. 股转债方式退出

股转债退出也是股权众筹退出中的一种方式。股转债即将持有的股权转化为持有债权。当股权众筹的项目进行到一定阶段后，投资者可以将所持有的股权按照约定方式转化成为债权，之后投资者变成了项目企业的债权人。但是在实际的股权众筹中，这种退出方式尚且存在一定的难度。股转债退出通常在上市公司中时常发生，而在股权众筹领域中暂时没有通过此方式成功完成退出的众筹案例。

5. 破产清算

对投资者和创业者而言，破产清算都可以说是一个最不想看到的退出方式。破产退出就意味着项目的运营已经处于严重亏损的状态之中，不能再继续运营下去，所以只能面临破产清算的结果。通常在这个过程中，投资者除了不能得到投资收益之外，甚至之前的投资也会血本无归。这也是投资者在投资之初就需要考虑进去的投资风险。

6. 挂牌新三板

股权众筹项目中的投融双方还可以约定该项目于新三板挂牌之后投资者即可退出。但是如果挂牌失败，则可以要求大股东回购股份，并且承诺固定收益。目前，国内的股权众筹平台都有涉及新三板项目，如众投邦、天使汇、原始会等。

6.4.2 特色的股权众筹退出机制

前面介绍了股权众筹投资中比较传统的几种退出机制，其实还有一些平台根据平台特点设计了具有平台特色的退出机制，也为股权众筹的退出增加了新的退出渠道。例如36氪和股交中心。

1. 36氪推出"下轮氪退"

36氪创办于2011年7月，是国内知名互联网创业生态服务平台，基于深耕互联网创业多年的优势，在2015年添了新身份——股权类互联网金融平台。36氪由36氪股权投资、投融资FA服务、36氪媒体以及36氪研究院4块业务构成，此外36氪旗下还拥有为创业者提供众创空间服务的子公司"氪空间"。如图6-5所示为36氪的官网首页（http://36kr.com/）。

图6-5

2015年12月36氪在行业内推行首创的退出机制"下轮退氪"，一经推出就受到广大媒体的争相关注。此前股权众筹投资的退出方式还仅仅集中于企业上市、企业并购以及新三板上市等方式。同时,由于股权众筹采用"领投+跟投"的投资模式,所以跟投人的退出要跟随领投人的带领。但是在"下轮氪退"保障下,通过36氪进行股权投资的跟投人,在自己投资的项目获得下一轮融资时即可优先退出,不必再等待上市或者收购。

36氪"下轮氪退"规定:选择采用"下轮氪退"机制的融资项目在正式交割完成后,该企业在2年内的随后两次正式融资,本轮股东均有选择退出的权利;如果最终交割后的2年内,融资公司未发生任何一次正式融资,则退出期延长至最后交割后的3年内。

36氪"下轮氪退"的退出方式有3种选择,包括不出让其持有的股份、出让其持有的50%股份以及出让其持有的100%股份。对于不做选择的投资者,系统会默认为不出让其持有的股份。

36氪"下轮氪退"给予了跟投人一种退出选择的权利而不是义务。跟投人可以选择卖或者不买,可以卖一半,也可以全部卖出,给了跟投人更多的选择权,在股权众筹行业的发展中具有重要意义。

2. 股交中心"科创板挂牌"退出

科创板指的是上海股交中心推出的一个新板块,主要面向科技型创新、高成长型企业。只要企业具备新技术、新产品、新模式以及新业态,就可以直接申请在科创板挂牌,业内也将其称为"四新板"。

一直以来,参与股权众筹的投资者都面临着退出的难题,使得很多想参与股权众筹的投资者一直处于驻足观望的状态,所以如何能够减短投资者的持股时间成为行业人士关注的重点。科创板的出现无疑为投资者们解决了这一难题。在这种操作模式之下,股权众筹投资者持股时间更短,因为科创板挂牌对于企业的限制条件相对于IPO等,要求较少,创业企业更容易满足,具体如下。

(1)属于科技型、创新型股份有限公司。

(2)具有较强自主创新能力、较高成长性或一定规模。

(3)公司治理结构完善,运作规范。

(4)公司股权归属清晰。

(5)上股交要求的其他条件。

不管是对于投资者,还是对于创业企业,科创板挂牌都具有良好的优势,具体如下。

(1)挂牌企业能够获得非上市公众公司地位,提升公司的融资能力。无论是股权融资、政府资金还是获得债权性质融资(股权质押贷款、信用贷款、中小企业私募债等)的可能性、便利性都会得到大大提升。

(2)股份在科创板市场实现定价流通。原始股流通,投资者获得退出渠道,企业管理层及核心技术人员所持股份激励作用显现。

(3)便于实现产业融合,实现行业、上下游开放,提升行业整合能力。

(4)能够提升企业公众形象、认知度、知名度,能够起到很好的广告效应,增加品牌的价值。

(5)能够为企业今后通过上市或IPO的方式转板打下基础。

(6)挂牌快、时间短,企业进入科创板挂牌流通只需要4~6个月。

为了解决投资者投资股权众筹期限过长、退出渠道局限的问题,越来越多的退出方式呈现在投资者面前。相信未来也会有更多的退出方式出现,从而改变股权众筹现有的退出格局。

6.4.3 股权众筹退出面临的实际问题

根据前面股权众筹退出方式介绍可以看出,在股权众筹投资中,退出的方式从数量上来看相对较多。但是在实际的运用中,由于各种各样的显示问题,所以供选择的方法相对较窄。

1. 创业企业的基础薄弱,容易夭折

根据众筹平台发起的股权众筹项目可以看到,大部分股权项目企业基本处于种子天使轮,并且这些项目通常是由创业公司发起的。虽然目前国内政策在很多方面一直大力支持创新企业,发展大众创业,但是创业公司往往由于其人力、物力等方面资源欠缺,所以真正能够进入下一轮融资的企业较少。

根据统计,目前国内天使期和VC期的创业项目进入下一轮融资的企业淘汰率在8成左右。这也就意味着实际上投资者投资股权众筹项目所面临项目失败的风险较大。即便投资者有再多的不甘心,最终也只能够以倒闭清算的方式退出。

2. 股权众筹投资的风险难以把控

在股权众筹项目的投资中，投资者最为注重的一点莫过于对项目风险的把控。而实际上，投资者们所能够得到的创业者的项目信息较少。有些平台对于项目的审查并不完善，包括企业运营信息、财务信息等并不完全真实。即便是具有投资机构作为领投一方，领投机构的资质亦尚待考察。这对跟投的投资者们来说，项目风险把控的成本较高。而一旦风险把控出现问题，该股权众筹项目就可能面临倒闭清算的危险，投资人的本金和利益都将付之一炬。

3. 投后服务机制不够明确，利益难以保障

目前国内的股权众筹平台较多，质量参差不齐，其中最为明显的便是投后机制，而投后机制则关系到股权众筹的退出。平台真正的投后机制尚不明确。各大股权众筹平台的投后服务这一块也不甚明朗。而因投后机制的不明确，项目投资方退出时的利益保障便是缺失的。当初项目双方约定的投资条款中看似设立了一些保护投资方利益的条款，可因时间期限的不确定性，其最终能否实现亦尚不可知。

以上主要是从项目发起者、股权众筹过程的项目运营以及投后服务机制3个角度来介绍股权众筹退出时面临的难题。可以看出，在股权众筹投资中大部分情况下的投资者都不能够按照自己最为理想的方式退出，甚至更多的是不得不选择倒闭清算的方式惨淡收场。

对股权众筹平台的投资者而言，大部分属于普通的个人投资者，他们并没有较强的风控能力，所以最终可能会成为项目利益之下的牺牲品。对股权众筹项目企业而言，想要通过一个较好的退出方式以获取下一轮融资并最终实现IPO上市难度较大，项目的高失败死亡率以及投资者的过早退出都会影响到项目的后续发展。

6.4.4 股权众筹经典案例分析

前面介绍了很多关于股权众筹的内容，下面来具体了解一个股权众筹的成功案例。

2015年暑期档银幕各种影片云集，国产动画大片《大圣归来》成为票房"黑马"。2015年7月10日《大圣归来》上映，首日票房不足1000万，首映排片率9%，但却场场爆满。在之后的日子里，该片凭借口碑影响，票房一路走高，不断创造各种纪录，甚至成为内地电影史上票房最高的动画电影。而股权众筹的参与方式成为助推票房成功的

重要因素。下面来具体了解《大圣归来》是如何实现股权众筹的。

案例陈述

2014年12月17日，筹备了近8年的《大圣归来》已经进入最后的宣传发行阶段。相比半年前接手时资金上的捉襟见肘，该片的出品人路某更担心这部缺明星、缺颜值、缺话题的动画片如何才能够吸引观众走进电影院。

由于一时兴起，路某在朋友圈发了一条消息为《大圣归来》的宣发经费进行众筹。通过简短的计划说明这是一部动画片，预计在2015年春节上映。另外，作为出品人的他保底分红。

消息一经发出吸引了大批朋友关注，从上午11:50开始，到下午3:00多，超过70位朋友加入了这个名为"西游电影众筹"的微信群。而大家参与众筹的金额也从1万元到数十万元不等，不到5小时的时间路某迅速筹集了500多万元。

在一个星期以后，《大圣归来》的众筹项目一共筹集了780万元，有89名投资人参与投资。他们以个人名义直接入股了《大圣归来》的领衔出品方"天空之城"，直接参与到这部投资合计约6000万元的电影项目中。

股权众筹的筹资模式让89位投资人深度地参与到了电影的宣传发展过程中。每一天大家都在群里出谋划策、贡献资源。他们也因此成为电影的第一批铁粉，不仅在电影上映初期包了200多场，还充分调动了各自的资源为电影出力。

从北京三里屯、上海人民广场地铁口的广告位，到新疆喀什最大的一块户外屏都是投资人们无偿贡献出来的。这些投资人带领着《大圣归来》走出了最艰难的第一步，成就了营销口碑的起点。

除去1.5亿元的电影成本，3%的税收，5%的电影基金以及发行费用等，投资这部电影的收益率约为33%～37%左右。这个利润收入还要扣除院线和制片方的分成，众筹出品人大约可分得10%的利润。

据统计，截至8月6日，上映28天的《大圣归来》已经收获了超过8亿元的票房收入。按照上述算法，这89名众筹出品人至少可以获得本息3000万元，投资回报率超过400%。

不仅如此，根据合同，在此次股权众筹项目中，投资人不仅可以获得票房分账收益，还将分享《大圣归来》未来的所有收益，包括游戏授权、新媒体视频授权、海外收入分账等带来的收入。

无疑作为一个股权众筹项目，《大圣归来》项目可谓是大获成功，不仅快速筹集到了资金，还借助投资者的力量快速打开了营销宣传途径，从而造就了《大圣归来》这部电影的票房奇迹。下面来具体分析股权众筹《大圣归来》成功的原因。

（1）利用股权众筹完成电影宣传发行。《大圣归来》由于拒绝投资方修改剧本的要求而被临时撤资，所以遭遇资金窘境。电影花费 8 年的时间完成，却没钱做宣传。路某通过股权众筹的方式，让 89 位投资者参与进来，除了带来资金以外，更带来了无法估量的资源，从而完成了电影的宣传发行。

（2）发起人的领投作用。电影出品人路某曾有着 8 年金融产业从业经验，两年传媒产业管理经验，毕业于中国人民大学金融投资专业，曾任职于深圳中国银行。他在 2005 年投资创立高路动画有限公司，这个公司也是《西游记之大圣归来》的出品方。其跨界影视和金融的身份，让他具备"操盘手"和"出品人"双重角色。从股权众筹项目的发起人角色看，跨界融合的能力让项目成功运转。

（3）股权众筹投资人的高度参与。投资人对项目的高度参与，提升了项目的参与感，促使该项目短时间形成较大口碑影响。据报道，在北京的三里屯、世贸天阶，上海的人民广场，甚至地理位置偏远的新疆喀什，部分投资人为该片提供了长时间的免费户外广告。而 89 位众筹投资人，在影片上映之初，光包场就有 200 多场。

根据该案例可以看到，路某通过股权众筹的方式仅仅一周的时间便筹集了 780 万元，这是传统的融资方式难以达到的效率，能够帮助发起者及时有效地解决资金短缺问题。另外，以股权进行众筹，筹集的资金往往较多，更利于中小企业的发展，而奖励式众筹更适合于小微企业的资金周转。

第 7 章
中小企业最青睐的债权众筹融资

 **本章要点**

- 债权众筹特点分析
- 如何申请债权众筹融资
- 债权众筹与 P2P 的区别
- 债权众筹与股权众筹的比较分析
- 出借人自担风险模式
- 平台自身担保模式
- 债权转让 + 风险备用金
- 抵押 + 风险备用金
- 第三方担保机构
- 金融机构信用 + 担保机构担保模式
- 注意借款时的利率

 **学习目标**

债权众筹融资由于融资速度快、低门槛、稳定等特点受到了中小企业的青睐。本章对债权众筹融资的相关知识点，以及融资过程中的相关问题进行详细的介绍，以便中小企业能够快速筹集资金。

知识要点	学习时间	学习难度
债权众筹的基础认识	25 分钟	★★
债权众筹平台的运营模式	60 分钟	★★★★
借款人在借款过程中的关键点	40 分钟	★★★
借款人签署的合同问题	50 分钟	★★★★

债权众筹的基础认识

对于债权众筹很多人了解的并不多,只是单纯地将其作为一种筹集资金的方式。事实上,综合来看债权众筹融资是对中小企业比较有利的一种融资渠道。下面来具体介绍其内容。

7.1.1 债权众筹特点分析

债权众筹实际上是一种比较保险的众筹模式。当一些企业或者项目需要资金时,在债权众筹平台上发布众筹。债权众筹融资是中小企业或者项目募集资金的有效渠道。下面来分析债权众筹吸引中小企业的原因有哪些。

1. 融资的速度快

债权众筹融资的速度相较于一般的融资方式而言要快很多。债权众筹融资中并不存在太多复杂的审批手续,也不需要提供各式各样的银行相关财务证明文件,所以很大程度上加快了企业融资的速度。

2. 融资的成本较低

债权众筹融资的另一个显著特征在于债权众筹的融资成本较低,不会给筹资者带来过多的负担。另外,所有的融资都很难避免融资过程中的手续费、中介费、服务费等,但是债权众筹在手续费用方面不会消耗太多的成本,而利息上也没有其他众筹模式高,所以受到很多创业企业追捧。

3. 融资的弹性大

债权众筹融资的弹性较大。债权众筹并不像股权众筹受到较多限制。很多投资者不想参与股权众筹就在于其退出机制的限制,拉长了其持股时间,使得资金被套牢。而企业也由于投入的资金无法退还,所以背负了沉重的负担。

但是债权众筹融资却不是这样。债权众筹的投资者可以根据企业的发展情况,以及近期企业的财务状况等进行多方面的考量,对于债权的条件和数量可以和企业进行商定,也可以变动筹资数量,甚至是取出自己的筹集资金,所以灵活性非常大,当然筹资弹性也是股权众筹没法比拟的。

4. 融资的稳定性高

债权众筹融资具备稳定性。企业在市场上募集的资金有限，所以到投资者手里的债权也是有限的。而且作为投资的债权人，不能参加公司里的任何经营和管理，因此不会影响到整个企业的运营，也不会影响到其他股东的利益。这点和股权众筹相比优势更为明显。

事情都存在两面性，尽管债权众筹融资有这么多优势，但是仍然不可避免地有一些缺陷需要投资者和融资者引起注意，具体介绍如下。

（1）投放市场的债权众筹并不能够为企业带来相对稳定的资本。募集的资金存在着不确定性。企业募集并不一定能够募集到预期的资金，而且这些资金都有到期日，到期日来临，还得连本带息地还给投资者，因此只能是作为企业的应急资金，而不能作为企业常需的资金。

（2）债权众筹存在一定的风险性。投资者在选择企业的时候，必须要研究企业的规模、企业的盈利情况、特别是企业的还款能力，这样才能把投资的风险降低一些。对企业来说，要清算好自身的偿还能力，从而制定合理的投资报酬。当然，公司本身预留的准备资金也要足够。这样面对投资者到期还款时的兑现才不会有资金上的危机。

7.1.2 如何申请债权众筹融资

我们知道债权众筹实际上类似 P2P 网贷，因此要了解债权众筹的流程之前首先需要了解 P2P 网贷的申请流程。申请 P2P 网贷时，分为个人申请和企业申请两种类型。为了保障投资人的权益，平台也会对申请人提出限制条件，并进行审核。

个人借款产品的主要类型包括个人消费贷、个人经营贷、车辆周转贷等。这些产品都会对借贷人的身份进行条件限制，具体介绍如下。

（1）中国大陆公民，年龄为 22 ~ 55 周岁。

（2）上班族月打卡收入最低 3000 元即可申请。

（3）在当前工作单位工作时间满 6 个月。

（4）信用记录良好。

企业借贷主要用于企业的资金周转、企业发展或产品生产等，这些借贷产品也会对企业的申请条件进行限制，具体介绍如下。

（1）借款企业为合法注册的企业。

（2）共借人为合法注册的企业法定代表人或第一大股东、合伙人。

（3）共借人为中国大陆公民，年龄为 20～60 周岁。

（4）企业登记注册满 2 年（含）以上，且年营业额为 50 万～7000 万元。

（5）企业和共借人信用记录良好。

（6）企业经营超过 6 个月。

无论是个人借贷，还是企业借贷，他们在 P2P 平台上的借贷流程都是一样的，都需要经过申请、审核、上线、放款等几个步骤。

经过整理可以将债权众筹融资的流程分为 3 个部分，包括借贷前期、借贷中期以及借贷后期，具体如图 7-1～图 7-3 所示。

借贷前期：

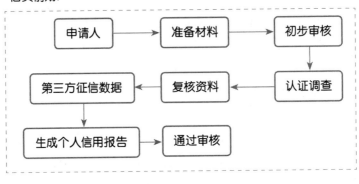

图 7-1

借贷中期：

图 7-2

借贷后期:

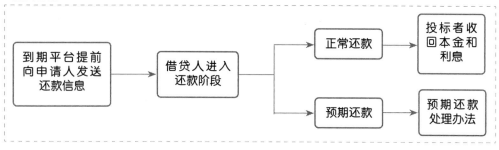

图 7-3

在贷款前期,借贷人确定贷款之后,主要需要准备提交一些材料信息给平台进行审核,平台对借贷人的资质进行审核。审核通过之后就进入贷款中期,借贷人与平台签署贷款协议,平台在平台上发布借款标的,满标之后便放款给借贷人。最后则进入还款阶段,借贷人根据协议按期还款。整个流程比较简单,也可以从这个简单的流程看出债权众筹的快捷便利。

> **知识补充 | 逾期还款的处理**
>
> 每期还款日 24 点之前,借贷人没有足额偿还应付款项,则视为逾期,借贷人便会向投资人支付罚息。而每个平台的罚息程度和金额都不同,所以借贷人需要提前了解,避免罚息。如果确实无法及时偿还,提前告知平台,并且与平台进行协商是否能够延期。如果逾期除了会罚息之外,还会影响自己的征信,从而影响到下次融资。

7.1.3 债权众筹与 P2P 的区别

我们知道债权众筹是投资者对项目或公司进行投资,获得其一定比例的债权,未来获取利息收益并收回本金。而 P2P 网贷可以称为 P2P 网络借款,由网络信贷公司提供平台,借贷双方自由竞价,撮合成交。资金出借人获得利息收益,并承担风险;借款人到期偿还本金;网络信贷公司收取中介费用。

根据定义可以看出,虽然债权众筹与 P2P 网贷都是以借贷资金的形式向平台发出申请,然后投资者投入资金,到期获得本息。但是实际上,P2P 又是不同的。下面来具体介绍。

(1) P2P 理财是通过 P2P 平台发行投资项目吸引投资的一种方式,具有低门槛、高收益和时间短的特点。但是,P2P 平台通常有一定的自由资金来支持其开展业务,这一点与债权众筹的众筹特性明显区分开来。即 P2P 理财的开展，平台需要有一定的支出，付出一定的代价，投资者则选择自己喜欢的标的进行投资，以此来获得收益。

债权众筹主要是依靠互联网平台发布众筹项目，从而吸引投资者投资。所以要求项目发起者的项目必须具备一定的吸引力，否则就会融资失败。融资失败，众筹的资金会全部退还给投资者，只有当项目成功了，发起者才能够获得资金。另外，众筹的门槛很低，对于项目发起者的要求很低，主要在于项目本身。只要投资者认可项目就可以进行投资，而投资的回报主要依靠市场来确定。

（2）两者的侧重点不同。P2P 更侧重资金理财，以获取收益为主，但是债权众筹则更侧重发起者的项目和产品本身。

（3）P2P 面向的是有资金需求的企业和个人，主要是面向大众投资理财，满足有一定经济能力的用户。债权众筹也有这方面的作用，但主要是以项目发起人的身份号召大众介入投资，后期的回报是众筹的主要表现形式。

实际上，可以将债权众筹理解为一种特殊形式的 P2P。目前，国内有些网贷平台的业务模式逐渐细分化，各类创新不断推出。例如，债权打包分散投资，P2P 平台"聚米金融"曾经以债权众筹的方式给《文军西征》电视剧项目众筹 100 多万元，众多投资人共同投资一个项目，最终获得一定的收益，这就是一个典型的例子。

7.1.4 债权众筹与股权众筹的比较分析

在众筹中，除了奖励众筹回报给投资者产品之外，债权众筹和股权众筹都是回报给投资者资金。实际上，对融资企业而言，奖励众筹可以视为产品的孵化器，而债权众筹和股权众筹则为企业融资的一个重要途径。既然债权众筹和股权众筹都能快速地为企业带来资金，那么股权众筹与债权众筹有哪些区别呢？

1. 定义不同

债权众筹是指投资者对项目或公司进行投资，获得其一定比例的债权，未来获取利息收益并收回本金的一种借贷行为；股权众筹是基于互联网众筹平台、以股权转让与交易的方式进行的一种新型投融资模式，即公司出让一定比例的股份，面向大众投资者融。投资者通过权益性投资入股，可获得未来股权、分红等收益回报。所以从本质上来说，债权众筹是一种借贷行为，而股权众筹则是一种投资行为。

2. 项目标的不同

股权众筹的项目是出售股权获得资金，投资者成为融资企业的股东；债权众筹的项目是质押资产借贷获取资金，投资者则成为债权人，二者从本质上存在不同。

3. 承担的责任不同

在股权众筹中，投资者成为股东以出资为限承担相关责任，在项目清算时要等全部债务偿还之后才有可能收回股东出资的部分，优先股股权除外。但是在债权众筹中，投资者为债权人，在项目清算时有权先获得清偿。

4. 项目资产负债表不同

股权众筹获得的资金计入所有者权益或资本公积，而债权众筹获得的资金计入负债。

5. 收益不同

股权众筹中的收益主要采取股东分红及配送股权等方式，而债权众筹中投资者的收益采取支付借贷利息的形式。相较而言，股权众筹中投资者的预期收益更高一些，而债权众筹中投资者预期收益更低。收益主要由无风险利率和风险溢价构成，股权众筹中的风险溢价相对较高，因此收益高，而债权众筹中的风险溢价一般较低，收益也较低。

6. 投资风险不同

股权众筹中风险的不确定性较高，因为其可能会面临企业倒闭、投资者血本无归的情况。但是债权众筹中，大部分借贷都存在抵押物，事先会约定收益率，所以风险不确定性相对较低。另外，为保障投资者的资金安全，平台通常会与第三方担保平台合作，当借款人无力还款时，仍然能够给投资人以保障。所以债权众筹中的投资风险相对较低。

债权众筹平台的运营模式

债权众筹平台是特殊的 P2P 平台，但是平台为了保障平台上资金的安全、投资者的权益以及借款人的资质等问题，不同的平台出现了不同的运营模式。

7.2.1 出借人自担风险模式

出借人自担风险模式指的是出借人自己承担投资风险，平台只负责提供真实信息给出借人参考，而不承担风险，代表的平台有拍拍贷。拍拍贷成立于 2007 年 6 月，公司全称为"上海拍拍贷金融信息服务有限公司"，总部位于上海，是国内首家纯信用无担保网络借贷平台，同时也是第一家由工商部门批准，获得"金融信息服务"资质的互联网金融平台。如图 7-4 所示为拍拍贷的首页（http://www.ppdai.com/）。

图 7-4

拍拍贷的运作模式属于典型的 P2P 网贷。首先，借款人在平台上发布借款信息，然后平台上的多位出借人根据其提供的各项证明资料，以及信用状况决定是否出借，而拍拍贷平台仅仅扮演一个交易平台的角色。下面来看看拍拍贷平台这种运营模式下的平台特点，具体如下。

1．平台的收益来源

由于平台属于一个连接出借人和借款人的中介，所以平台的收益主要来源于成交的服务费用、手续费以及其他标的费用。在这些费用中，对于首次借款和再次借款的服务费用是不同的。

（1）首次借款。

借款手续费：根据用户的魔镜等级（魔镜等级是拍拍贷自主开发的一个风险评估系统，针对每一笔借款，系统会评测出风险评分，以反映对逾期率的预测），收取本金的 2.5%～10%（不成功不收取）。

借款质保服务费：根据魔镜等级，评级为 E 的用户，收取本金的 8.5% 或 11%（不成功不收取）；评级为 F 的用户，收取本金的 13% 或 16.5%(不成功不收取）；评级为 G 的用户，收取本金的 19.5% 或 23.5%(不成功不收取）。

（2）再次借款。

借款手续费：根据魔镜等级，收取本金的 3%～12%(不成功不收取）。

2. 平台审核方式

拍拍贷的审核方式主要是通过线上审核的方式进行。用户在平台上上传提交自己的信息资料。平台在收到信息之后，会对用户提交的书面信息进行核实和审查，确认书面内容是否与其申报的信息一致。

3. 项目逾期产生的费用

如果借款人出现逾期，需要向出借人支付逾期利息以及借款利息和本金，除此之外，还需要向拍拍贷平台支付催收费。催收费主要用于拍拍贷奖励积极参与催收的借出者或者补贴催收成本。

支付给出借人的逾期利息：每期逾期利息 = 每期逾期本金 × 0.7‰ × 累计逾期天数

支付给平台的催收费：每期催收费 = 每期逾期本金 × 0.6‰ × 累计逾期天数

4. 不良贷款处理

当平台出现不良贷款情况时，平台会根据逾期时间的不同而采取不同的措施。出借人可以进行法律诉讼程序或找催收公司进行催收，拍拍贷平台将全面配合出借人提供法律咨询支持。

5. 平台的风险性

拍拍贷根据借款人提供的各项信息进行线上审查，并不保证信息的真实性，只是对比各项资产，从而进行系统评估。借款人借鉴系统的评分来决定是否借款，这样存在较大风险。如果出现逾期或还不上款，拍拍贷并不承担本金和利息的补偿，完全由出借人自己承担。

综上所述，拍拍贷更适合创业者的小额贷款融资。因为借款人承担的风险较高，一旦出现逾期或不良，只能够依靠自身来挽回损失，所以在这样的情况下，部分借款人对于融资需求较大的项目产品会避而远之，这样会增加创业者的融资难度。

7.2.2 平台自身担保的模式

为了有效地拓展借款人客户,提高平台的知名度,很多网贷平台都引入了担保机制,以保障借款人借出的资金能够及时收回,至少能够保障本金的偿还。根据担保机构的不同又可以分为第三方担保和平台自身担保的模式。

平台自身担保主要包括两种方式:一是平台利用自有资金收购出借人已经逾期的债权;二是通过设立风险准备金的方式来填补出借人的本金损失。设立风险准备金的代表平台为人人贷,前面平台介绍时有详细介绍,这里就不再赘述,而自有资金担保的平台代表为红岭创投。

红岭创投,全称红岭创投电子商务股份有限公司,于 2009 年 3 月正式上线运营,专注于互联网金融服务至今已达 7 年。截至 2015 年 10 月 31 日,注册人数超过 75 万,交易总量超过 900 亿元。如图 7-5 所示为红岭创投的首页(http://www.my089.com/)。

图 7-5

红岭创投平台的运作模式其实与拍拍贷相同,即借款人在平台上发布借款信息,然后多个出借人根据借款人提供的各种资料信息以及其信用状况,判定是否借款。但是与拍拍贷平台不同的是,红岭创投平台为借款人提供了保障措施,即对 VIP 用户(平台上的用户注册会员并通过实名认证之后便可申请加入 VIP 会员)的借款人提供本金保护。下面具体介绍该模式之下的平台特点。

1. 平台的收益来源

与拍拍贷不同的是平台收益主要来源于投资管理费用和借款管理费用,即向投资者收取投资者利息收益的一定比例的投资服务费,以及向借款人收取一定的借款管理费用,具体的算法如下。

（1）投资服务费用。投资者成功投标后，在借款用户还款时，网站将按《红岭创投投资服务费分级收费实施细则（暂行）》收取投资服务费，按投资者利息收益的一定比例收取投资服务费，收取比例按照用户投标后的积分等级（VIP用户积分等级）执行。按天一次性还款标的不收取投资人的投资服务费。收费细则如表7-1所示。

表7-1 红岭创投投资服务费用收费细则表

级别	积分	投资服务费比例（%）
V1	V1 ≤ 5000	10
V2	5000 < V2 ≤ 20 000	8
V3	20 000 < V3 ≤ 50 000	5
V4	50 000 < V4 ≤ 100 000	2
V5	V5 > 100 000	0

（2）借款管理费用。净值标的借款管理费按借款金额的0.15%/月收取，资产标、秒还标借款管理费按借款金额0.25%/月收取，其他类型借款标的管理费按借款金额的0.5%/月收取，管理费在借款标的审核通过时全额扣除。其中按天一次性还款标的借款管理费按借款金额0.01%/天收取，5天以下的借款均按照5天收取借款管理费，在借款标的审核通过时全额扣除。借款管理费计算公式如下。

$$借款管理费 = 借款金额 \times 收费比例 \times 借款期限$$

2. 平台的审核方式

借款者必须以真实的信息注册成为网站用户，网站给予其用户评级。借款者将借款的原因、借款金额、还款期限、还款方式等上传到平台。平台在收到信息之后会通过线上核对信息，然后线下审查。审核通过之后才会发布在平台上，等待平台投资者来竞标。

3. 发生逾期的后果

借款人出现借款逾期时，将会面临以下不好的结果。

（1）逾期还款的，借款人需要向出借人缴纳违约金（违约金为出借人所有）。

（2）逾期未还时，将不能在红岭创投平台上进行投资。

(3）借款人一旦出现任何一期逾期，网站会以短信以及站内信提示借款人逾期后果。

（4）任何一期逾期超 5 天未还款，居间服务人确认后，于标的详情页向出借人公布借款人信息，由出借人自行催收，且如果还清，则隐藏借款人信息。

（5）借款人任何一期逾期超过 10 天，纳入黑名单并公布在平台上。

（6）逾期记录会同步实时反馈于芝麻信用等征信反欺诈系统，影响信用记录。

总体上来看，红岭创投的风险控制采取了网站垫付和担保两种模式相结合的方式，同时还是线下审查借款人资料。对借款人而言，资金安全的保障性更强，所以吸引了大批借款人参与其中。所以红岭创投更适合中小企业的融资需求。

7.2.3 债权转让 + 风险备用金

"债权转让 + 风险备用金"的模式是一种比较常见的网贷模式，该模式为债权转让交易模式，即 P2P 平台提前放款给需要借款的用户，再将获得的债权进行拆分组合，打包成固定收益的产品，然后再卖给投资理财的平台客户。这种模式的代表平台为宜人贷。

宜人贷是宜信旗下的 P2P 平台，而宜信创建于 2006 年，总部位于北京，是一家集财富管理、信用风险评估与管理、信用数据整合服务于一体的综合性服务业企业。如图 7-6 所示为宜人贷网站首页（https://www.yirendai.com/）。

图 7-6

宜人贷的主要模式为债权转让 + 风险备用金，创始人或其他宜信高管提前放款给需要借款的用户，再把获得的债权进行分拆组合，打包成固定收益的产品，然后将其销售给投资理财客户。下面介绍其平台的特点。

1. 平台的收益来源

宜人贷平台收益的主要来源在于向借款人收取的服务费用，其中根据平台产品的不同分为极速模式和普通模式，两种模式的收费不同，投资人则主要支付平台服务费用，具体介绍如下。

（1）投资者支付的平台服务费用。投资者借款成功之后，平台会在借款用户还款时，按投资者利息收益的一定比例收取平台服务费用。平台服务费为出借收益的10%，即利息收益 × 10%。

（2）借款收取的费用。根据平台的产品分类分为极速模式和普通模式收取不同的平台服务费。平台服务费即平台向借款人收取的总服务费用，包括前期服务费用以及分期服务费用两个部分。

一是极速模式。前期服务费是指借款人通过审核后放款前会一次性扣除的服务费；分期服务费是指借款人除前期服务费以外需要按月缴纳的服务费。

二是普通模式。借款人通过审核后，借款资金到账前一次性扣除的服务费为前期服务费，借款人除前期服务费以外，需要按月缴纳分期服务费，其中，信用资质良好的用户可免收分期服务费。

信用资质良好的用户是指满足至少持有一张额度 7 万元（含）的信用卡，且税后打卡工资不低于 1 万元（含）的用户，可享受优惠的服务费率。此外，平台还会针对优质用户进行回馈和奖励。

2. 平台的审核方式

宜人贷的审核方式与其他平台有所不同，其他平台主要为线上审核，线下为辅，而宜人贷则主要是通过线下的实地审核。宜人贷在全国 30 个地区设有办事处，当宜人贷收到借款人的借款申请材料之后，就会采取实地审核（面审）的方式进行核实，审核通过之后才会上线投标。

3. 平台对出借人的保障服务

由平台从自身的服务费收入中提取一定金额放入质保服务专款账户。在借款人出现逾期时，平台将启用质保服务专款对相应的出借人进行质保服务专款保障，偿付规则介绍如下。

（1）任一期还款逾期达 15 日的，偿付该期逾期未偿还部分的本金及利息。

（2）任一期还款逾期达 90 日的，一次性偿付逾期未偿还部分的本息及该笔借款剩余的全部本金。

宜人贷通过债权转让的形式增加了产品的多样性，能够吸引到更多投资者，而加入了风险备用金的形式来保证投资者的利益，更解决了投资者的后顾之忧。另外，宜人贷模式在借款人资料上的严格审查也是其能够快速发展的重要原因。

7.2.4 抵押 + 风险备用金

"抵押 + 风险备用金"的模式，即借款人提交资料后平台会对借款人进行核实，必须有房产进行足值抵押，所有项目都在房管所做抵押登记，在公证处进行借款公证和强制公证。

审核通过后，出借人通过平台投资，投资期满后可选择提现，投资期内可以进行债权转让。该模式的代表平台为富二贷。富二贷是一家 P2P 抵押网贷平台，属于辅富金融信息服务有限公司，创建于 2011 年 7 月。主要提供一线城市房产抵押 P2P 网络借贷服务。如图 7-7 所示为富二贷的首页（http://www.fufudai.com/）。

图 7-7

借款人在富二贷平台上发布借款信息以及抵押物信息，出借人根据借款人的信息资料和抵押物的情况来选择是否进行投资。该平台的借款模式主要分为 3 种类型，具体如下（不论是哪种形式都需要抵押物）。

（1）一口价。借款人根据自身的情况给出一个借款月息，出借人看到并同意按照该月息及时成交。

（2）竞拍。多个出借人参与借款人的借款竞拍，每竞拍一次月息降低0.1，竞拍到期时最后参拍的出借人就获得该借款的成交权。

（3）众人凑份。多个资金量较小的出借人共同凑足借款额度，抵押公证到富二贷平台下。

下面介绍该种模式之下富二贷平台的特点。

（1）平台的收益来源。富二贷平台的收入来源主要是来自平台服务费和风险备用金的超额部分。

（2）平台的审核方式。借款人有了借款意向之后，在平台上发起申请，提交信息资料，平台在线审核，并且提供抵押物的自动估值。这样的方式给出借人提供了资金安全的保障。

（3）本息保障计划。富二贷平台的本息保障计划即风险备用金。当出借人投资的借款出现严重逾期时（即逾期超过30天），富二贷将向理财人垫付此笔借款未归还的剩余出借本金或本息，从而为理财人营造一个安全的投资环境，保证投资人的本金安全。

富二贷平台对出借人的投资风险采取两重保障措施，即抵押物和风险备用金。相对来说，平台的安全系数较高。相比于信用贷款的模式，投资者们显然更倾向于这种有抵押物的、相对安全的投资项目，所以平台的投资者较多。这种模式也比较适合有一定固定资产的中小企业进行融资。

7.2.5　第三方担保机构

第三方担保模式指的是网贷平台与第三方担保机构合作，其本金保障服务全部由外在的担保公司完成，网贷平台不再参与风险性的服务。其中，第三方担保机构为有担保资质的小额贷款公司或担保公司。第三方担保模式中网贷平台作为中介，不吸储、不放贷，只提供金融信息服务。此类平台交易模式多为"1对多"，即一笔借款需求由多个出借人投资。第三方平台担保模式的代表平台为合拍在线。

合拍在线网站隶属于深圳市合拍在线互联网金融服务有限公司，办公地址位于深圳市，注册资本金为1亿元人民币。合拍在线平台工商注册成立于2012年5月，正式上线运营为2012年6月。2013年5月,深圳市合拍在线电子商务有限公司经深圳市前海深港现代服务业合作区管理局批准,成功进驻前海。如图7-8所示为合拍在线的首页(https://www.he-pai.cn/)。

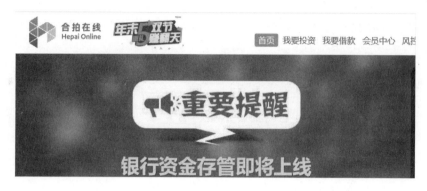

图 7-8

虽然合拍在线采取了第三方融资担保的模式,但是平台的运作过程大致上并没有发生变化。首先借款人在平台上发起借款申请,然后上传借款的信息与资料,多个出借人根据借款人的信息选择是否借款。但是在整个交易的过程中,合拍在线引入了第三方担保公司为出借人进行担保。下面来看看该模式下的平台特点。

1. 平台的收益来源

平台在整个交易的过程中主要负责管理、展示以及连接投融双方,所以平台收益的主要来源在于居间服务费、债权转让费用以及担保费用等,具体介绍如下。

(1)投资者支付的主要费用。

居间服务费:利息收益的10%。

债权转让费用:收回投资金额 + 转让金额的0.5‰,逾期债权转让免手续费。

(2)借款人需要支付的费用。

借款利息:支付给投资人的利息,以具体借款标的利率执行。

借款居间服务费:利息收益的10%。

担保费:具体收费由担保公司与借款人商定,以合同约定费率为准。提前还款时费用线上不退,担保公司与借款人按合同约定线下处理。

逾期管理费:逾期本金的0.15%/天。

2. 平台的审查方式

合拍在线的审查方式比较完善，因为平台不仅会对借款人的信息进行查明核实之外，还会对担保的机构做到多方面、多维度的审查，具体内容如下。

（1）合拍在线对合作担保机构进行实地调查，依据资本实力、风控水平、业务管理水平、团队建设、区域经济严格评审准入并确定合理的授信额度。担保公司为每个项目提供全额本息担保是与合拍合作的先决条件。

（2）合拍在线严格管控合作机构项目的行业，坚持地域、行业、人群特征分散，避免地产、矿产、外贸、能源等高危行业，做到真正地风险分散。

（3）合拍在线对担保机构核实并提交的项目进行全面复审，核实借款申请人还款意愿、借款用途、还款来源、还款能力、资信情况等，随时挑选项目进行实地考察。

（4）合拍在线引入第三方风控机构，采取信息调查搜索等方式，不定期地核实合作担保机构和借款人的资本实力、在保业务情况、经营情况，重新评估准入和授信额度。

3. 每笔借款提供担保

平台引入了多样化、多行业以及多地区的担保机构，为每一笔借款都提供了担保，为投资者提供了资金安全保障，也避免了投资者的投资顾虑。另外，合拍在线用2000万元逾期债权收购金作为初始风险准备金，当出现担保机构无法代偿时，收购债权，先行垫付投资人本息。

总的来说，合拍在线引入了担保机构为出借人的资金进行担保，而担保机构为了保证资金的安全性必然会对借款人的资料和信息等当面进行严格的审查，这都有利于加强投资者的投资信心。

7.2.6 金融机构信用+担保机构担保模式

金融机构信用+担保机构担保模式指的是平台本身具有金融机构背景，由金融机构旗下的担保公司进行担保，一旦借款人出现违约的情况，则提供全额代偿。这种模式对投资人而言是一种资金安全程度较高的模式。一般这类金融机构具有成熟的风控系统，在审查借款人方面也会更加严格，能够有效地杜绝虚假标的。该模式的代表平台为陆金所。

上海陆家嘴国际金融资产交易市场股份有限公司（陆金所）于2011年9月在上海

注册成立，注册资金 8.37 亿元人民币，是中国平安保险（集团）股份有限公司旗下成员之一，总部位于国际金融中心上海陆家嘴。2015 年 8 月 20 日，陆金所控股获得平安旗下子公司中国平安保险海外（控股）有限公司其持有的"平安普惠"100% 股权。如图 7-9 所示为陆金所的首页。

图 7-9

陆金所平台目前只提供中介性的服务，即借款人在平台上发起借款申请，出借人进行投标，借款的发放和收回全部由陆金所平台代为办理，同时引入担保公司对借款人进行担保。下面介绍该模式下的陆金所平台的特点。

1. 平台收益来源

在陆金所平台上借款的借款人，在正常还款的情况下，借款人只需要向投资人支付本金、利息，向担保公司支付担保费用。目前，陆金所平台对借款人暂不收取成交费用。而对平台上的投资人会根据投资的产品以及服务等，收取相应的交易手续费以及转让服务费等，但是目前平台只收取转让费用，手续费用暂不收取，具体如下。

暂不收取、后期可能会收取的费用有：借款人向陆金所支付的成交费；对出借人收取的交易管理、合同管理、资金管理等服务的管理服务费用；对出借人收取的交易手续费。

目前收取的费用：“稳盈－安 e”转让服务，每笔将向债权出让人收取转让价格 0.2% 的转让手续费；“稳盈－变现通”个人投融资服务，按借款金额的年化 0.5% 向借款人收取服务费；“专享理财”转让服务，首次转让，每笔将向定向委托投资资产出让人或委托贷款资产转让出让人收取转让价格 0.3% 的转让手续费，非首次收取转让价格 0.1% 的转让手续费；“稳盈-e 享计划”申请服务，每笔按转让价格的 0.09% 向发起人收取服务费，一经收取不予退还。

根据平台的具体收益来源可以看到，金融机构信用＋担保机构担保模式下的平台收益主要还是依靠为投资人提供的中介担保服务的服务费、产品的转让费以及借款人成交费。这些费用也可以看出平台的中介性质。

2. 平台的严格审核方式

首先陆金所平台自身拥有高标准的风控系统，公司 2/3 的员工来自金融企业的风控及相关部门，他们对借款的信息进行详细的审查。另外，担保公司也会对借款人进行严格的面签审核，只有通过审核之后的项目才能够发布在平台上。

3. 平台的不良贷款处理

每期还款日 24 点前，借款人没有足额还清应付款的，则会被视为逾期，借款人则会向出借人支付一定的罚金。逾期本金部分从逾期之日起在约定的执行利率基础上上浮 50% 计收逾期罚息。逾期罚息按日、单利计息。若借款人对任何一期应付款项逾期满 80 日，担保公司启动对出借人的代偿，代偿金额包括剩余本金、应付未付利息和逾期罚息。

陆金所是一家背景强大的金融机构，其在风险管理方面比较成熟，并且引入了担保机制进行担保，为出借人提供了资金方面的保障，所以得到了用户的信任。总体而言，这样的模式其安全保障系数更高。

借款人在借款过程中的关键点

借款人在通过债权众筹借款的过程中有很多需要引起注意的关键点，如借款利率、如何还款、隐私保护等，这些都与借款人息息相关。

7.3.1 注意借款时的利率

融资企业在考虑融资时考虑最多的便是融资成本，放在债权众筹中即为借贷利率，利率过高，融资成本加大，会增加企业压力。因此，融资企业在通过债权众筹的方式进行融资时首先需要注意的是利率。那么，债权众筹中的借贷利率是如何设置的呢？

我们知道传统银行的贷款利率都是由央行直接确定的，但是在债权众筹中却不是。以 P2P 平台为例，平台上的利率都是各个平台自行制定的，制定的方式主要有以下 3 种。

1. 平台确定借款利率

平台确定借款利率即 P2P 平台按照预定的标准直接设定利率。这种模式下的平台通常会设置一些信用等级或分数，利率也会因为借款人的信用分数、借款期限以及其他条件而有所差别。

例如，现在 P2P 平台上的标的分为机构担保标的、实地考察认证标的以及信用认证标的。其中，平台对于实地考察认证标的和机构担保标的不同期限的借款设置了不同的借款利率。而信用认证标的也会根据信用评级，分别设置不同的借款利率。例如拍拍贷平台中的"魔镜等级"。

2. 平台和借款人协商确定利率

虽然这种协商型的利率确定方式看起来对双方都比较有利，但是实际上这种协商利率的形成要素非常复杂。作为平台方而言，为了能够吸引更多投资者在平台进行投资，当然希望借款人能够将年化收益率提高。而对融资借贷方而言，提高利率就意味着提高了借款成本，所以希望能够将年化收益率降低。

因此，这就形成了一个矛盾，并且在当前借贷平台缺乏统一利率指导的情况之下，这样的利率产生过程并不透明，而一般的出借人也并不知道这些利率究竟是怎样制定的。所以平台和借款人通过协商确定出来的利率更加不具备公平性和透明性，甚至有悖于互联网公开的精神。

3. 借款人自己确定利率

除了前面介绍的两种比较常见的确定利率的方式之外，还有一种是借款人自己确定的利率。一些 P2P 平台上的信用认证标的中，是借款人自己确定利率。虽然根据平台审核以及投资人投标的情况，会使得借款金额的额度发生变化，但是申请的借款利率和期限都是由借款人自行确定的。

虽然借款人自己确定利率对借款人自身而言所受的限制减少，但是从另一个角度来看，借款人自行确定利率也增加了众筹成功的难度。因为借款人为了自身的利益，会为了降低融资成本而刻意地降低利率，而利率过低则很难吸引到投资者出资。如果借款人为了吸引投资者出资、快速满标而提高利率，则会给企业日后还款带来很大的压力。因此，借款人自行确定利率的方式固然方便，但是更需要借款人慎重思考利率问题。

需要注意的是，无论哪种确定利率的方式，都需要遵守国家对于民间借贷的利率规定，即民间借贷年利率超过 24% 的部分，法院将不予保护。

对比最高人民法院 1991 年公布的司法解释而言，该规定关于利率的部分是考虑现实，为解决当前民间借贷市场主要问题而提出的，更加具体、更符合现实、更满足市场变化的需求，这些变化主要包括以下几点。

（1）民间借贷的主体及内容发生了很大变化。借贷的主体逐渐从自然人之间的借贷、自然人与企业之间的借贷发展到企业与企业之间的借贷。

（2）民间借贷的火热化伴随着民间借贷市场的风险发生概率大、危害大。民间借贷大量出现后，非法集资现象普遍，P2P 问题平台数持续上涨，严重破坏金融经济秩序。

（3）在利率市场化大趋势下，央行在 2013 年就规定了不再公布同期贷款基准利率，而最高人民法院 1991 年公布的司法解释是要以同期贷款基准利率为标准，按 4 倍来计算借贷合同的利息是否受民事法律保护。一旦不公布同期贷款基准利率以后，大量的案子将没办法审理，所以需要对以往的司法解释进行修改。

借款人选择 P2P 平台这种债权类众筹方式进行融资，主要是由于其操作简单，融资方便快捷，但是借款人却不能忽略其高利率可能会带来的问题。虽然 P2P 贷款的利息比银行高出很多，但是如果借贷的利率超出规定标准，便是不法贷款，借款人最好避而远之。

7.3.2 划算的还款方式

借款人在借款之后就会面临还款问题，其中就关系到还款方式的问题。如果借款人对其中的问题了解不多，那么很有可能出现比可接受的利息高上几倍的情况，这对借款人而言无疑是一种负担。因此，借款人在借款之前需要对多种还款方式进行对比分析，选择出融资成本最低的还款方式。

在 P2P 借贷中通常所说的还款方式有 4 种，具体如下。

- ◆ **到期还本付息**。指的是借款期限到期之后，一次性付清本金和利息。

- ◆ **按月付息，到期还本。** 指每个月支付借款利息，到了借款期限后，还清本金和最后一个月利息。
- ◆ **等额本息，按月付款。** 指借款人每月需要支付相同的还款额。
- ◆ **等额本金。** 每个月按相同本金与剩余本金计算利息之和作为每月还款金额的还款方式。

那么，借款人应该选择哪种还款方式比较有利，可以降低融资成本呢？下面以一个具体的P2P借款实例来分析。

案例陈述

王先生是一家服装厂的老板，由于年末大量进货，造成产品积压，一时资金周转困难，急需500 000元。因为时间紧迫，担心银行贷款赶不及，所以王先生想在一家P2P平台上申请企业贷，借款年利率为16%，借款期限为6个月。

如果平台分别采取"到期还本付息""按月付息，到期还本""等额本息，按月付款"以及"等额本金"4种还款方式，那么王先生最终还款情况如下。

（1）到期还本付息。

还款利息为：500 000×16%×（6÷12）=40 000（元）

最终还款本息为：500 000+40 000=540 000（元）

（2）按月付息，到期还本。

还款利息为：500 000×16%×（1÷12）×6=40 000（元）

每期还款利息为：40 000÷6=6666.67（元）

最终还款本息为：500 000+40 000=540 000（元）

（3）等额本息，按月付款。

每期还款本息为：500 000×16%÷12+{500 000×16%÷12÷[(1+16%÷12)^6-1]}≈90 000（元）

到期还款本息为：900 000×6=540 000（元）

（4）等额本金。

还款利息为：16%×1/12×（500 000+416 667+333 334+250 001+166 668+83 335）=23 333.4（元）

到期还款本息为：500 000+23 333.4 = 523 333.4（元）

根据上面的还款本息计算可以看出，对王先生而言，到期还本付息比先息后本还款方式更为有利，等额本金比等额本息还款方式更有利。由于还款方式的不同，到期还本付息与等额本金之间不作比较。

在实际的借款中，如果借款的金额越大，借款的期限越长，那么等额本息还款方式要比等额本金还款方式付出更多的利息。借款人需要注意的是，这是在标准的计算方式之下计算的等额本金还款利息。

如果借款人在平台借款，平台采取等额本金还款方式还款，但是本金都是按初始本金计算（原本计算利息的本金是逐月递减的），那么借款人就会多支付很多利息。因此，借款人在借款时需要详细了解还款的方式。

7.3.3 注重保护个人隐私

平台上的借贷大多是通过网上转账实现的，而借款人在 P2P 平台上借款也需要注册真实的个人信息，其中则关系到借款人的隐私信息，尤其是对于抵押贷款的借款人，更应该注意做好重要文件的保密工作。

实际上，对于借款人信息的透明化一直是比较具有争议的话题。对于出借人而言，公开、透明的投资环境，平台信息的公开化，能够有效地降低投资人的投资风险，避免个别平台虚构借款人，发布标的自融。

但是，站在借款人的角度来看，尊重借款人的隐私是非常有必要的，因为其中不仅牵扯到借款人个人和企业的重要信息，还容易引起不法分子的关注，利用这些信息做不法的事情。因此，目前大多数 P2P 平台采取的方式都是隐去借款人的姓名和身份证号码等敏感信息，以保障借款人的隐私权。下面从法律的角度来分析这个问题。

1. 借款人姓名（或名称）的披露问题

根据《合同法》的规定，合同基本条款包括当事人的名称或姓名，以及住所；标的；数量；质量；价款或者报酬；履行期限、地点和方式；违约责任；解决争议的方法。

根据基本条款内容可以清楚地知道，在合同中需要包含当事人的名称或姓名和住所，也就是说当事人的名称或姓名应该体现在合同当中。

此外，根据合同成立要件，其中包括主体合格与意思表示真实这两个要素。如果不公布借款人姓名（或名称），那么就无法确定当事人是谁，也就无法确定合同主体是否合格，更无法确定签署合同的意思表示是否真实，如此一来，借款合同也无法达成。

如果借款人违约，不偿还借款，一旦合同中不显示借款人真实姓名等信息，那么所导致的结果是投资者（出借人）缺失了追索的途径。因为找不到具体的借款人，则会出现求偿无门的情况。

因此，为了确保合同的合法有效，P2P平台作为信息中介，需要披露借款人的信息，从而保护投资者的合法权益。

2. 身份证信息的披露

根据《合同法》的基本条款内容可以看到，身份证信息并不属于合同的必要条件，所以只要当事人的身份明确，能够确定合同的主体是谁，身份证是否列明在合同中其实并不影响合同的成立与生效。

所以，身份证信息可以不必披露。另外，身份证信息非常重要，它不仅能够代表公民的身份，还能够通过身份证号码信息办理各种各样的事务，所以借款人需要尤其重视。

3. 电子签名

要想使得合同生效就需要在合同上签上自己的名字。由于P2P借贷都是通过互联网在平台上完成的，所以这里就涉及电子签名。根据《电子签名法》的相关规定，只有符合一定条件的才能够视为可靠的电子签名，具体介绍如下。

（1）电子签名制作数据用于电子签名时，属于电子签名人专有。

（2）签署时电子签名制作数据仅由电子签名人控制。

（3）签署后对电子签名的任何改动能够被发现。

（4）签署后对数据电文内容和形式的任何改动能够被发现。

现在一些平台就可以提供电子合同签约服务。平台首先会对合同签订方进行实名认证，通过认证后会颁发可靠的数字签名。该可靠的数字签名包含了合同签订方的身份信息，如此就能真实可靠地确定合同主体。电子签名代表的是签名人，所以借款人对于自己的电子签名信息也需要保护。

综上所述，借款人在借款的过程中，为了确保合同的真实有效性会披露一些信息，但是无关合同要求的隐私信息，借款人就需要引起注意，并对其进行保护，避免由于泄露信息给自己带来损失。

7.4 借款人签署的合同问题

在债权众筹中借款人需要签订一些协议和合同。签署了合同便表明借款人已经认同了其中的内容和条款，并会按照合同遵守执行，所以需要借款人注意其中可能存在的问题。

7.4.1 借款人的合同制作

在债权众筹的借款标的中展示借款人的合同。一方面，投资人可以查看借款人的借款情况，提高投资热情。另一方面，也可以核实平台的真实性，避免了平台自融的情况。下面具体介绍借款人的合同制作情况。

1. 发起合同的制作

借款人的借款申请通过平台的风险审核之后，平台专门的项目负责人就会将审查结果告知借款人并同时发起签约流程。然后将借款信息发给合同负责人，其中包括借款人姓名、借款金额、期限、借款到期日、利率等。

2. 制作合同

合同负责人在收到借款信息之后，就会结合评审报告整理相关信息和文件，包括借款人和保证人的身份信息、联系方式、企业证照、企业章程、股权结构、工商登记信息等合同素材。

在整理合同素材的过程中，合同负责人需要判断签署相关协议的自然人是否为成年人、证照是否在有效期内、公司章程规定企业是否可提供担保、相应的股东会决议需要多少股东签署才生效、是否有自然人需要委托代理人、委托文件是否经公证且是否支持签署此类文件等问题。

信息齐备后将使用相应的协议模板，完成合同填写，填写完成后需要专人审核，审核无误后发给合同签署负责人确认。

3. 签署合同

合同签署负责人在签约过程中需要比对身份证件与本人是否一致，存留签约现场影像文件、查验文本份数和是否签署完整等，签约完成后发送给合同制作人员。

4. 合同审核

合同完成签约返回后，合同制作负责人会审核签约是否完整正确，确认签署无误后通知担保方出具担保函，审核无误方可通知项目负责人安排上线募资。另外，合同制作负责人还需要完成协议的电子化，生成电子文本进入项目的电子档案，纸质文本整理后进入档案封存，相关人员借阅需要经负责人审批。

5. 合同保管与展示

各个平台对于合同的展示方式不同，不过大部分的平台是当项目上线之后，投资人可以在项目信息的详情页面、相关文件中看到合同的首页和尾页展示。

7.4.2 借款人签署的合同有哪些

借款人在P2P平台借款时会与平台、投资者签署一系列的合同与协议，这些合同与协议明确地规定了合同中各个主体的责任、权利与义务。下面来看看借款人在平台上签署的合同有哪些。

1. 线下签署《融资服务协议》

《融资服务协议》指的是借款人借款时与平台签订的融资服务协议，是借款人在平台进行融资和平台为其提供服务的基础文件，约定了双方针对融资事项的服务内容和权利义务。一些借款人的基本义务都载明在这份文件中，包括借款人有义务提供资料信息并确保真实有效、配合平台尽调、支付服务费用、保密条款等。部分进行面签或者实地考察的平台会签署这类协议，有的是进行线下的预签。

2. 注册时签署《平台注册协议》

《平台注册协议》指的是P2P网络平台注册协议，目的在于明确用户在本网站所能享有的服务和相应权利，应当遵守的规则和必须履行的义务，以及本网站经营管理过程中所能够行使的权力和应承担的义务以及免责的事宜。

3. 借款时签署的《借款协议》

《借款协议》指的是借款人在借款时与投资人之间签署的协议，其中明确了投融双方在融资项目下享有的权利与应承担的义务，这直接关系到了借款人与投资人的切身利益。

4. 与第三方签署的《委托代扣协议》

《委托代扣协议》是借款人与 P2P 平台签署的，借款人委托平台按照指定的还款时间从其银行卡扣取相应金额，并将扣取的金额写入自动还款的协议中。这是由于债权众筹中一个借款标的的借款人却有众多的投资人，借款人很难一一还款，所以委托第三方平台完成还款扣款服务。

以上的条款仅为基础性的相关协议。除此之外，由于平台的不同可能还会涉及担保服务协议、债权转让协议、反担保文件等。

7.4.3 借款协议中借款人需要注意的问题

前面介绍到了借款人在借款的过程中会签署许多协议合同，其中对借款人而言最为重要的便是借款协议。但是在实际的债权借款中，很多借款人总是错误地认为得到融资、解决企业资金周转问题才是大事，从而忽略了借款协议中可能存在的问题。下面首先来看看借款协议的内容情况。

在借款协议的开头首先出现的是借款协议中各个主体的基本信息情况，具体如下。

签署日期：　　年　月　日

签署地点：

协议编号：

甲方 (出借人)：　　身份证号码：

常住地址：　　网络服务平台用户名：

乙方 (借款人)：　　营业执照号码 / 身份证号码：

常住地址：　　网络服务平台用户名：

丙方 (管理人)：　　　　　营业执照号码：

然后是借款协议的内容，包括借款信息、协议三方的权利和义务、借款人每期还款顺序、提前还款、违约责任、合同生效、适用法律及合同争议解决和其他。

其中，借款信息是借款人对于借款情况以及还款情况的描述，如表 7-2 所示。

表 7-2　借款协议中的借款信息展示

项目	内容	项目	内容
借款人	—	借款金额	—
借款用途	—	借款期限（月/天）	—
借款开始时间	—	借款到期时间	—
年利率	—	应还本金	—
应还利息	—	应还本息	—
还款方式	—	应还期数（当期/总期）	—

借款人要注意借款信息中的内容，因为这些内容在整个借款中都是非常重要的信息，尤其需要注意以下问题。

1. 借款用途

借款人需要根据合同的规定使用借款。通常借款人在申请借款时，平台都会要求借款人提供借款用途证明，以保证资金能够用于借款标的。如果借款人没有根据合同规定使用资金，那么平台是可以提前收回贷款或停止发放贷款的。

2. 还款方式

借款人通常会根据自己的资金情况，以及企业的发展情况来选择一种适合的还款方式。对借款人来说，最为重要的是要按期准时地偿还贷款，避免造成信用逾期。借款人如果出现逾期，除了需要交纳逾期罚息之外，还会降低自己的信用，影响之后投资人对自己的投标。

如今很多平台都会将借款人的还款情况展示在平台上，还款情况良好，没有逾期的借款人会增加投资人的信任，那么借款满标的可能性也就越大。相反，如果借款人经常性出现逾期，那么投资人则会降低对其的投资热情。如图 7-10 所示为某借款人在平台上的还款信用展示。

第 7 章 中小企业最青睐的债权众筹融资

还款状态	最近一周	最近1月	最近6月	6个月前	总计[?]
提前还款	0	0	0	76	76
准时还款	10	40	277	582	859
逾期还款	0	0	0	0	0
逾期未还	0	0	0	0	0

图 7-10

然后还要注意的是逾期还款和还款顺序。因为借款人在还款过程中可能会出现逾期的情况，所以借款人需要引起重视。合同中的逾期还款部分包含逾期的定义、逾期罚息情况以及逾期造成的催收费用等，如下所示为某平台的借款协议逾期还款部分。

（1）每期还款日（节假日不顺延）24:00 前，借款人未足额支付当期应还款的，则视为逾期。

（2）借款人发生逾期情况的，借款人尚未支付的全部剩余本金和利息自逾期之日按 0.05%/ 天的利率计收逾期罚息，逾期罚息 = 未付本金及利息 × 0.05% × 逾期天数。

（3）借款人逾期的，出借人可以通过平台债权转让功能将债权进行转让，由管理人平台对债权进行受让，并在债权转让之日起 10 日内偿还出借人逾期利息和剩余本金。但出现债权逾期的第 30～40 天出借方对债权不进行转让的，视为出借人放弃债权转让的权利，管理人配合出借人向借款人进行诉讼清偿等工作，但不承担逾期债权不能全部或者部分收回的风险。

（4）借款人逾期超过 3 天的，管理人将收取平台逾期催收费作为网站电话提醒和催收服务的费用，平台逾期催收费最低 50 元，最高为借款本金的 1%。

（5）借款人逾期支付任何一期还款超过 60 天的，出借人或者管理人有权采取以下一项或者几项救济措施。

① 管理人可以立即暂缓、取消发放全部或部分借款。

② 管理人可以立即宣布已发放借款和全部借款提前全部到期，借款人应立即偿还所有本协议下尚未偿付的全部本金、利息、逾期罚息、违约金及根据本协议产生的其他全部费用。

③ 管理人有权将借款人的"逾期记录"记入管理人逾期黑名单系统，管理人不承担任何法律责任。

④ 管理人有权将借款人违约失信的相关信息向媒体披露，相应地，管理人不承担任何法律责任。

当借款人已经出现了逾期行为，此时再进行还款时，牵涉的还款项目增加，所以需要了解逾期还款顺序。借款人每期还款的顺序如下。

（1）逾期罚息、违约金以及损害赔偿金。

（2）平台逾期催收费。

（3）拖欠的利息。

（4）正常的利息。

（5）正常的本金。

（6）根据借款协议而产生的其他全部费用。

可以看到借款人逾期会产生高额的罚息和平台催收费。当借款人发生严重性的逾期行为时则会被记录在黑名单中，甚至是出现信息被披露的情况。因此，借款人当不慎发生逾期时要尽快还清债务。

因此，申请贷款时，借款人在签订借款协议之后，一定要注意重要的借款信息内容，以避免发生一些不必要的麻烦。

第 8 章
最常见的奖励式众筹融资

 本章要点

- ◆ "万能"的奖励式众筹
- ◆ 奖励式众筹的营销功能
- ◆ 众筹与团购的区别
- ◆ 盲筹
- ◆ 信用众筹
- ◆ 无限筹

- ◆ 奖励式众筹是一个天然的用户调研基地
- ◆ 奖励式众筹是市场的一个低价试金石
- ◆ 奖励式众筹是用户的产品预先体验地
- ◆ 奖励式众筹比传统电商更具市场

 学习目标

在了解了股权式众筹和债权式众筹之后,还要进一步了解奖式励众筹。奖励式众筹不涉及股权结构分配以及债权转让,操作简便、容易,所以常常被中小企业所运用。

知识要点	学习时间	学习难度
具体了解奖励式众筹融资	**25** 分钟	★★
奖励式众筹运营的新模式	**60** 分钟	★★★★
奖励式众筹融资对企业的核心价值	**50** 分钟	★★★★
注意避开奖励式众筹的融资雷区	**40** 分钟	★★★

具体了解奖励式众筹融资

实际上，奖励式众筹对中小型企业而言是最常见的一种融资方式，不仅能够迅速融资以帮助企业发展，还能增加销售渠道，下面来详细了解奖励式众筹。

8.1.1 "万能"的奖励式众筹

奖励式众筹与其他众筹形式相比显得更为"万能"，其所能够涉及的领域相当广泛，而且分布也比较均匀，在众筹行业中可以说是已经到了无所不能筹的地步了。下面来具体看看奖励式众筹涉及的领域。

◆ **农产品众筹**。专注于农产品领域，其发布的项目包括绿色蔬菜、生态猪肉、有机杂粮、农场瓜果、鸡蛋等产品。农产品众筹的出现主要是来源于人们对于健康、绿色食物的需求。对传统的农业者而言，众筹无疑是一条较好的产品销售途径。

◆ **艺术品众筹**。专注于艺术品领域，其发布的项目包括书法作品、雕刻作品、国画作品、陶瓷作品等。艺术类的产品原本距离大众的视线较远，使很多普通人对于这类产品总是遥不可及。但是当艺术以众筹的形式呈现在众人面前时，不仅促进了普通人对于艺术的追求，也为艺术家们打开了其产出商业化的通路，还能提高其影响力和知名度。

◆ **影视众筹**。专注于影视领域，其发布的项目包括电影、演出、演唱会、话剧、舞台剧等。传统的影视类作品都是拍摄制作完成之后直接呈现在观众们面前。当工作人员以一种众筹的形式让粉丝、观众或歌迷参与到制作当中，不仅提高了大家的关注热情，也能够加深大家对于作品的情感，还能够为作品积攒人气。

◆ **科技创新众筹**。专注于创新领域，其发布的项目包括智能硬件、创意型APP以及实用的电子产品等。通常这一类科技研究的创意人具备良好的想法，但是对于资金、产品包装、媒体宣传以及供应链合作等上下游的服务很欠缺，这就使得即使他们有良好的创意作品，却无法推荐给大众。而奖励式众筹的出现无疑改变了这一局面，帮助创意研究者实现科技创业的梦想。

◆ **出版众筹**。专注于文学出版领域，其发布的项目包括图书出版、图书周边以及相关文化衍生品，例如新书发布会、作者签售会、讲座和培训等。相较于其他行业而言，出版行业更为传统，比较冷门，大众对其的印象大多还停留在书店买书的层面上。通过众筹的形式，让大众更多地参与到图书的出版中来，能够拉近作者和读者之间的距离。

◆ **游戏众筹**。专注于游戏领域，其项目包括手游、文字解谜、外版桌游以及2D动作游戏等。游戏有着比较广泛的关注人群，所以有着比较好的众筹先决条件。但是对游戏研发者而言，长期受到资本方的控制等原因，游戏研发的自由度与资金支持之间一直存在着矛盾。众筹的方式既可以筹集到游戏研发的运营资金，也能够在一定程度上帮助研发者掌握对游戏的研发主控权。另外，众筹能够让更多的玩家参与进来，可以帮助研发者完善游戏。

除了上述的行业之外，奖励式众筹涉及的领域还有很多，如音乐、娱乐等。根据这些行业可以看出，奖励式众筹由于其回报给投资者具体产品，所以行业涉及领域相较于其他众筹形式而言更为具体。随着众筹的发展，奖励式众筹为了满足越来越多投资者的需求，将涉及更多的领域，也会越来越"万能"。

8.1.2 奖励式众筹的营销功能

由于众筹本身极强的互联网属性，所以人们对其一直存在着一个"营销"的标签。不可否认的是，"营销"确实是众筹众多功能中的一个，而奖励式众筹模式的出现将众筹营销的特质完全展现了出来。

营销指的是企业如何发现、创造和交付价值以满足目标市场的需求，同时获得利润的过程。而对奖励式众筹而言，其营销属性主要有以下两点含义。

◆ 项目发起人通过众筹将产品营销给项目投资者，即众筹支持者。
◆ 作为项目投资者，他们为了自己能够获得产品回报，会将项目不遗余力地营销给身边人。

既然奖励式众筹具有产品营销的功能，那么传统营销所具备的基础属性，即4P（产品product、价格price、渠道place、促销promotion），奖励式众筹当然也具有。

1. 产品是营销的中心，也是营销能够成功的关键因素

在营销中，最为重要的便是产品，一个产品的好坏决定着营销的成功与否。受人欢迎的产品，必然满足着大部分消费者的需求。所以需要注意产品的实体、服务、品牌以及包装。具体而言，产品是指企业提供给目标消费者的货物和服务的集合，其中包括产品的效用、质量、外观、式样、品牌、包装、规格等因素。

2. 价格是投资者参与奖励式众筹的重要因素

价格代表的是消费者购买商品时所支付的价格，其中不仅包括名义价格，即价目表所列价格，还包括了折扣、支付期限、折让以及信用条件等。众所周知，在奖励式众筹中，吸引众多投资者参与其中的一个重要原因在于——低价。多数奖励式众筹项目中的产品除价格优惠以外，通常还会伴随着额外的赠品甚至是利润回报。

例如，同筹荟推出的为四川贫困山区的孩子送"温暖包"的大型公益众筹项目，投资者不但可以献爱心，还可以获得来自筹资方精美的礼品作为回赠，凡此种种都是众筹的营销功能中关于价格的体现，让用户能够深度地体会到山区孩子因为有他们的帮助而不再挨饿受冻。

3. 渠道是营销中的重要体现

渠道代表企业如何将其产品送至消费者手中，包括中间选择、物流方式等。众筹的营销功能关于渠道的体现有以下两点。

（1）众筹减少了中间商的环节，直接将产品送至消费者。一方面，降低了渠道管理费用；另一方面，也去除了中间商的利润，降低了产品价格，使众筹参与者能够获得真正的实惠。

（2）增加了渠道宽度。表面上看众筹并没有中间商，更不会有宽度可言，实际上在众筹的世界里，凡是参与者都在一定程度上承担了中间商的角色，他们会不自觉地向朋友推销产品，以自己的用户体验来说服他人，由此渠道宽度迅速扩张。

4. 促销在奖励式众筹中不仅是获取回报

促销代表企业为宣传介绍产品的优点和为说服目标顾客购买其产品所进行的种种活动，包括广告、宣传、人员推销等。如今，奖励式众筹项目的参与人员不仅是为了获取回报，很大程度上是对其项目理念的认同，是对情怀的感知。

我们明白众筹的金融属性，但我们更不应忽略众筹的营销属性。当下，众筹的营销属性的重要程度甚至超出了其金融属性。越来越多的项目利用众筹进行事件营销、提前曝光等来获取关注度。项目方甚至并不在乎该项目在众筹上是否盈利，因为他们已经省下了一大笔营销费用。

综上所述，实际上奖励式众筹可以视为一种市场营销的手段，不仅可以提高公众对其的认知，还能够在个人的基础上为企业建立良好的社交关系。

8.1.3 众筹与团购的区别

由于奖励式众筹的营销功能常常让人对"众筹"和"团购"产生误会，甚至会错误地以为众筹就是团购的一种形式。其实不然，众筹与团购有着明显的区别。

众筹即大众筹集资金或群众筹集资金，是一种向群众募集资金，以支持发起个人或组织的行为，具有低门槛，依靠大众的力量，注重创意的特征。相较于传统融资，众筹更为开放，参与者能否获得资金也不再仅由项目的商业价值决定。只要是网友喜欢的项目，都可以通过众筹方式来获得第一笔启动资金，这为更多小微企业或创业者提供了商业机会。

而团购是一种购物方式，指消费者联合起来购买某件商品或某项服务。对消费者来说，团购可加大其与商家的谈判力度，更容易获得价格优惠。对商家而言，团购的原理是薄利多销。虽然商品以低于市场的价格销售出去，但由于销量大，商家同样可以获得可观的利润。

可以看出，尽管二者都具有营销的功能，但是实际上它们是不同的，具体表现在以下4个方面。

1. 本质上不同

众筹的意义在于投资，它是一种参与性的投资行为，而产品是投资的一种回报方式。除此之外，众筹筹集到的不仅仅是资金，更多的是资源，包括人力资源和物力资源等。而团购的意义在于消费，是消费者的一种消费行为，消费者购买产品，支付资金，消费者对于团购的条件可以选择接受或者是拒绝。

2. 目的不同

众筹的目的在于帮助资金困难的企业或创业者，以预售的形式创造价值，促进企业的发展。投资者参与众筹，不仅能够得到各种各样的产品回报，还能够对众筹的项目产品或服务提出自己的想法和意见，使其满足更多用户的需求。但是团购的目的主要在于尽可能多地销售产品，实现薄利多销。

3. 行为不同

在众筹中，投资者需要预先支付资金，企业方得到资金之后才能进行产品的生产，然后投资者才能够得到产品，属于一种预售行为。团购的商品是已经形成了的，是一种促销性的行为,可以货到付款。

4. 需求不同

众筹是针对性地满足潜在顾客的特殊需求,利用互联网的广泛联系,将有特殊需求的客户集中起来,达到可经营规模。众筹对产品设计提出了一个与传统方法不同的产品规划和设计的新方法。产品众筹在新产品的设计上,首先是征求顾客的意见,了解顾客的需求,只有满足了这部分顾客的特殊需求,有了一定的预订量并收到了预订的款项后,才会进行生产。

但是商品团购利用的是规模效应。团购集合了类似顾客的近似需求,利用商品的通用性,努力兼顾那些有类似需求的不同顾客的需求,让尽可能多的顾客也来使用这些商品,尽可能地扩大某种商品的采购规模,有效降低采购成本。

综上所述,尽管众筹与团购都具有产品营销的特点,但是它们实际上并不相同。更多的企业将众筹作为产品或服务推向市场前的一种宣传手段,其目的并非获得资金而是希望通过众筹平台对其产品进行宣传推广,并获得第一批客户。

8.2 奖励式众筹运营的新模式

随着奖励式众筹的发展,传统的奖励式众筹模式已经无法满足项目方和投资者对众筹的需求了,平台和项目方开始尝试起了新的奖励式众筹模式。

8.2.1 盲筹

盲筹是指在不公布产品任何细节的情况之下,以情怀和理念取得网友信任和支持。盲筹模式下的项目,通常开启的是一场不事先告知产品形态、价格、发布时间等要素的契约,而是向筹客出售金额不等、具有一定折扣的抵购券。

盲筹是一种创新的奖励式众筹营销方式,消费者在不知道产品具体样式、价格和发布时间的情况下下单,最终获得物超所值的商品回报的一种创新营销方式。盲筹是个人影响力在特定圈子的变现能力,这个过程就是那些未见其形而首先选择信任的思想,在与环境交互的过程中会充满乐趣，收获喜悦，达到心理上的满足。

案例陈述

2014年10月底，互联网大佬张某做了件看上去颇为"任性"的事情。他在微博上写下"不想白白爱过城市自行车，想造真正的城市自行车"。然后便辞去了久邦数码总裁兼董事职务，成为700 BIKE的联合创始人。

此后几个月里，他和他的团队一直处于研究造车的状态中。在公司没有公布任何有关产品细节的情况之下，不断有朋友表示希望能够拥有一辆适合自己的城市自行车，同时希望能够预订700 BIKE的城市自行车。

所以，700 BIKE团队决定发起盲筹，在不公布产品样子、价格、发售时间的情况下，请大家来盲筹这个"三无产品"。如图8-1所示为项目展示的部分内容。

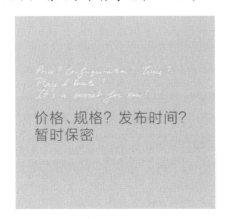 

图8-1

2015年6月1日，700 BIKE在儿童节凌晨开启了整车盲订的线上活动。活动分两档，分为7元和200元。前者可得到"整车的购买权+70元代金券+定制版《短暂飞行》"，选择200元的用户可以获得"整车的优先购买权+500元代金券+定制版《短暂飞行》"。

对于整车的介绍，700 BIKE官方回答了几个简单的问题。

问：700 BIKE新一代城市自行车长什么样？

答：我们现在不想用数字来回答这些问题。首先，它不是一辆公路车，也不是一辆山地车，更不是为了智能而智能的智能自行车。其次，外形漂亮，简单易用，性能强大，骑乘干净，安全友好。最重要的是，它会成为你的眼睛，你的朋友，你的一种生活方式。而最最重要的是，它是由真正热爱自行车的一群人造出来的，你相信就订，不信拉倒。

问：盲订支持无理由退换货吗？

答：7元档盲订用户所获得回报已超过支付金额将不再提供退款。200元档盲订用户可以在产品发布期间，决定是否继续完成最终购买，如选择放弃成为首批用户，我们将会第一时间完成退款。同时，以上任何两档在700BIKE新品发布规定期间内未及时完成最终购买，您所获得的"购买权"和"优先购买权"密码也将随之失效。

问：700 BIKE新一代城市自行车什么时候上市呢？

答：亲，都说这是盲订啦！拜托返回活动页面复读一次。

除此之外，700BIKE并未透露和产品有关的其他信息，官方也表示并不会在短时间内对外公布线上活动的预订量。

众筹开始10天内公司共接到了21 380个盲筹订单，一个月内筹集67万元，首期推出的14 000辆自行车被盲订一空。为了确保服务好盲筹用户，700 BIKE不得不提前终止了活动。

纵观当前的众筹行业，京东众筹和淘宝众筹都接触过这种方式，京东众筹称其为"盲筹"，淘宝众筹称其为"盲订"。但是不论是盲筹还是盲订，都是基于"信任"的基础之上产生的一种创新的奖励式众筹营销模式。对项目来说，盲筹是一种构建品牌影响力的传播方式，同时也能为后期生产提供指导。

8.2.2　信用众筹

京东旗下的众筹业务与白条业务已实现业务互通，产品众筹（奖励式众筹）平台上的部分产品可以用京东白条完成支付。在众筹上以白条的形式支持创业与创新，一方面，有助于投资者在不占用自身资金的情况下通过京东白条进行资金垫付，减少资金成本，及时锁定众筹权益。另一方面，有利于融资企业提高众筹项目融资的效率，使优秀的项目得以尽快完成满标。京东众筹将信用众筹作为一项重要的增值服务提供给优质项目，以便其能够更好地完成创业。

在信用众筹模式的产品中，除了无私支持档位以外，众筹用户都可以使用白条进行支付，10元以上档位可以使用白条进行分期支付，并且每个众筹用户每天最多能够支付3笔，每笔不能够超过2000元。

京东产品众筹中很多优质的项目都可以使用白条。选择一个喜欢的项目，进入项目介绍详情页面，选择一个支持的档位，如图8-2所示，单击"支持¥219元"按钮。

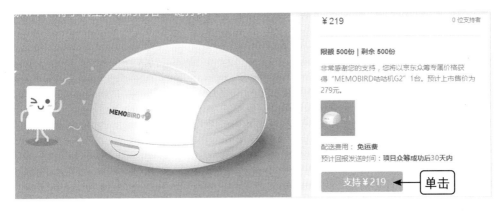

图 8-2

页面跳转至信息确认页面，单击"去结算"按钮，如图8-3所示。然后进入订单信息页面，根据页面的提示确认自己的收货地址、应付费用、邮费等信息是否正确，无误之后单击"提交订单"按钮，如图8-4所示。

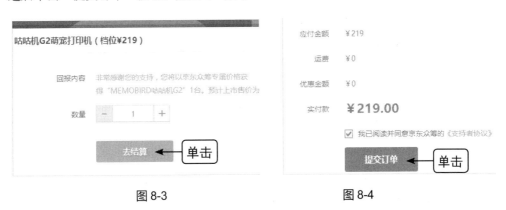

图 8-3　　　　　　　　　　图 8-4

页面跳转至京东支付页面，此时勾选白条支付前的复选框，页面上会显示出各种白条分期数，包括30天免息、3期、6期、12期以及24期，期数后显示了每期应还金额，同时页面还会显示首期还款时间，以及白条支付金额。选择期数确认之后，输入支付密码，单击"立即支付"按钮就可以了。这里以30天免息为例，如图8-5所示。

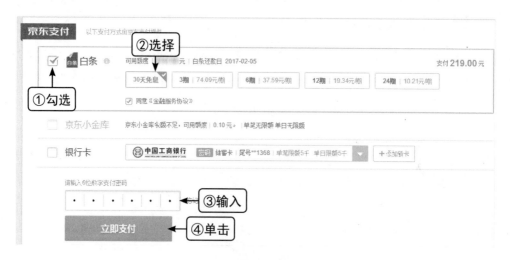

图 8-5

用白条支付的方式参与众筹，增强了投资者对于众筹的信任感，使得融资企业顺利收到众筹资金，从而推动了创业创新企业的发展。

8.2.3 无限筹

对于众筹，一般而言都是有具体时间限制的，目前国内的众筹模式也普遍实行这一规则，没有人真正想过这个时间上的限制会给投资者和有特殊需求的项目方带来哪些方面的限制。但是"无限筹"的出现，打破了这一局面。

京东众筹推出了无限筹的众筹模式，这也是国内首创的一种模式。在京东产品众筹无限筹的项目页面上会新增"筹∞"的标签，与其他常规化的众筹模式区别开来。

筹∞即无限筹，参与无限筹的产品众筹周期将被无限延长。经过京东产品众筹的调研发现，用户对于众筹的认知和个性化的消费需求都在不断地提高。所以为了满足用户更多的需求，京东产品众筹推出了无限筹模式。

参与无限筹的项目方将按照规定缩短发货周期，以固定的频次披露项目信息，更新项目进展，实时与用户进行互动沟通，让用户充分参与体验产品发展更新与迭代的过程，延长了众筹产品上线周期。

相对于以往平均 30 天的常规众筹周期，无限筹延长了众筹产品的上线周期，缩短了发货周期。一方面，用定期按需生产的方式解决了创业创新企业的生产痛点；另一方面，能够满足用户对产品延续性的需求。

目前，加入无限筹模式的项目大多数为公益项目，如"血液病救助""助力弱视娃娃治好眼睛""老兵救助计划"等。通过将无限筹模式对接公益众筹项目，使得公益项目将长期性地在页面上获得用户众筹的支持，让支持公益渐渐成为一种生活习惯。

尽管目前无限筹模式还是主要应用于公益项目，但是随着这种模式的流行，相信其他领域也会陆续采用。现在京东众筹平台上已经有科技类、生活类的项目开始采用无限筹模式了，相信在不久的将来，会有更多好的产品和项目加入到无限筹的模式中来，让有创意的好项目能够更长久地在平台上获得众筹支持，从而使得众筹成为高频高黏合性的客户入口。

8.3 奖励式众筹融资对企业的核心价值

奖励式众筹是中小企业最常使用的一种众筹模式，原因在于奖励式众筹融资对企业所具备的核心价值，而这些价值是股权众筹和债权众筹无法提供的。

8.3.1 奖励式众筹是一个天然的用户调研基地

我们知道传统的企业研发一款新产品大致需要经过市场调研、项目立项、定需求、产品研发、产品调试、产品生产以及推向市场几个步骤。

虽然整个流程看起来比较严谨、规范，具有可操作性，但是在实际生产研发中往往存在调研范围狭窄、用户调研数据不充分、需求脱离实际等问题。这样生产出来的产品通常并不能够满足大众的普遍需求，并且给企业造成了研发成本过高、研发周期较长、企业效率低下、资源浪费、库存成本过高等问题。

但是在奖励式众筹中，很多产品仍然处于一个研发阶段。项目发起人通常会做出一个最初的模型，并且通过不断的调试获取用户反馈，快速迭代优化，从而开发出适应产品市场需求的产品，培养初期的粉丝。在这样的模式下，对很多处于初创期并没有忠实粉丝的企业而言，奖励式众筹的模式是非常适合的。

案例陈述

2015年10月29日，700BIKE联合京东众筹发起了后街MINI自行车"创！非同小可"众创活动，如图8-6所示。后街MINI自行车是以700BIKE后街自行车作为底版，按照小轮规格而设计的一款新产品。

图8-6

区别于传统的众筹模式，这次后街MINI众创活动从产品的创意、设计、定制以及生产的整个过程，均由用户主导和参与。在项目中，700BIKE里的车把、轮胎、变速器以及电子元器件都被拆解开来，变成了一个可以由用户自由组合的游戏，这是一个通过用户反向定制的奖励式众筹模式。

用户可以选择自己心仪的后街MINI自行车，并随意搭配自己所喜欢的风格、颜色、配置等。具体的回报设置如下。

支持1499元：非常感谢您的支持！您将以众筹价1499元获得后街MINI活力款A02（平把／单速／黑色城市胎／黑色座垫／普通把立）一辆。共有5种颜色（湖水蓝／杏仁白／摩卡黑／蜜桃粉／西柚红）可选，请您在备注中标明颜色，未标明颜色将随机配送。

支持1899元：非常感谢您的支持！您将以众筹价1899元获得后街MINI休闲款C10（燕把／内三速／黑色城市胎／黑色座垫／普通把立）一辆。共有5种颜色（湖水蓝／杏仁白／摩卡黑／蜜桃粉／西柚红）可选，请您在备注中标明颜色，未标明颜色将随机配送。

支持3499元：非常感谢您的支持！您将以众筹价3499元获得后街MINI运动

款S08（弯把／外十速／黑色城市胎／黑色坐垫／电子把立）一辆。共有5种颜色（湖水蓝／杏仁白／摩卡黑／蜜桃粉／西柚红）可选，请您在备注中标明颜色，未标明颜色将随机配送。

活动主要是希望通过众筹平台吸引用户参与产品的研发，获取批量的用户反馈，培养初期粉丝，让用户与创业者一起创造出自己喜欢的款式。活动发起之后，两天之内就吸引了3211名用户参与，话题讨论100组，很多用户纷纷点赞，反响热烈。

根据案例可以看到，后街MINI自行车通过用户全程参与的方式设计自行车，让用户能够选择到自己真正喜欢的自行车。这批初期参与众筹的用户成为后街MINI自行车的首批粉丝。根据这批粉丝创造的自行车大数据可以分析出市场上哪类车型受欢迎的人多，什么样的配置更能够满足人们的需求，以及人们普遍追求哪类的车等问题。所以，可以说奖励式众筹的模式是一个天然的用户调研基地。

8.3.2 奖励式众筹是市场的一个低价试金石

在传统的产品销售中，生产商或创业者最为担忧的便是库存和断货的问题，而奖励式众筹对创业企业而言的一个核心价值便是市场的试金石。通过奖励式众筹平台可以预先调查出市场对于产品的认同程度，而1元参与抽产品的回报设计便是测试产品是否迎合市场需求，再配合其他档位的回报设计来进行产品的预售和团购。

因为奖励式众筹是先筹资后生产发货的模式，所以能够很好地避免库存积压以及断货的问题。如果企业的产品并不适合市场的需求，那么在众筹平台上必然不会引起粉丝用户的围观与参与。

案例陈述

某创业者在众筹网上发起了一个"yogaplus会自己卷起来的瑜伽健身垫"众筹。发起者是一个瑜伽运动爱好者，通过长期的瑜伽锻炼，他发现长期卷起的瑜伽垫，打开的时候总是不能够完全摊平，而运动完收拾时常常需要慢慢将其卷成一个卷，运动过程中汗水滴到瑜伽垫上，容易滑倒不敢放心大胆地做支撑型运动。而yogaplus很好地解决了这些问题。

yogaplus运动完成之后，能够自动进行收卷不必费力。同时，yogaplus采用的是天然环保材质，干湿防滑，能够使运动者放心做瑜伽锻炼，如图8-7所示。

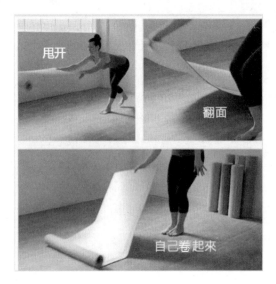

图 8-7

发起者在众筹项目中一共设置了 6 档回报,具体回报设置内容如下。

支持 2 元:非常感谢您给予 2 元支持!您会在我们 VIP 客户名单中享受后期产品优先折扣等特权,您的认可是给我们最大的动力。

支持 199 元:感谢您的支持,您将以远低于正式售价 299 元获得 yogaplus 瑜伽垫 1 个(灰蓝色或粉紫色),这会使我们更加努力。

支持 388 元:感谢您的支持,您将以远低于正式售价 598 元获得 yogaplus 瑜伽垫 2 个(灰蓝色或粉紫色),这会使我们更加努力。

支持 1134 元:感谢您的支持,您将以远低于正式售价 1794 元获得 yogaplus 瑜伽垫 6 个(灰蓝色或粉紫色),这会使我们更加努力。

支持 2136 元:感谢您的支持,您将以远低于正式售价 3588 元获得 yogaplus 瑜伽垫 12 个(灰蓝色或粉紫色),这会使我们更加努力。

支持 33 800 元:感谢您的支持,您将以远低于正式售价 59 800 元获得 yogaplus 瑜伽垫 200 个(灰蓝色或粉紫色),您将被列入我们重要客户名单中,后期合作洽谈新品研发,您的加入会让我们更加强大。

发起者众筹的目标资金为 5000 元,可以看出实际上发起者发起众筹项目的目的并不全在于资金,而更多地是瑜伽垫对市场的一个试探。虽然发起者设计了不同的 6 个档位,但是不同之处主要在于瑜伽垫的数量。发起者希望能够以类似团购的方式对瑜伽垫进行一个预售。

该项目到期结束时仅得到两个人的支持，筹集资金仅为 1%，项目失败。

可以看出，用户对于这款产品的热情并不高。虽然项目失败，但是发起者却能从中了解到该产品不受大众喜爱和关注的事实。这对发起者而言也算是很好的经验总结。如果发起者没有进行众筹，直接批量生产该产品，推向市场，那么将对发起者造成重大的损失。

8.3.3 奖励式众筹是用户的产品预先体验地

对刚刚研发出来的新产品而言，除了部分大品牌或大公司的产品能够迅速得到大众的关注外，事实上有很多优秀的产品并没有展示自己的平台，所以无法得到投资者的关注，而奖励式众筹平台的出现改变了这一情况，让其成为用户的产品预先体验地。

如今，有些众筹平台上的科技类产品项目数目已经远远超越了音乐、影视、艺术等项目，参与投资的支持者也较多。如表 8-1 所示为 2016 年在京东众筹平台支持人数最多的前 5 个项目。

表 8-1 2016 年京东众筹支持人数最多项目前 5 名

项目名称	品　类	众筹金额／元	支持人数	项目达成率（%）
fan 花音乐神灯	音箱	4 071 403	100 425	814
小牛电动 M1 智能锂电踏板车	智能出行	81 830 425	99 225	1628
SOCO 城市锂电跨汽车	智能出行	24 471 976	91 735	2447
1MORE 播放器 + 头戴耳机	耳机	12 314 244	87 146	246
智能享瘦仪 - 告别肚腩	健身其他	922 496	85 939	922

在表 8-1 中，这最具人气的前 5 名众筹项目都是功能性的创新性产品。由此可以得出，尽管奖励式众筹的项目涉及的领域广泛、产品众多，但是最吸引投资者投资目光的还是具有创意的新产品。因此，项目产品体验式的众筹更受到大家的欢迎，所以奖励式众筹是用户的产品预先体验地。

事实上不难发现，大部分的网友都喜欢超前体验一些最新的产品，并热衷于传播分享，这些都有利于奖励式众筹产品的推广。

通常而言，在奖励式众筹平台上的用户有两类。一类是极客，对于科技、创意类产品有极度的热爱，会刻意地在网络上寻找一些有创意的产品，并且积极地与项目方互动，提出自己对产品的看法，并且非常乐于去传播，自动成为粉丝和传播者。另一类是因为奖励式众筹的产品价格普遍比正式销售时的价格低很多，并且还有许多实用、有价值的礼品，也吸引了一大批用户，尤其是淘宝平台上的用户更加偏向于这种低价赠送型的众筹。

在碎片化时代，大家通过网络因为某种产品聚集在一起，结合成为产品社群，产生了一种全新的体验模式。这样的形式对众筹双方而言都是有益的。项目方可以通过用户的体验，得到一份全面的市场调研报告，包括用户体验、产品缺点及产品改进等。对投资者而言，以较低的市场价格，可以优先体验到新奇、有趣并且具有实用性的产品。

8.3.4 奖励式众筹比传统电商更具市场

奖励式众筹除了产品调研、粉丝培养、品牌宣传、实验产品等价值以外，对企业而言，它还有一个最为直接的价值——企业产品的零售和批发市场。传统的电商通常都是产品功能、产品类型、价格以及资产数的展示，类似于一个线下的批发市场或者店面，用户只能够自己根据页面的展示信息，进行单方面的挑选，如图 8-8 所示为电商网中某产品的展示情况。

图 8-8

可以看到在传统的电商展示信息中，用户虽然查看到的信息比较丰富，但是比较多且杂，展示有限。而奖励式众筹中的产品，除了传统电商中的图片展示之外，还加入了视频展示、故事表达、场景化表现、语言互联网化、设计互联网化等特点，相比传统的展示方式而言，使得消费者更具参与感。下面介绍一个奖励式众筹案例。

案例陈述

"礼泉苹果"项目是京东众筹平台上的一个奖励式众筹项目。礼泉县是一个传统农业县，多山区、原高沟深、交通不便。很多淳朴的果农并不懂互联网，也不懂营销。临近春节前来收购的客商也寥寥无几，为了避免苹果滞销，所以项目方发起了众筹，内容如图8-9所示。

图 8-9

礼泉苹果具有如下几个特点。

（1）果园新鲜采摘。礼泉苹果都是果园新鲜采摘、不打蜡、香味浓郁、唇齿流香、果肉硬度大、纤维少。

（2）个大饱满，色泽红艳。礼泉苹果个大，饱满色艳，果表红中带黄，光鲜诱人，果肉肥厚饱满，口感甘甜适中，余味无穷。

（3）肉厚、脆甜、多汁。礼泉苹果口感清脆，甜度极高，非一般苹果可以比拟，品尝一口便是享受。

礼泉苹果众筹设置的回报档位内容如下。

支持1元：每满38位支持者抽取1位幸运用户，不满足时也抽取1位。幸运用户将会获得陕西礼泉优级苹果10斤装1件。幸运用户将由京东官方抽取,抽奖规则及中奖者名单将在话题区公布。

支持2元:每满19位支持者抽取1位幸运用户,不满足时也抽取1位。幸运用户将会获得陕西礼泉优级苹果10斤装1件。幸运用户将由京东官方抽取,抽奖规则及中奖者名单将在话题区公布。

支持38元:陕西礼泉优级苹果10斤装1件(24颗,单果直径75~85mm)。并赠送德义基金强直性病友会电子感谢卡,其中3元用于强直性脊椎炎患者的定向求助。

支持48元:陕西礼泉特优级苹果10斤装1件(18颗,单果直径85~95mm)。并赠送德义基金强直性病友会电子感谢卡,其中3元用于强直性脊椎炎患者的定向求助。

支持190元:陕西礼泉优级苹果10斤装5件(24颗,单果直径75~85mm)。并赠送《A计划》爱心大使勋章一枚,强直性病友会电子感谢卡,其中15元用于强直性脊椎炎患者的定向求助。

支持240元:陕西礼泉特优级苹果5件(18颗,单果直径85~95mm)。并赠送《A计划》爱心大使勋章一枚,德义基金强直性病友会电子感谢卡,其中15元用于强直性脊椎炎患者的定向求助。

支持380元:陕西礼泉优级苹果10斤装10件(24颗,单果直径75~85mm)。并赠送拓本农业优级御石榴10斤装1件,《A计划》爱心大使勋章一枚,德义基金强直性病友会电子感谢卡,其中30元用于强直性脊椎炎患者的定向求助。

支持480元:陕西礼泉特优级苹果10斤装10件(18颗,单果直径85~95mm)。并赠送拓本农业优级御石榴1件,《A计划》爱心大使勋章一枚,德义基金强直性病友会电子感谢卡,其中30元用于强直性脊椎炎患者的定向求助。

项目发起之后,网友反应热烈,很快便达到筹资目标,完成众筹任务。

根据传统电商的商品展示与众筹项目商品展示情况可以看出,相比传统电商的销售方式,众筹更容易被接受,主要有以下几点原因。

(1)传统电商的页面展示比较单一,而众筹页面展示丰富有趣,并伴有故事背景,更吸引人。

(2)传统电商是一种纯粹的商品销售行为,而众筹是对项目方、发起人的一种支持,具有情怀,更容易打动人。

（3）众筹项目中常常伴有公益性质，容易受到大家的关注，并给予支持。例如，案例中对强直性脊椎炎患者的定向求助。

（4）众筹中常常伴随着精美的赠品，吸引众多投资者，例如，案例中的石榴1件。

另外，奖励式众筹在回报设置上设计多档位给了用户更多的选择空间，既满足了个人消费者对于零售商品的需求，也满足了批发商大量批发商品的需求。

注意避开奖励式众筹的融资雷区

尽管奖励式众筹融资对企业而言具有重要价值和意义，但是一旦企业进入了奖励式众筹融资中的误区，那么所有的价值和意义都将成为妄想，所以需要注意避开这些雷区。

8.4.1 雷区一：一厢情愿

在奖励式众筹中，一厢情愿是项目方经常犯的错误之一，即对项目方向和产品抱有一厢情愿的乐观想法，更多的是从自己业务需求的角度出发，而不是从用户需求和市场机会出发。

站在用户的角度思考问题，给予支持者最想要和最需要的产品或服务，才是奖励式众筹成功的关键，即从功能切入用户痛点。以淘宝众筹为例，在"全部"项目中，按照金额进行排列，如图8-10所示。

图 8-10

由图 8-10 可以发现，不管是小米手机新品、智能指纹锁还是无人机，它们的众筹达成率都在 3000% 左右，并且它们都具有一个共同的特点，即功能切入用户痛点的属性。例如，男士运动摄像机。很多人在旅行、运动或出游的过程中，经常错过一些精彩的镜头，而传统的摄像机存在待机时间短、画质模糊、内存不足以及危险环境很难进行拍摄的情况。但是男士运动摄像机配备航模级无线遥控装置，能够配合各种极限挑战类运动，让使用者不放过任何一个珍贵的镜头，一举击破用户痛点。

功能切入痛点主要有两点：痛点和解决方案。项目方要实际发现用户在日常生活中面临的弊端，以及对此弊端该众筹产品能够有什么切实有效的解决方案。目前，国内的消费层次尚未达到为了好玩儿付费的阶段，人们众筹的往往是能够真正解决他们痛点的产品。

8.4.2　雷区二：完全依赖于平台的流量支持

奖励式众筹不比股权众筹、债权众筹，股权众筹和债权众筹能够为投资者提供分红、收益等现金回报，所以能够吸引大部分投资者，但是奖励式众筹却需要通过项目的产品和服务来打动投资者，所以更需要利用自身产品的优势来进行引流，吸引投资者。

与股权众筹、债权众筹不同的是，奖励式众筹平台有很多综合类型的平台。目前，有部分的众筹平台不是专业的众筹平台，而是电商平台，众筹只是作为电商平台中的一部分，如前面介绍的京东众筹、淘宝众筹及苏宁众筹等。通常这类电商平台本身已经积累了大量客户群体，而众筹作为整个商城体系的一部分，在商城里面通常有一个流量入口，商城里的用户是通用的，即商城的用户可以直接购物，也可以直接投资众筹，这样就为众筹项目提供了流量支持。

因此，有的项目方认为众筹平台能够为项目提供流量支持，所以就不必自身再去引流了。其实不然，虽然平台会给项目带来一定的流量，但是想要众筹成功，仅仅依靠这些是不够的，还需要从多个方面进行引流。

1. 利用平台自身

除了前面介绍的众筹平台作为商城为项目积累、引入客户流量之外，项目方还可以了解一些平台提供的其他引流方式。以京东众筹为例，除了京东商城之外，平台还提供了一些其他方式的引流，具体介绍如下。

（1）项目众筹筹集的金额。在京东众筹中的项目，当项目筹集的资金达到50万元、100万元、500万元或者1000万元时，平台会根据项目的情况给予适当的帮助，例如，将其项目放在页面首页等，助其引流，吸引投资人注意。

（2）项目经理审核。项目经理人会根据项目产品的市场受欢迎程度、潜藏价值、产品价值等方面进行审核，然后给予适当的帮助。

（3）项目方自行申请。除了平台通过众筹情况以及产品情况进行综合判断引流之外，项目方也可以自行向项目经理进行主动申请，从而获得推广宣传的资源帮助。

2. 利用自媒体，自我引流

众筹平台的流量毕竟有限，只有做好充分的宣传和引流，进行自我造血，才能够取得好的成绩。目前，网络媒体的成本越来越高，传统的门户网、垂直类网站，即使投资几万元、几十万元效果也不甚理想，而且发起奖励式众筹的项目方大多是一些中小型初创期企业，这些企业尚且没有太多宣传推广的资金实力。所以综合来看，自媒体是比较经济有效的选择。

（1）微信自媒体。可以利用微信朋友圈、微信公众号、微信群等功能，在微信自媒体平台发布项目相关的信息，进行引流。

（2）微博自媒体。截至2016年9月微博的活跃用户量已经超过3亿，庞大的用户数量意味着其中潜藏着无数的目标客户，所以可以通过微博发表众筹项目信息，以及发表一些营销软文来宣传项目，从而进行引流。

（3）视频引流。还可以利用一些视频，包括搜狐、新浪、社群等资源进行全网营销，通过项目信息的频繁推送，从而引流。

（4）路演引流。可以在街道、商场、广场等人流量密集的地方进行路演扫码，达到引流的目的。

不要小看自媒体的力量，充分利用自己的人力资源，统一部署，也能够取得不错的宣传效果。例如，将奖励式众筹的产品消息在自己的朋友圈发布，很容易吸引到代理商和线下客户。

总而言之，想要奖励式众筹获得成功就要更多地对项目产品进行宣传推广，所以不能够仅仅依赖于平台的自有流量，还需要多从其他方面来进行引流，从而提高众筹的成功率。

8.4.3 雷区三：融资为众筹的目的

甲乙两人都用20万元开了一家咖啡馆，甲的钱是向家里借的，乙的钱是向大众筹集来的，如果让人投资，大家普遍更愿意投乙，因为当乙的咖啡馆开张后，那些曾经出资支持他的人当中，会有许多人愿意看看自己投资的咖啡馆是什么样的，这就等于抓住了第一批用户。

很多人认为众筹就是筹集众人的资金，事实上并不是。因为众筹成功之后，不管是项目方还是投资者都将会投入相当多的资源与精力，可见众筹不仅仅是为了筹集大众的资金，更多的是为了"筹集"参与者的资源与精力。说到底，奖励式众筹不仅仅是为了筹集资金，或者让投资者获得回报，主导众筹更多的是兴趣消费。下面以游戏奖励式众筹为例进行介绍。

众筹的出现慢慢改变了游戏的消费模式和观念。游戏已经不仅仅局限于功能性消费了，更多的是转向情感性消费。让喜欢玩游戏的人来支持做游戏的人，帮助其梦想变成现实，这类的情感已经远离了资金目的了。

1. 被动到主动的优越感

曾经有人开过这样的玩笑：伪玩家与资深玩家的区别是打游戏愿不愿意为游戏掏钱，不出钱的玩家不是真爱。而游戏众筹带来的参与感，能给玩家最直接的体验。一个游戏在诞生之初被玩家相中，带着一份热爱和关注，一群志同道合的人关注它的成长，有一天它发展良好，推向市场，那种优越感和成就感不言而喻。

在奖励式众筹中，投资支持众筹项目已经不再是简单的消费了，更多的是让投资者感受到参与感、优越感。投资者也从过去的被动的单方面消费者，转变成为产品的制造者、传播者以及参与者。

2. 连接商家与玩家

在游戏众筹下，玩家和商家的需求将会更加匹配，投资者愿意为项目提供全方位的支持。在这种模式中，游戏众筹最看重的并不是筹集资金规模的大小，而是投资人群的多少，用户的参与感怎么样。这些资金以外的价值，是游戏众筹的优势所在，也是奖励式众筹的优势所在。

众筹平台为了连接玩家和厂商之间最牢固的链条，通过聚集优质的资深玩家和投资人，让用户自己来集资票选好玩有趣的优质游戏，通过众筹的方式支持中小型游戏厂商的研发。同时，这些中小型游戏厂商在起步阶段就能直观清晰地了解时下用户的需求，及时获得回馈，借着众筹平台的资源，获得发行、渠道、媒体、推广等各种资源，更能收获一批有稳固基础的玩家群体。

一个有价值的众筹项目，不仅能给项目带来金钱的利益，更能带来优质的用户基础和巨大的影响力，从而有更长远持续的发展。例如，游戏众筹中通过玩家和游戏厂商之间这样的良性互动，将小规模的、优质的、玩家真正需求的游戏产品做大做强，成为市场主流，形成正向循环，成为游戏生态圈一个绿色的风向标，才是众筹真正的目的，而非资金。

8.4.4 雷区四：发起者为初创者

"发起者为初创者"，很多人对此保持怀疑，为什么初创者发起众筹项目就是雷区之一呢？根据统计，绝大部分初次创业者并不适合以众筹的方式开始自己的第一个创业项目。

尽管初次创业的发起者在众筹的初期都心怀美好愿景，但是由于初次创业的原因，使得创业者即使通过众筹短期内拿到了融资，也不能够很好地将其进行商业化。不可否认的是，在众筹过程中，必定会为创业者带来一定的人脉和渠道，但是想要保证盈利，还远远不够。需要注意的是，众筹只能够帮助初次创业者解决短时间的融资问题，更多的盈利问题还需要自己去解决。

初次创业者不适合做众筹的原因主要有以下几点。

（1）由于是初次创业，自有资金较少，大部分创业资金依靠于众筹，所以众筹融资的成败即决定着创业项目的成败，这无疑加大了创业者的创业压力。

（2）初次创业，创业团队并不成熟，所以项目很多方面的问题都需要自己亲力亲为，这都需要创业者具备足够的精力才能够应对。

（3）奖励式众筹需要在规定的时间内给投资者产品回报，而初次创业的创业者通常不具备产品量储蓄，一切都需要从零开始，这需要较大的工作量。并且由于没有经验，所以很有可能在规定的时间内，无法回报产品，最终造成众筹项目失败。

那么，什么样的人比较适合发起奖励式众筹，进行创业呢？应该是有过成功创业经验、二次创业的人,或者是企业已经过了原始积累准备阶段、准备扩大经营的创业者。这类创业者和企业通常已经具备一定的盈利能力,并且具备了掌控资金以及分配人员的能力,这样的奖励式众筹项目更容易获得成功。

8.4.5 雷区五:众筹产品不具备"吸金"能力

目前国内的消费尚且达不到单纯以支持为乐趣的投资,投资者投资项目都希望能够获得自己喜欢的产品。因此,所有项目发起者都需要记住:在投资者眼中,能够获得利益的项目才是好的项目。下面以旅游行业的奖励式众筹为例进行介绍。

奖励式众筹席卷各个行业,旅游行业也不例外。但是相比传统的奖励式众筹,旅游行业的众筹衍生出了多种玩法。

1. 用梦想打动支持者

用梦想打动支持者是旅游类众筹中比较常见的一种回报方式。即发起者在平台上说明自己众筹旅行的原因,大多是各种梦想,以获得投资者的支持。这类众筹通常投资者并不能够得到实质性的产品,而众筹产品的"吸金"之处在于"梦想",感动不在于找到了梦想,而是在于能够支持与自己有着同样梦想的人。

案例陈述

在追梦网上一个"90后"女孩发起了"跟公路菇凉一起走珠峰EBC"的项目,显得别具一格,如图8-11所示为项目的部分图片展示。

图8-11

她在项目中如此写道：

你写PPT时，阿拉斯加的鳕鱼正跃出水面，

你看报表时，梅里雪山的金丝猴刚好爬上树尖。

你挤进地铁时，西藏的山鹰一直盘旋云端，

你在会议中吵架时，尼泊尔的背包客一起端起酒杯坐在火堆旁。

有一些穿高跟鞋走不到的路，

有一些喷着香水闻不到的空气，

有一些在写字楼里永远遇不见的人。

"我曾独自走过山川、河海、沙漠、草原，如果说还差一座雪山，那就选珠穆朗玛峰了。这次我想以不同的方式把这个独自的EBC（攀登珠穆朗玛峰的主要线路之一）变成很多人的EBC，我爬不动的时候，看到日出的时候，大雾散去日照金山的时候，我会大喊大叫，用音频、视频记录这一切，而你可以感受这毫不矫揉造作的一切。"

她将众筹支持者设定为9元至5999元不等的10个档位，除了音频、视频日记，一些特别的回报还包括一封神秘邮件、从珠峰采集的雪水，或者是5999元的终极回报：跟她一起登珠峰。

项目上线之后，得到了众多网友的支持，项目在期限内达到了众筹目标，也有人支持5999元想要和她一起登珠峰，但是由于行程等方面的原因无法达成，最终将钱退给了投资者。

2. 回报土特产类的旅游众筹

与旅行的"雄心壮志"和"梦想"吸引投资者不同，还有一些更为实际的产品回报来吸引投资者投资。这类产品的"吸金"之处在于——特产。每天面对城市的繁华，很多投资者想要外出旅游，享受当地的风土人情，品尝当地特色食物，但是由于时间等原因无法实现，而这类旅游众筹正好缓解了其对旅游的向往。

案例陈述

22岁的小陈是一名在校大学生，准备2017年年初到新疆游玩，在某众筹平台发布"挖掘最美风景的旅行"的众筹项目，如图8-12所示为其项目的部分展示。

图 8-12

阿克苏位于塔克拉玛干沙漠西北边缘、塔里木河上游，因水得名，维吾尔语意为"白水城"，是古丝绸之路上的重要驿站，也是龟兹文化和多浪文化的发源地，素有"塞外江南"之美誉，也是此次游行的重要景点。

"挖掘最美风景的旅行"众筹项目的回报设置内容如下。

支持39元：包邮1袋优质新疆红枣给您，您将获得旅行路上当地特色的美丽景色明信片一套。

支持75元：包邮2袋优质新疆红枣给您，您将获得旅行路上当地特色的美丽景色明信片一套。

支持106元：包邮3袋优质新疆红枣给您，您将获得旅行路上当地特色的美丽景色明信片一套。

活动上线之后，得到了很多网友的支持，小陈也在目标期限之内完成了融资目标，踏上了她的新疆之旅。这类旅游众筹能够快速得到网友支持的原因在于网友在帮助项目发起者完成旅行梦想的同时，使自己的内心得到了满足，还能够以便捷的方式得到当地的特产，换言之，类似于代购，但是又增加了一些人情味。

3. 挑战极限类

除了前面两种比较常规的旅游众筹回报方式以外，还有一些项目发起人为能够众筹旅行成功，开始尝试一些极限挑战。例如，有网友声称如果能够为其众筹北京自由行，愿意到长城"晒裸照"，为此发起人认为，既然是让别人投资给自己游玩，所以需要让项目具备一点"看头"，否则很难吸引到投资。

还有网友发出挑战众筹，说明只要众筹到哈尔滨旅行的经费，愿意光着身子在冰天雪地里吃冰激凌，或者接受投资者提出的其他类型的挑战。但是实际上这类众筹往往成功率都不高，很少有投资者会为此类项目买单。另外，这类的项目还会被贴上"哗众取宠"的标签。

对于这种挑战类旅行众筹，网友持有以下几种态度。

（1）部分网友认为这种纯粹为无稽之谈，认为其到了实地之后，大多没有真正的勇气。

（2）有的网友认为旅行的目的在于分享沿途的风景和快乐的过程，一切应当以安全为重，不会出钱投资鼓励这种冒险性的行为。

（3）还有部分的网友认为，旅行的目的在于享受当地的风土人情，感受生活，而这类挑战会给当地的居民带来不必要的麻烦，甚至影响当地的治安、环境、秩序等，没有必要支持。

综上所述可以看出，奖励式众筹的成功之处在于回报产品的"吸金"能力，即能够给投资者提供情感上、物质上以及感受上的满足，而只是一味地满足自己的愿景，或者以自己的想象为主的回报设置，则完全不能够吸引到投资者，众筹也不可能会成功。

8.4.6　雷区六：拒绝空头支票

在决定发起众筹之前，每位发起者都会对项目的进程进行一个大致的总体规划设计。例如，将回报给投资者什么样的回报，什么时候可以回报给投资者，回报的产品能够实现什么样的功能等，从而得到投资者的信任，并将承诺转化为现实。

但是，有的发起者为了能够得到投资者的信任，顺利筹集资金，完成众筹目标，在众筹初期便开始给投资者各种各样的承诺。而事实上，当项目正式进入研发、制造阶段才发现根本无法实现，从而导致项目失败。因此，发起者对投资者承诺的"空头支票"，往往会成为导致众筹项目失败的最大杀手。而这样的现象经常出现在智能科技研发行业之中。

对智能硬件创业者而言，奖励式众筹无疑是通向创业之路的捷径，是梦想达成的一股推动力量。但是，目前有很多偏重于资金筹集的奖励式众筹，忽略了实际性的问题，即回报的产品能够真正为投资者带来些什么。

现在的智能硬件众筹中充斥着各种各样的忽悠、噱头甚至是谎言。发起者以各种各样高大上的文案、图片、视频吸引投资者的关注，另外承诺难以达到的功能，为投资者构筑美好愿景，从而获取资金，于是出现了如下问题。

（1）货不对版。投资者在投资之后，满怀期望地等待产品到来，但是收到的产品却改变了模样，之前承诺的功能减少了、降低了，甚至是无法实现了。

（2）超过发货日期。超过发货日期也是司空见惯的一种空头支票类型。在众筹初期为了吸引投资，将时间缩短，以迎合投资者想要快速得到回报的心情。但是到具体的实施过程中发现各种问题出现，所以用各种理由拖延发货日期，甚至是杳无音讯。

（3）直接宣告失败。研发类产品存在着研发失败的风险。前期发起者承诺产品将具备各种功能性，但是在研发中发现，无法实现，无法形成产品，导致项目失败。

不管是以上哪种情况，对投资者而言都是不想提及的"伤心往事"，而对发起者来说，投资者将会对其个人、企业以及品牌产生失望，将直接影响今后的众筹和企业未来的发展。因此，在众筹发起之前发起者一定要三思而后行，结合自身情况，不要轻易承诺。

第 9 章
了解其他常见的众筹融资类型

 本章要点

- ◆ 农业类产品选择众筹的原因
- ◆ 农业众筹面临的风险问题
- ◆ 农业众筹的 3 种模式
- ◆ 农业产品的众筹上线
- ◆ 农业众筹存在的问题
- ◆ 游戏项目选择众筹的利弊分析
- ◆ 国内游戏众筹市场存在的问题
- ◆ 盘点游戏众筹常用的平台
- ◆ 游戏众筹的运作情况
- ◆ 众筹改变传统的电影拍摄
- ◆ 国内电影众筹的形式

 学习目标

不同的行业对于众筹模式的运用是不同的，有的会侧重产品，有的侧重形式。本章以一些常见行业的众筹方式进行介绍，以便查看不同行业的众筹情况。

知识要点	学习时间	学习难度
改变传统的农业类众筹	50 分钟	★★★★
适合众筹模式的游戏众筹	60 分钟	★★★★
创作电影的新模式众筹	50 分钟	★★★★

9.1 改变传统的农业类众筹

农业众筹是众筹平台中比较常见的一种众筹,越来越多的农产品商户愿意通过平台来众筹,而投资者也愿意支持农业众筹,获得新鲜的农产品,农业众筹已开始改变传统销售模式。

9.1.1 农业类产品选择众筹的原因

随着生活水平的日益提高,大家对于食品安全问题越来越关注。传统的电商模式销售农业产品,虽然在一定程度上省去了中间环节,但是农户的利润依然相对较低,使得农户不得不将精力全部放于产量上。为了能够提高生产量,很多农户大量使用农药、激素,这样一来,其实并没有真正地从根本上解决食品安全问题。

但是,农业众筹类似于对农业产品的一种预售,实质上是城市居民自己来种植,只不过是雇佣农户去间接实施。这样一来,原本的生产者与消费者的关系就变成了雇佣者与被雇佣者的关系,农户不再优先考虑产品,更多的是关心消费者对产品是否满意。

除了能够从根本上解决食品安全问题以外,农业众筹模式还能够解决农业的三大问题,具体如下。

1. 农业生产融资困难

在农业生产中,对农业小企业而言,阻碍其发展的重要问题还是融资难,具体存在以下几个问题。

(1)农户融资渠道狭窄,融资数量有限。大部分农户目前融资主要还是以银行贷款为主,但是由于多方面因素的制约,所以获得的贷款规模较小,可以使用的周期较短,成本较高。相较于间接融资而言,农户的直接融资渠道更为狭窄。股票、债券市场准入条件过高,尚且不适合农业小企业进行融资。

(2)融资风险过大,融资成本较高。农户的农产品生产主要受自然条件影响较大,这一自身无法避免的因素,使得农户融资存在较大的风险。按照收益覆盖风险的经营原则,银行提供贷款的利率自然较高,因而其贷款成本也随之增加。

（3）可抵押的资产规模较小，缺乏信用担保体系。目前，农户小企业自身的信用等级并不高，银行等金融机构为控制信贷风险，普遍采用抵押担保等贷款方式。但是农户小企业本身缺少高质量的资产作为抵押，难以获得第三方担保，缺乏稳定的第二还款来源，所以其融资的成功与否很大程度上取决于担保体系的发展情况。

农业众筹通过平台向广大民众筹集资金，这种类似农产品预售的农业发展模式，能够为农户小企业提供资金需求，在很大程度上解决了生产资金不足的问题。与传统的农业融资模式相比，农业众筹模式的特殊资金筹集方式有着巨大优势。农业众筹通过互联网模式筹资，融资速度快，投资群体基数庞大，能够在短时间内筹措到不少资金，而且融资门槛较低，这样即使收入不高的投资者也能够接受。

2. 缩短了农业流通链

传统的农产品从生产到零售，整条供应链经历了多次集散，使得农产品的新鲜程度大打折扣。另外，随着农业产品在专卖、运输过程中流通成本逐级增加，价格不断上涨，当农产品真正到达消费者手中时，价格已经高出许多。

农业众筹模式采取F2F（Farm to Family），即"农场-家庭"直供模式，即基于农场和家庭的一种新型直供营销模式，农产品成熟后可直接从产地配送到消费者手中，省去了中间一系列烦琐环节，以及产地批发商、零售商的获利。农产品的供应链缩短了，控制了因流转造成的加价，同时保持了产品新鲜度。

3. 农户对居民农产品需求信息的缺乏

长久以来，农户对农产品的生产问题都处于一个求量不求质的状态，因为大部分的农户并不清楚居民对于农产品的需求情况，通常只能够按照上一批次的产品销量情况来进行生产，带有较强的盲目性。因此，常常造成产品积压、资源浪费或断货情况。

农业众筹模式以成本、利润预估定价，实行农产品预售以及个性化的定制服务，即根据销量情况规划生产，提前锁定市场，实现生产消费双方的信息完全对称，使得供求关系保持一个稳定的状态，大大地降低了农产品库存的风险，增强了农产品生产者对农业不确定性以及滞后性的抵抗力。

从另一方面来看，农业众筹的F2F直销模式，要求农产品直达消费端，流通时间短、速度快、效率高，减少了不容易保存的水果、生鲜类产品在转卖过程中的损耗，也减少了产品的运输风险。

4. 居民能够有效地掌握食品来源信息

如今很多居民对于自己所吃的食物来源问题一直比较敏感，即便是国内的一线大品牌也时常被曝出食品问题。因此，人们难以建立对品牌的信任。很多居民为了能够食用到真正绿色、健康的食物，开始纷纷建设屋顶农场、阳台农业以及都市家居农业等。但是大部分居民对于农产品的数量、质量以及多种类农业的养殖情况并不了解，缺乏技术、能力和条件，自给自足受到限制，并且投入成本过高。

农业众筹的产生则提供了一个平台，即消费者可以自主选择农产品生产地、生产方式和生产时间，并能依需要参与生产环节，实现对农产品安全生产的监督，达到管控农产品生产过程的目的。农业众筹模式呈现在消费者面前的是透明化的农产品生产，会定向地向消费者披露关于农产品生产情况的实时信息，并在众筹平台层面做质量监控，从而在消费端和生产方之间建立起一种信任链接。

9.1.2 农业众筹面临的风险问题

相比其他行业众筹困难而言，农业项目想要在众筹中取得成功更不容易。因为其产品的特殊性，所以不得不面对各个环节中可能会出现的风险，而这个风险性需要项目方、投资方以及众筹平台一起来承担。农业众筹面临的风险主要有以下几个方面，下面来具体看看。

（1）自然条件风险。农业众筹中的投资回报都是以农产品为主。农业产品的生产主要依赖于自然条件，也就是自然条件的好坏直接决定了农产品的出产情况，尤其是当面对灾害、病虫害时，农产品易出现减产，甚至无收成的情况。这就使得项目方在农产品的生产过程中，当受到自然不可控因素带来的产量、质量严重损害时，需要承担赔偿投资者损失的风险。

（2）市场风险。由于农业产品的价格波动比较频繁，且容易受到市场不确定因素的影响，从而会出现实际成本价格高于众筹合约价格的情况。这也是需要项目发起人承担的一种风险。

（3）金融和信用风险。农业众筹中容易引发金融风险。在农业众筹中，通常是以投资者预先支付资金作为众筹运作的前提条件。农业众筹平台为了保障投资者的权益虽然会制定一些保障措施来避免投资者受到损害，但是实际效果仍然比较有限。因为通常在众筹平台中，其建立的风险保证金制度只能够为投资者资金损失提供保护，即平台接受投资者的资金后，将其中的80%提交给项目方，而保留20%作为保证金。当项目方交付农产品，成功完成项目时，才能够收到余下的资金。但是当项目失败、无法将产品回报给投资者时，则将余下的20%资金返回给投资者，然后对于其余资金的追溯，平台并不能够完全地负责。因此，投资者所面临的风险是项目方由于项目运作失败而带来的金融风险和信用风险。

另外，众筹平台往往以互联网作为运营载体，而网络的开放性和自由性强，相关法律也不健全，因此对众筹平台而言，其风险在于保障网络平台上众筹资金的安全。

9.1.3 农业众筹的3种模式

虽然众筹的形式大同小异，但是由于众筹模式的多样化，所以农业众筹也出现了不同的模式。下面来具体看看农业众筹的不同玩法。

1. 农业奖励式众筹

农业奖励式众筹，即投资者投入资金，项目方给予相应的投资回报，这类回报可以是农产品，也可以是农业类服务等。这类农业众筹还可以进行细致的分类，包括凭证式众筹、产品式众筹以及置换式众筹。

（1）凭证式农业众筹。凭证式农业众筹指的是投资方进行一定数额的投资，发起人按照投资者投入的资金给予相应的凭证。对于农业，这类凭证可能是经典入场券、纪念卡、农场餐票或者明信片等。这类众筹比较适用于旅游景点、农场、民宿、农家乐等以休闲农业和旅游农业为主的地区。

（2）产品式农业众筹。产品式农业众筹是目前市场中比较常见的一种农业众筹模式，即投资者进行投资，项目方承诺回报给投资者农业产品。但是发起方的产品此时有可能并未成型，可能处于一个研发阶段或生产阶段，也可能仅仅是一个想法和创意。但是，发起方承诺会在产品成型后向投资者邮寄农业产品。因此，产品式的农业众筹可以按照产品发出的时间分为产品预售和农产品的实销。

（3）置换式农业众筹。置换式众筹即投资者进行投资以后，发起者将提供一系列相应的回报服务。这类回报内容常常包括旅游、餐饮、接送、住宿等。实际上，这类农业模式与凭证式农业众筹模式相同,都比较适合一些农场、农家乐或旅游景点,为投资者提供相关的农业周边服务。需要注意的是,这类农业众筹模式通常筹集的资金比较大,时间也相对较长。

案例陈述

"都市田园众筹计划"是一个农业专业众筹平台上发起的比较成功的项目。项目的目标筹集资金为200 000元,到结束时一共筹集资金389 000元,完成融资目标。下面来具体看看该项目的具体内容。

久居城市的居民都有一个农场的梦想,但是每天却奔波于城市的钢筋铁骨,车流人群,还有让人担忧的雾霾。而都市田园众筹计划就是这样一个暂离城市、亲近自然的好去处。在农场中可以有自己的私属农场,以及有机蔬菜和水果,使得自己即便在城市的家里也能够每周收到自己私属农场的农产品,如图9-1所示。

图 9-1

项目设置了3档回报设置,具体内容如下。

支持30 000元:① 集装箱小屋及私属农场2年使用权;② 投资者可以按照自己的想法,设计自己的私属农场,我们将协助投资者做好定制装修工作,超出标准的部分需要自行负担费用;③ 农场将负责您种植季节6个月度假集装箱小屋的保洁并按照有机农业标准负责私属农场的所有种植管理服务,并承诺每年果蔬总产量不低于1000斤,并免费配送24周(每周不低于10斤),管理费每月1000,一次性缴费9折优惠;④ 自用之外的度假小屋使用时间以及配送之外私属农场产出,可以赠送亲友也可以委托农场代租代售,并商定保底价格,高出保底价格部分奖励农场,五谷农场负责度假小屋代租期间的消耗品更换、卫生保洁及安全管理;⑤冬季使用管理另付并需要自行支付水电费用。

支持 39 800 元:① 集装箱小屋以及私属农场 3 年使用权;② 投资者可以按照自己的想法设计自己的私属农场,我们将协助您做好定制装修工作,但是超出标准的部分需要投资者自行负担;③ 农场将负责投资者种植季节 6 个月居家集装箱小屋的保洁,并按照有机农业标准负责私属农场的所有种植管理服务,并承诺每年蔬果总产量不低于 1000 斤,并免费为投资者配送 24 周(每周不低于 10 斤),管理费用 1000 元,一次性缴费 8.5 折;④ 自用之外的度假小屋使用时间以及配送之外私属农场产出,可以赠送亲友也可以委托农场代租代售,并商定保底价格,高出保底价格部分奖励农场,农场负责度假小屋代租期间的消耗品更换、卫生保洁及安全管理;⑤ 冬季使用管理另付并需要自行支付水电费用。

支持 50 000 万元:① 集装箱小屋及私属农场 4 年使用权;② 投资者可以按照自己的想法设计自己的私属农场,我们将协助您做好定制装修工作,超出标准的部分需要自行负担费用;③ 农场将负责您种植季节 6 个月度假集装箱小屋的保洁并按照有机农业标准负责私属农场的所有种植管理服务,并承诺每年果蔬总产量不低于 1000 斤,并免费配送 24 周(每周不低于 10 斤),管理费每月 1000 元,一次性缴费 8 折优惠;④ 自用之外的度假小屋使用时间以及配送之外私属农场产出,可以赠送亲友也可以委托农场代租代售,并商定保底价格,高出保底价格部分奖励农场,农场负责度假小屋代租期间的消耗品更换、卫生保洁及安全管理;⑤ 冬季使用管理另付并需要自行支付水电费用。

根据案例可以看到,置换式农业众筹已经不仅仅是农业产品,即投资者对健康食物的追求了,它更多的是包括旅游、娱乐、农场休闲等活动。因此,这类伴随着娱乐性质的众筹,虽然投资者投入的资金更高,但是投资者更愿意接受。

2. 农业股权式众筹

农业股权式众筹指的是投资者投入资金,然后获得该项目的股份,获得未来收益。通常在这种模式中,根据农业项目发起方的机构不同可以分为以企业为主的农业股权众筹和以个人为主的农业股权众筹。

如果农业股权众筹的发起方为企业,那么这个众筹项目通常是以企业的农业技术为基础,这些农业技术包括农产品增产技术、新产品开发研究技术、农产品情况监控技术、信息化技术、有机化肥农业技术等。由于融资的金额通常较大,各大众筹平台的审核通过率也较高,也比较容易得到投资者的信任,这类农业众筹项目与实体店铺类似。所以这种类型的农业股权众筹项目比较容易获得成功。

如果农业股权众筹的发起方为个人,那么众筹成功的难度较大。这种模式之下的发起人通常都想要种植大片的茶园或者成立大型养殖场,但是由于缺乏初始资金,所以在众筹平台上发起众筹项目。项目启动生产,并成功将产品售出之后,投资人就可以选择退出,拿到投资本金以及收益。其运作方式类似于P2P本金收益分红,但是这类项目通常风险较大,如果没有可靠的第三方担保,那么投资人个人投资的可能性较低。

3. 农业公益式众筹

实际上,公益众筹在农业方面更需要帮助,具体而言,可以作为一种扶贫项目。农村发展落后,农户的收入不高,很多农产品没有具体的销售途径,只能够以较低的价格在周围售卖,利润甚微。以公益式众筹的方式,能够给农户们带来较高的收入,改变其生活条件。

通常情况下,这类公益众筹会回报给投资者一封电子感谢信,或回寄明信片,对于农村建设通常也会有实物回馈。公益众筹中一般设置的投资金额比较小,所以需要大量的投资者来进行投资,否则会面临失败的情况。此外,这类众筹需要有可靠的发起人和担保者,要有明细的资金来源和去向,要有非常完整的项目情况纪实和项目运营规划。另外,拍摄一段真实的视频可能更加能够感染群众,获得更多的投资。

9.1.4 农业产品的众筹上线

前面介绍了很多农业行业的众筹内容,了解了农业众筹的多种模式,下面以奖励式众筹模式为例介绍实物类的农业产品如何进行众筹的包装上线。

1. 众筹名称的确定

众筹的第一步需要确定众筹的名称,而农业类众筹需要从名称中体现出产品的特色。例如,在名称中加入"有机""原生态""绿色""环保"等字样,能够快速吸引参与者。比如,天天有机蔬菜——富硒有机、健康安全、放心蔬菜。

2. 介绍众筹的原因

在奖励式众筹中,通常需要对众筹的原因做一个简单说明,一般需要对项目发起人、项目产品、愿景等进行简单的介绍。下面来看一个简单的众筹原因说明。

案例陈述

有机蔬菜在种植环境及技术方面要求极高，对种植区域的水质、土壤、空气都有量化指标要求；有机种植技术、田间管理、病虫害防控等技术含量高，操作难度大；种植区块在隔离区等方面都有严格要求，须规模化种植；有机蔬菜认证期限长（需转换期2～3年）；前期投入巨大，种植成本高，特别是人工成本高，有机蔬菜种植产量低。这就造成有机蔬菜价格比普通蔬菜价格高数倍。但是随着种植规模越来越大，因销售渠道不广泛，导致有机蔬菜销售有困难。使农民从刚开始种植时的饱满热情到现在有点失落，看到一张张笑脸变得忧虑时，为了使农民回到以前积极种植的心态，为了使农民回到当初有良好收入的状态，也为了合作社能一直种植安全放心的有机蔬菜，所以我合作社发起了这次众筹。

3. 项目包装

实物类农业产品的众筹包装需要能体现出该产品的生态价值以及健康价值，通常采用文字、图片以及视频的形式来进行充分的列举介绍。另外，在农业类的众筹中通常还需要对项目的种植方式、生产地以及产品的特点进行详细介绍。

案例陈述

临洮县绿洲有机蔬菜种植专业合作社成立于2011年，有机蔬菜种植面积800亩，其中日光温室167座，钢结构塑料大棚216座，年产各类有机蔬菜3200吨。合作社现有从业人员150多人，其中有高级农艺师2名，农艺师11名。现有王家咀、边家湾两个园区，蔬菜交易市场一处，蔬菜贮藏冷库9座，配送中心一处。部分图片展示如图9-2所示。

图 9-2

（1）为什么食用富硒有机蔬菜。

更安全：不用担心农药残留的问题，能长期安心食用。

更健康：保持了蔬菜的原汁原味，其抗氧化剂的含量比常规产品高出40%，而且含有更高维生素C和有益矿物质（如铁和锌）。

富硒：硒是人体必需的微量元素，硒能提高人体免疫力。

（2）用环保酵素种植。

抗氧化剂：降低患癌症和心脏病的风险。铁：预防贫血。锌：增强免疫力，加快伤口愈合。

维生素C：对抗疾病。

丰富纤维：助消化，排出废物和毒素。

更有菜味：有机蔬菜不使用化肥激素催熟，蔬菜原味较浓，风味佳。

更省时间：有机蔬菜不含化学物质，只需用清水冲洗或稍微清洗表面就可以了。

保护地球：有机耕种是按照传统自然地农耕方法施肥，不破坏生态环境，更不会慢性污染土壤和水源，为"零"污染的未来出一份力。

（3）筹资目标与支持等级。

无私支持：感谢您的无私奉献，这份支持将助我们的梦想飞得更高更远。

支持156元：① 我们将邀请你加入有机蔬菜种植专业合作社微信筹建群，以便及时获得合作社的活动资讯；② 您能够获得有机蔬菜种植专业合作社举办的各类活动（亲子、采摘以及拓展）优先参与权；③ 您将获得有机蔬菜种植专业合作社的价值156元有机蔬菜1盒；④ 您将获得价值30元有机水果1盒。

支持620元：① 我们将邀请你加入有机蔬菜种植专业合作社微信筹建群，以便及时获得合作社的活动资讯；② 您能够获得有机蔬菜种植专业合作社举办的各类活动（亲子、采摘以及拓展）优先参与权；③ 您将获得有机蔬菜种植专业合作社的价值156元有机蔬菜4盒；④ 您将获得价值50元有机水果1盒。

支持2000元：① 我们将邀请你加入有机蔬菜种植专业合作社微信筹建群，以便及时获得合作社的活动资讯；② 您能够获得有机蔬菜种植专业合作社举办的各类活动（亲子、采摘以及拓展）优先参与权；③ 您将获得有机蔬菜种植专业合作社的价值156元有机蔬菜13盒；④ 您将获得价值80元有机水果1盒。

支持4000元：① 我们将邀请你加入有机蔬菜种植专业合作社微信筹建群，以便及时获得合作社的活动资讯；② 您能够获得有机蔬菜种植专业合作社举办的各类活动（亲子、采摘以及拓展）优先参与权；③ 您将获得有机蔬菜种植专业合作社的价值156元有机蔬菜26盒；④ 您将获得价值100元有机水果1盒；⑤ 您有1次免费到园区采摘活动。

（4）风险与限制。

众筹不是商品交易，支持者根据自己的判断选择、支持众筹项目，与发起人共同实现梦想并获得发起人承诺的回报，众筹存在一定风险。

农业产品与科技、数码产品不同，在设计筹资目标时需要考虑到价格低廉、产品的成熟期以及产品的产量问题等因素。

在实物农业众筹中最大的风险就是种植失败，同时因为实物农产品的运输中可能会出现实物，从而造成众筹失败，所以在众筹项目中需要进行一定的风险说明。通常出现的风险如图9-3所示。

①农业产品种植或养殖失败，无法正常回报给投资者

②农业产品的价格容易受到多方面因素的影响，所以产品在履行回报时可能会出现价格上涨或下跌的情况，投资者与项目方都将面临价格变化的风险

③部分的农业产品由于其产品的特性，如保质期等，无法进行物流快递，要投资者亲自到现场领取

④对于部分偏远地区，需要邮寄较长时间，为了保障质量很多农业产品并不支持偏远地区

⑤农产品与科技、数码等产品不同，没有一个确定的数据参考，所以每个人拿到的回报可能不同

图 9-3

9.1.5 农业众筹存在的问题

农业众筹改变了传统的农业模式，给农户、农场主、农业企业等带来了新的融资和销售途径，深受大家的喜欢。但是农业众筹中存在的一些问题也需要项目方引起注意，因为这些问题很可能会造成众筹项目的失败，给自己以及投资者带来巨大的损失。

1. 产品质量问题

对农业众筹而言，最为重要的便是产品质量。投资者之所以选择众筹农业产品，其初始目的在于产品的质量。如果众筹的产品质量不能够给投资者很好的体验，会降低投资者对产品的信任度。因为农产品的众筹往往都不是一次性的，而是长期反复的一个过程。如果产品质量好，能够给投资者留下一个好的印象，也能够提升产品形象。

好的产品能够得到支持，得到信任。纵观众多的农产品众筹项目，大部分都是大家熟悉的日常生活常见的农产品，而不是陌生的农产品，这也是因为大家对熟悉的农产品信任度会较高。所以，众筹农产品一定要打消投资者对农产品的怀疑，并通过溯源体系让参与的用户了解农产品生产或者种植的各个环节，提高投资者对产品的信任度。

2. 资金供应链问题

资金一直都是项目方的重要问题，项目在发展过程中如果出现资金短缺的情况，将给项目带来重大的损失。因此，项目方在众筹初期便要有一个清楚的资金计划，其中除了产品的生产种植以外，还要包括产品的设计包装、品牌打造等。通过品牌的打造能够给投资者形成自豪的满足感。

3. 产品物流问题

农产品与其他产品不同的地方在于农产品有一个保鲜期，过了这个期限则无法给投资者提供好的产品。所以项目方要注意产品的物流、运送、冷冻等情况，通过良好的物流体系，确保农产品在物流运输过程中的质量。

4. 投资者体验问题

投资者即消费者，消费者用户体验的好坏常常是一个企业是否得到快速发展的关键因素。在农业众筹中，用户体验并不是简单的品尝农产品，而是要贯穿整个农业众筹过程，包括种植、生产、运输、消费等。这些都需要给投资者满满的参与感，从而提高其用户体验度。

除了确保产品的质量体验之外，还要给用户以超出预期的体验感。例如，在苹果众筹项目中，除了回报给投资者苹果以外，还可以赠送给投资者切苹果神器、自动去皮刀或卫生纸等。这些小赠品虽然并不昂贵，但是往往却能够给投资者带来很好的用户体验。另外，体验服务往往也是确保用户二次参与的条件。

最后，众筹只是解决农业生产端与销售端难题的一个手段，尤其是农业对金融的需求。所以，作为农业经营者除了需要不断地提高自己产品的质量和技术以外，还要形成自己的特点和优势，才有机会走得更远。

9.2 适合众筹模式的游戏众筹

游戏本身具备良好的群众基础——庞大数量的平台玩家。通常这类玩家愿意尝试各类新鲜的游戏众筹，这是众筹成功的一个优势。

9.2.1 游戏项目选择众筹的利弊分析

不难发现，近几年众筹平台上的游戏项目越来越多，几乎每个月都能够看到新的热门游戏出现在众筹平台之上。为什么众筹平台能够吸引到这么多的游戏开发者和游戏制作公司呢？下面来具体看看游戏项目选择众筹方式融资的利弊。

1. 选择众筹的优势分析

由于互联网的普及，越来越多的信息出现在人们的面前，传统的游戏已经满足不了人们对于娱乐游戏的追求，所以众筹这种模式成功地吸引了大众的视线。通常在众筹平台上发起的游戏项目还没有上线，处于一个研发阶段，此时投资者可以对项目进行投资，甚至是提出建议，从而帮助游戏开发者设计出更适合自己的游戏。这也是为什么游戏众筹能够得到广泛关注的原因。除此之外，游戏项目选择众筹还有以下几个优势。

（1）帮助企业快速筹集资金。对游戏的开发者和公司而言，资金短缺永远是一个最大的问题，而众筹则是其获取资金的重要途径。如今，商业游戏乃至3A大作的研发制作费用都越来越高，在这样的情况之下，游戏研发者和企业选择众筹实现资金的筹集不失为一个良好的方式。

（2）提高关注度。我们知道，对游戏而言最为重要的便是玩家数量。如果新游戏上线得不到较大的关注，吸引不了较多的玩家，无疑会给游戏开发者和企业带来巨大损失。而众筹的模式可以为游戏提高关注度，尤其是一些影响力较大的专业平台，平台上的用户量较大，能够在平台上发布关于游戏的讯息，就如同为游戏做了一次推广，也能够为企业节省很大一部分的宣传推广费用。

（3）宣传游戏的理念。大多数项目发起者在众筹平台上发起项目的一个原因在于宣传项目、产品或公司的理念，打造品牌概念。对游戏众筹项目而言，也是如此。无论是对于游戏独立开发者，还是游戏开发企业而言，众筹平台都是一个较好的宣传创作理念的平台。通过这个理念的宣传推广，有利于开发者快速定位为游戏的核心玩家群体，针对性地吸引到志同道合的游戏玩家。

（4）吸引资本投资。事实上，对很多游戏众筹项目而言，众筹筹集到的资金只能够支持游戏开发的部分运作，并不足以支付游戏的全部研发费用，所以许多游戏开发者在众筹平台发起众筹更多的是为了吸引投资。

例如，《血迹夜之仪式》由于资金短缺，开发者想到了在 Kickstarter 众筹平台上发起众筹，项目上线仅 10 个小时便完成了融资目标，到众筹结束一共募集到 550 万美元。但是因为这款游戏需要登录多个游戏平台，并且内容庞大复杂，所以仅靠众筹而来的 550 万美元很难使得游戏顺利开发到完成。但是通过这次众筹使得很多投资机构看到了该游戏中潜藏的商业价值，所以顺利吸引到了一些投资资本的关注。但是在众筹之前，游戏的开发者也曾经带着该项目去找过投资者，但他们都表示对此项目兴趣不大。

（5）游戏中的互动和反馈。游戏众筹项目在众筹平台上发布之后，也会和其他众筹项目一样，在平台上不断公布游戏的最新研发进展，然后听取玩家对于游戏的意见，逐步改进游戏中的不足。这使得研发团队与玩家之间建立起了一个沟通的桥梁，也打破了传统游戏开发者独立创作的模式。

在传统的游戏创作中，尽管大部分游戏研发者也希望能够获得来自游戏玩家们的意见，但是真正想要获得玩家意见，然后考虑使用到研发中并不容易。尽管有的公司会有专门的用户驻扎在论坛里听取玩家的各种意见，但是很多游戏公司出于商业机密等因素考虑，并不会开放和玩家进行良好沟通的渠道。另外，有的游戏公司还会采用问卷调查的形式来获得反馈。但是问卷调查的题目有各方面的局限性，很容易对项目造成误导，并且问卷调查的方式落后，效果甚微。

反观众筹，省去了大部分的中间环节，能够准确地找到目标玩家，并且预期进行直接的互动交流沟通，这对玩家和开发者而言都是一件互惠互利的事情。

（6）抓住核心的玩家群体。前面提到，众筹平台能够帮助玩家与开发者进行互动交流，因此在互动交流过程中也有利于开发者抓住核心的玩家群体。因为，开发者在游戏开发的过程中会不断地在平台上更新游戏的进度情况，以便来维护和逐步出筛选自己的核心玩家群体。

这部分核心玩家对于项目往往投入更多的心血，对于游戏的建议通常也都是经过认真考虑的，具有很强的实用性。他们的参与度很高，所以值得开发者对其细心呵护。另外，这部分粉丝通常也会向身边的朋友介绍自己喜欢的游戏项目，进而扩大游戏的用户群体。

2. 游戏众筹的弊端

任何事情都有两面性，游戏众筹也不例外。尽管游戏众筹融资的方式给游戏独立开发者、游戏公司以及游戏玩家带来了很多益处，但同时也带了很多弊端，其中不少都是难以解决并长期存在的，所以一个游戏团队在决定自己的项目是否要进行众筹时也需要考虑多个方面的问题，再进行决断。下面来具体看看游戏众筹有哪些方面的问题。

（1）游戏项目失败。众筹上的游戏通常都是尚未推出的新游戏，这类游戏没有群众基础，所以可能会经常出现众筹失败的情况。据统计，目前众筹平台上的游戏项目众筹成功率在35%左右，而在这些众筹成功的项目中还存在因为后期制作等各种原因导致项目出现失败的情况。

案例陈述

Yogcscast是一个游戏开发小组，他们在Kickstarter众筹平台上发起了一个Yogventures的游戏众筹项目。项目在众筹平台上发展比较顺利，到众筹期结束时，他们一共筹集到了 56 万美元,远远超过了他们众筹的预期目标 25 万美元。

众筹融资大获成功之后,Yogcscast 小组对游戏抱着巨大的希望,为了感谢玩家们对游戏的支持,许下了各种各样功能的承诺。当游戏设计完成,在推行了一个 Beta 版本之后,这个众筹项目因为游戏开发合作公司 Winterkewl 的退出而取消。Winterkewl 退出的原因是这个游戏所要实现的内容过于庞大,令其不堪重负,无法完成。

由于众筹的形式是完全公开的,所以游戏开发者不得不考虑加入玩家们对于游戏各种各样的需求,甚至有的时候游戏开发者会被盲目的乐观冲昏头脑,忽略许多实际的问题,从而导致游戏项目的失败。

(2)游戏被泄密或抄袭。众筹模式中最大的隐患莫过于商业机密泄露,在游戏众筹项目中更是如此。为了吸引更多游戏玩家,开发者必然会将游戏项目中大量的亮点、特点、功能等展示出来。尽管项目方也会有所保留,但是创意通常已经被公开了,而对游戏设计者来说最为重要的便是创意。如果这个创意本身的实现难度较低,那么该游戏项目就不得不面临被泄密或抄袭的风险。

案例陈述

工业工程师 Nimrod Back 在为 Android 开发了几个应用程序后,注意到设备缺乏一个最直观的点击按钮,于是找到了产品设计师 Boaz Mendel、用户体验专家 Danielle Arad 和程序员 Shai Alon,一起构想了 Pressy 这款智能硬件,希望能帮助人们更方便、更快捷地使用智能手机上一些比较简单的功能。如图 9-4 所示为产品情况。

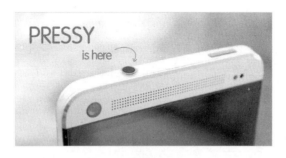

图 9-4

在 2013 年 10 月众筹结束后,他们获得了 695 138 美元的支持,是预期资金的 24 倍,并预计在第二年春季发布产品。遗憾的是,他们尚未等到他们的春天,冬天便来了。这个产品很快便被模仿抄袭了。

有其他公司提前运用同样的想法理念制作出了产品，价值几元人民币。尽管他们也想将此事诉诸法律，但是因为他们的预算里提到的花2000美元撰写的专利申请尚未提交。另外，他们的产品尚未做出来，所以这无疑是一场没有胜算的官司。

这种情况目前在国内更为普遍和严重。由于目前国内对于版权维护等措施还处于一个尚待完善的阶段，很多方面还存在不足，所以很多众筹项目很容易被抄袭复制。国内很多游戏或是电子IT产品，还没有上市便出现了山寨产品，在某些电商平台上更是公开售卖。出现这种情况的原因主要有以下几点。

第一，知识产权专利保护比较薄弱。任何有价值的产品或商业模式创意做出来之前首先需要在主要市场上申请必要的专利保护。但是需要知道的是，虽然专利能够对产品和项目起到一定的保护作用，但是在实际问题中，这层保护比较薄弱。

首先，项目方申请专利的时间周期较长、成本较高，而且过程中还需要经过多次的质询和修改，需要耗费项目方大量的精力。其次，如果仅仅在本地市场申请专利，速度必然会加快，但是却无法防范其他市场的侵权行为，所以基本上属于无效措施。而且这种情况在专利保护环境差的国内而言要更为严重。

第二，技术和工程门槛过低。纵观被抄袭的项目可以发现，这些产品都有一个共同的特点，其技术和工程门槛过低，很容易被模仿，甚至被超越。例如，案例中的Pressy的产品创意，可以轻易地找个电子工程师几天内做出硬件，然后再联系软件工程师几天内便可以做出软件原型。这样的低门槛项目产品，并不适合在众筹平台上进行展示，对于游戏众筹项目也是如此。

通过前面的介绍不难看出，尽管众筹给项目方带来了众多优势，但其中也有不容忽视的弊端需要引起注意。就项目方而言，游戏众筹的弊端往往带来的是毁灭性的灾难，所以需要考虑清楚。

9.2.2 国内游戏众筹市场存在的问题

相较于国外众筹，国内的游戏众筹目前处于一个"水土不服"的阶段中，其中存在的很多问题都需要游戏开发者引起注意并规避。

1. 电商众筹平台改变游戏众筹

随着众筹行业的大热，众筹平台也成为热门，除了专业的众筹网站之外，还有一些电商网站也开始了众筹,如京东、淘宝、苏宁等。但是与传统的游戏众筹平台不同的是,这类电商平台上众筹的游戏类项目往往是几乎快要完成的商品,并且大多都有一定的公司背景,与其说是众筹融资,不如说是为了宣传推广。

例如,曾有媒体曝光在某电商众筹平台上,某项目筹资方筹集资金1000万元,自己却先投资300万元用来刷单,而平台则从中收取5%的中间费用。这样首先能够让项目得到在众筹平台首页展示的机会,并得到媒体的报道。其次,通过刷单的行为给大众玩家造成了一种项目火爆的假象,利用大众玩家的从众心理,从而使玩家提高对游戏的期待,增加项目众筹的成功率。之后各大游戏厂商纷纷效仿,将众筹作为变相宣传。

2. 贩卖情怀众筹进行炒作

游戏厂商将一些原本便有庞大粉丝群体的招牌运用到游戏当中,吸引众多玩家参与关注,并邀请玩家一起参与设计游戏。

不可否认的是,这个商业模式确实能够吸引到大批粉丝群体和游戏玩家,也具有操作意义。但是在实际众筹中却变了味。虽然游戏厂商打着邀请玩家一起参与游戏的创作、制作并优化的旗号,实际上只是通过众筹进行产品的预售行为,真正的游戏产品已经研发完成。

案例陈述

2015年,××游戏在国内某知名众筹平台上发起名为"与《××》共赴纯美之约"的众筹项目,如图9-5所示。

图 9-5

由于《××》众筹项目凭借该游戏系列的招牌拥有庞大的粉丝群体,所以项目一经上线便迅速引起众多玩家的关注,上线一天筹款60多万元,到项目结束一共筹集1 559 119元。下面来看看众筹项目的回报设置内容。

支持60元:① 《××》电子版收藏证书1张;② 数字版《××》1套;③ 每200名支持者中抽取1套精装实体版《××》。

支持99元:① 《××》电子版收藏证书1张;② 精装实体版《××》梦缘版1套;③ 《××》主题文身贴2张;④ 每100名支持者中抽取1名升级为××仙签名版。

支持299元:① 《××》电子版收藏证书1张;② 《××》豪华版1套;③ 《××》主题文身贴2张。

支持499元:① 《××》纸质版收藏证书1张;② 姚仙签名豪华版《××》1套;③ 仙剑20周年礼包1份;④ 《××》主题文身贴2张;⑤ 由游戏Coser特使上门送福利;⑥ 抽取1位赠送7月5日仙剑20周年庆典晚会VIP门票。(报销全程来回路费、食宿,总金额不超过5000元。)

虽然《××》项目的融资很快完成,也得到了众多玩家的关注,但是玩家对其行为却大为不解。作为一个国产情怀游戏的代名词,如果游戏开发商因为资金问题需要众筹支持游戏的开发运作,老玩家们支持众筹无可厚非。但是《××》早已制作完成,即将发售却发起众筹。

另外,项目方在发起之初的目标金额为8888元,也可以看出项目方并不是因为资金,更多的是"情怀营销"。对此,部分玩家则认为《××》众筹师出无名,甚至认为该游戏的"情怀已死",如图9-6所示为部分玩家的评论。

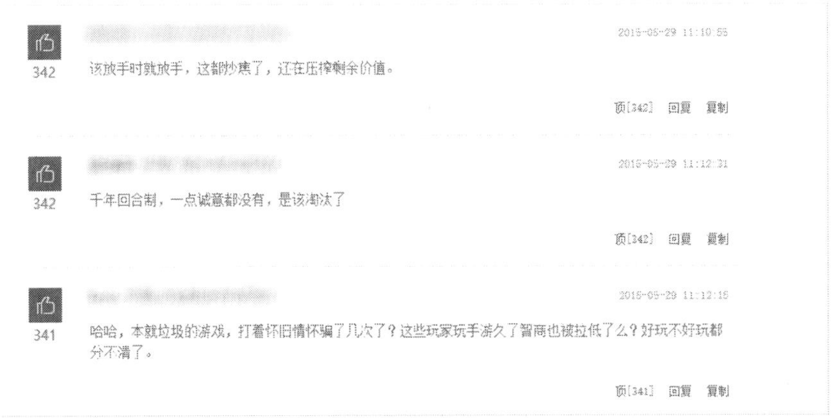

图 9-6

3. 项目大多不够成熟

虽然国内的游戏众筹项目较多，但是实际上真正成功的案例并不多。主要是因为目前国内的游戏众筹项目在很多方面还不够成熟，而造成项目不够成熟的原因主要有以下几点。

（1）国内整体游戏文化尚且不够成熟，玩家们对于一些好游戏的渴望并没有如国外玩家那般强烈，所以使得游戏研发者更多的是为了迎合市场，开发一些商业性的游戏，并没有真正的研发"好"的游戏。

（2）国内的经济发展水平与发达国家相比有一定的差距，所以玩家们愿意为众筹买单的愿望并不强烈。

（3）国内进行众筹的游戏独立开发者和公司，对于游戏的包装和营销方面与国外相比还存在较大的差距。很多国内的游戏众筹项目并不是本身存在的问题，如果对项目做一个比较好的包装和营销，那么会更加容易吸引到玩家的关注，也比较容易众筹成功。

（4）目前国内进行游戏众筹的开发者都是一些中小微企业的团队，他们对于游戏的研发具有一定的热情，但是在研发水平方面，确实与国外的研发水平存在较大的差距。例如，某游戏在推出之后，因为其操作笨拙而不精确，使得玩家在操作过程中出现失误，进而引发了众多玩家对游戏的不满。

9.2.3 盘点游戏众筹常用的平台

我们知道如果项目方能够选择到一个好的众筹平台往往能够使众筹项目的发展更为顺遂，也容易受到玩家们的关注，成功率也会随之提高。下面介绍一些游戏众筹成功率较高的平台。

1. 摩点网

摩点网是一个专注于游戏、动漫、卡通等创意文化产品的众筹平台，发起人可以在摩点网上发起游戏、动漫、卡通类项目的众筹筹款需求，并承诺提供不同形式的回报给支持该项目的支持者。网站覆盖的范围包括单个游戏项目、电竞比赛、小说、游戏大会、游戏机等。如图 9-7 所示为摩点网的首页（http://www.modian.com/）。

第 9 章　了解其他常见的众筹融资类型

图 9-7

2. 青橘众筹

青橘众筹是上海众牛网络旗下的创新型众筹平台，目前为中国最大最受关注的众筹网站之一。为梦想发起人提供项目设计建议、宣传推广、数据支持、众筹基金支持、用户跟踪等服务。在游戏方面覆盖的范围包括单个游戏项目、游戏媒体。如图 9-8 所示为青橘众筹的首页（http://www.qingju.com/）。

图 9-8

3. 天天投

天天投是一家综合性众筹网站，也是一家手游股权众筹平台，众筹成功之后，平台会从成功项目中收取部分费用。该网站在游戏方面涵盖的范围包括单个的游戏项目、游戏媒体、游戏团队等。如图 9-9 所示为天天投的首页（http://www.evervc.com/）。

图 9-9

4. 追梦筹

追梦筹是上海追梦网络科技有限公司旗下的类 Kickstarter 众筹模式网站,是国内众筹网站的先行者之一。追梦筹也是一个分享创意的综合性众筹网站,在游戏方面覆盖的范围包括单个游戏项目、游戏教育等。如图 9-10 所示为追梦筹的首页(http://dreamore.com/)。

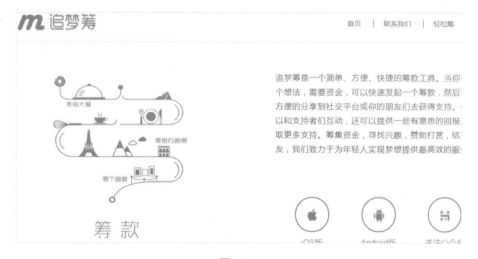

图 9-10

5. 淘宝众筹

淘宝众筹前面已介绍过,它是一个综合性众筹网站。在游戏方面覆盖的范围主要是单个游戏项目。如图 9-11 所示为淘宝众筹的游戏众筹项目页面。

第 9 章 了解其他常见的众筹融资类型

图 9-11

除了上面介绍的游戏众筹平台之外，还有微投网等众筹平台，都能够发起游戏类众筹项目。而游戏众筹平台的介绍顺序是按照众筹成功率排列的。

9.2.4 游戏众筹的运作情况

虽然众筹的模式很多，但是在游戏行业的众筹中通常运用的都是奖励式众筹模式。即游戏项目在上线之前，先将项目的相关信息资料透明地呈现给玩家，并说明如果玩家支持该项目将获得什么样的回报（通常为游戏产品本体或限量的周边产品）。等项目众筹成功上线之后，项目方按照承诺将回报发送给支持者。

下面来看看游戏众筹中可能会存在的众筹模式，如表 9-1 所示。

表 9-1 游戏众筹的模式分析

类　型	内　容	特　点
奖励众筹	项目方按照承诺，在项目成功之后回报给投资者产品	游戏行业中的普遍模式
公益众筹	单纯的赠与行为，项目方不用提供给投资者回报	支持者为了获得心灵上的满足，通常不存在
股权众筹	支持者投入资金，得到游戏项目的股份，分享收益	该模式在法律上存在争议，所以尚且不提倡

续表

类　型	内　容	特　点
债权众筹	类似投资理财，发起者承诺收益率，在项目完成后返回相应的金额	目前市场这类的产品比较少见，投资理财者比较少关注这类项目

由表 9-1 可以看出，在游戏行业的众筹中最为适合的运作模式为奖励众筹，即回报众筹，在产品正式推出之前，让玩家先投资支持项目，然后根据玩家的经济情况和项目支持程度的不同，设置几个不同的"投资档位"，随着档位的递增，获得的回报也越加丰厚。

在奖励式众筹中最为关键的一点在于回报内容，游戏众筹也是如此。相比于国外的玩家，国内的玩家更在意回报，并且无法忍受长时间的等待。在这样的情况下，小型游戏更容易众筹成功，而大型游戏往往会失败。

因此，项目方在每个不同投资档位的回报设置都需要有足够的诚意，例如，比上线后的定价更便宜，赠送独家、限量的周边产品。另外，项目完成后 3 个月左右需要兑现承诺，超过 3 个月则会大幅度降低玩家们的耐心。

9.3 创作电影的新模式众筹

对电影产业来说，众筹的加入使其发展变得更为开放互动，更适于互联网时代的创作新模式。众筹为电影制作提供新的融资渠道，也为片方在了解用户需求、进行电影宣传方面提供了资源。

9.3.1 众筹改变传统的电影拍摄

在电影的产业链中有 3 个关键因素：渠道、制片和影院。渠道需要优质的内容，制片需要更好的营销和影片普及，影院则需要更多观众。众筹通过互联网思维做电影，利用互联网产品和模式来运作包含制作、发行、放映以及相关衍生物在内的整套流程，已经成为行业未来发展的一种方向。

传统电影的拍片模式需要经过以下几个步骤。

（1）寻找一个优质的作品。

（2）寻求投资方对电影进行投资。

（3）成立电影制作团队。

（4）与广告商们洽谈广告的植入与赞助问题。

（5）启动电影拍摄计划。

（6）电影正式上映。

（7）投资者分享投资回报。

通过传统的电影拍摄步骤可以看出，除了电影制作的本身以外，最为重要的便是寻找投资方进行投资。而这一步骤也常常是阻碍电影拍摄的一大难题，但是电影众筹模式的出现改变了这一模式。

众筹模式让每一个观众都可能成为投资方，很大程度上改善了投资难的问题。观众投资 100 元就能够成为电影的投资方，这样的形式将粉丝转化为投资者，将大众投资者转化成为重要的观影消费者，增加了影片的持续关注度和观众的参与度。

9.3.2 国内电影众筹的形式

电影众筹在国内的发展时间并不长，很多方面存在着欠缺，加之相关市场、法律并不完善，所以导致了相关众筹平台的运营模式混杂。例如，按照我国现有金融监管的要求，所有众筹项目不能够以股权或资金作为回报，项目发起人更不能向支持者承诺任何资金上的收益。这就使得一些涉及资金收益的众筹平台，为了规避红线，而将自己定位成为理财平台，否认自身的众筹性质。

但是，随着电影众筹在国内的兴起，许多众筹平台开始发展壮大，并且吸引了大量用户积极参与，对电影产业产生了不可忽视的推动力量。鉴于此，查看国内电影众筹平台及模式可以发现，目前主要有理财型、私募型以及预售型 3 种电影众筹模式。

1. 理财型电影众筹模式

理财型众筹模式指的是众筹平台通过与保险、信托等公司的合作，以出售理财产品的形式向公众筹集资金，从而完成电影项目的固定融资，并向片方要求固定收益率的回报，代表众筹平台有"娱乐宝"。

娱乐宝是由阿里巴巴数字娱乐事业群联合金融机构打造的增值服务平台。用户可以在该平台参与热门娱乐文化项目，投资者参与后即有机会享有电影首映、明星见面、剧组探班、拍摄地旅游及娱乐周边礼品等娱乐权益。如图9-12所示为娱乐宝的首页（http://yulebao.taobao.com/）。

图 9-12

娱乐宝电影众筹的运作模式如图 9-13 所示。

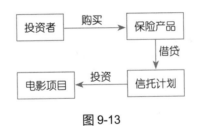

图 9-13

娱乐宝的官方定位是国华人寿推出的一款投资联结型保险产品，名为"国华华瑞1号终身寿险 A 款"，预期年化收益率为 7%，不保本不保底。基本模式为"投连险—信托—投资"的方式，将众筹的资金融给片方。下面以一个具体的电影众筹案例来说明理财型电影众筹。

案例陈述

《麦兜·饭宝奇兵 xin》是娱乐宝平台的一个电影投资项目，一经上线便得到了广大网友的支持，项目在规定时间内完成了筹集目标。

故事讲述一个关于"麦兜拯救地球"的故事，童真最无敌暗示了麦兜这一形象最可贵的童心与纯真，会成为打败外星屁屁怪的秘密武器，而它也象征着已走过20年的麦兜系列不忘初心，要将"童真稚愈系"进行到底。如图9-14所示为项目图片展示。

图 9-14

项目的具体内容如下。

历史年化结算利率：5.5%。

产品名称：娱乐宝 B 计划。

产品类型：万能险。

最低保证年利率：3%。

风险提示：本产品为万能保险，结算利率超过最低保证利率的部分是不确定的。

保险期间：5 年。

犹豫期：10 天，犹豫期内退保无息退还全部已交保费。

领取说明：犹豫期后，保单生效 1 年内的退保费用比例为 1%，超过 1 年该比例为 0。

投保年龄：18～65 周岁。

交费方式：趸交。

起购金额：100 元起售，每 100 元累加。

保险责任：身故保险金为 120% 账户价值，满期保险金为 100% 账户价值。

报备文号：娱乐宝 B 计划由《国华 2 号两全保险（万能型）》组成，报备文件编号为国华寿发 ×× 号。

代理公司：本产品由 ×× 保险销售有限公司代理销售。

根据娱乐宝平台的电影项目可以看到,娱乐宝其本身更倾向于定位为一款理财产品,但以出售保险的方式为电影项目方融资,实际上也是向公众筹集资金的过程。另外,大量在线用户对于电影众筹广泛的参与,其对娱乐宝而言,搭建一个稳定网络社区的意义或许要远大于电影的融资。

2. 预售型电影众筹模式

预售型电影众筹模式指的是电影项目方以"预售"的形式向大众筹集资金,在融资完成后,将电影的观影券、衍生品等预售实物兑现,作为对投资者的回报,代表的众筹平台有众筹网。

预售型电影众筹实质上是奖励式众筹,大众对其电影项目进行投资支持,然后得到电影相关的产品回报。下面以一个具体的电影众筹案例来说明预售型电影众筹模式。

案例陈述

年度话题电影《困兽》是根据真实事件"临沂网戒中心杨××电击治疗网瘾少年事件"进行改编而成的,由编剧李某在众筹网上发起众筹。如图9-15所示为项目内容图片展示。

图9-15

【项目故事】

2016年8月中旬,一篇名为《杨××,一个恶魔还在逍遥法外》的文章让"磁爆步兵"杨××再次登上了各大网站的头条,他的"电击疗法"也再次受到网友关注,相当多的网友表示震惊,这种变态的治疗竟然还存在!

"临沂市网络成瘾戒治中心"简称"临沂市网戒中心",位于临沂市第四人民医院,网戒中心主任杨某是临沂市第四人民医院副院长。在该网戒中心的官方宣传资料上可以看到,自从 2006 年 1 月成立至今,共"成功治疗"6000 余名"网瘾问题少年"。同时,该网戒中心先后获得市、省、国家多项荣誉奖章。杨××更是因此获得 2008 年度国务院政府特殊津贴,2009 山东省第四届"发明创业奖"二等奖,2012 年度临沂市卫生领军人,全国戒网瘾专家。但是,他在网络上,还有一些耸人听闻的外号,分别是"磁爆步兵"以及"电击狂人"。

目前,该网戒中心依旧在正常运营之中。同时,在全国各地,这样的网戒中心至少有 500 多家。身为临沂人,听闻这个事件,震惊不已。决定写成电影,名字就叫《困兽》,立志做一部中国版的《熔炉》。

【回报设置】

电影《困兽》众筹项目分为 55 元、95 元、150 元、450 元、2500 元、5500 元以及 30 000 元 7 个不同等级,支持者在支付相应的金额后,会得到不同数量的电影票和电影首映礼的入场券以及其他相应回报。具体如下。

55 元:片尾鸣谢。电影票 1 张。

95 元:片尾鸣谢。电影票 2 张。

155 元:片尾鸣谢。电影票 2 张,首映礼入场券 1 张,主创签名海报 1 张。

455 元:片尾鸣谢。电影票 2 张,首映礼入场券 2 张。主创签名海报 2 张,邀请出演电影中的群众演员(无报酬,可选择约定时间探班)。电影纪录片签名花絮光碟 1 份。

2500 元:片尾鸣谢。电影票 5 张,首映礼入场券 5 张,主创签名海报 5 张,邀请出演电影中的角色(无报酬,非群演,可选择约定时间探班)。电影纪录片签名花絮光碟 1 份,限量版文化衫 1 件。

5500 元:片尾特别鸣谢。电影票 10 张,首映礼入场券 10 张,主创签名海报 5 张,邀请出演电影中的角色(无报酬,非群演,可选择约定时间探班)。电影纪录片签名花絮光碟 1 份,限量版文化衫 2 件。

30 000 元:您的名字将出现在主创名单,联合出品人页面,片尾特别鸣谢。电影票 10 张,首映礼入场券 10 张,主创签名海报 10 张,邀请出演电影中的角色(无报酬,非群演,可选择约定时间探班)。电影纪录片签名花絮光碟 5 份,限量版文化衫 5 件。

这样预售形式的电影众筹有利于片方和观众在电影上映之前就可以进行深入的互动交流。但是投资者对于电影的创作更多的只是提出建议和意见，最终的决定权始终在项目方手中。另外，电影相关衍生品的出售也可以让电影曝光相应的内容物料，提高公众对电影的关注度，也可以将其作为电影的一种宣传营销方式。同时，通过预售电影票的方式进行融资，在很大程度上减轻了影片的票房压力，将支持者顺利地转化成为电影的观众。

3. 私募型电影众筹模式

私募型众筹主要是指通过电影的项目方直接通过熟人圈以私募的形式进行的众筹，其对于投资方一般都有经济背景的限制，而回报收益则以电影上映后收回的风险投资收益为准。

私募电影众筹在于"私募"二字，即向小规模合格投资者发起众筹，是建立在互惠互利关系的基础上的。此类众筹的开展比较私密、高效。众筹的成功则主要依赖于项目发起者本身所具备的行业影响力和信用度。例如，前面在股权众筹中介绍的电影《大圣归来》便是私募电影众筹模式。如图9-16所示为私募型电影众筹的运作模式。

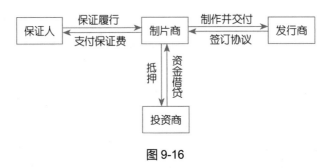

图 9-16

由于目前国内的相关法律对股权众筹的相关规定，所以在电影股权众筹中暂时只有私募的方式是合法的形式，其主要通过一方牵台，在特定的熟人圈中进行相关的众筹，对投资者的背景有一定调查和限制，所以在众筹效率方面有比较显著的特点，比较适合电影产业内的圈内众筹。

9.3.3　电影众筹前需要考虑的几大要素

众筹模式的出现，一方面，对独立的电影人而言，众筹为其提供了理想的融资渠道，解决了电影投资的燃眉之急；另一方面，对资金雄厚的大片而言，众筹可以看作对市场的一个调研和一种行之有效的营销手段。正因为如此，大批电影圈人士趋之若鹜，但是却忽略了电影众筹中潜藏的陷阱。每一个电影圈人士在发起众筹项目时都需要考虑以下几个关键要素，以避免误区。

1. 你的电影是否适合众筹

很多电影人将众筹作为影片的一根救命稻草，而忽略其影片本身是否真的适合众筹这样的形式。事实上，并不是所有的影片都适合众筹。在决定电影项目是否参加众筹时首先需要考虑以下几个问题。

（1）对于电影你的预期投资金额是多少？不难看出，在电影众筹的项目中，大部分众筹成功的项目都是金额较低的小制作电影，而筹资金额过大的项目会降低投资者的投资热情。如果你的电影投资预期在上千万元，甚至是上亿元，这时就需要考虑众筹是否能够满足你的预期目标。

（2）考虑电影是否能够引起粉丝的关注？电影众筹实际上是一种粉丝经济，将粉丝转化成为投资者，所以一个电影是否能够成功吸引粉丝的关注常常决定着一个项目是否众筹成功。因此，在考虑众筹时就需要考虑电影是否具备吸引粉丝的关键因素，如明星、导演、大热 IP 等。

（3）对于众筹你是否具备足够的精力？在众筹中，对投资者而言最为重要的是回报，这就意味着发起人需要在规定的时间内将自己的电影制作完成，并且成功地推销出去。但是，在实际的电影制作中往往却不是那么顺遂，除了要及时保质保量地将影片制作出来，还要实时地将影片的进度过程进行更新，让投资人了解，所以更需要发起人具备足够的精力。

（4）你的影片是否能够通过众筹平台的审核？换句话说，目前的众筹平台对于电影项目的审核比较严格，发起人在发起众筹之前首先需要考虑自己的电影项目是否优秀，是否能够成功得到娱乐宝、百发有戏等众筹平台的青睐。

2. 电影的宣传片制作

为了快速地吸引投资者进行投资，通常发起人会制作一个与电影相关的宣传视频，以方便投资者进行浏览查看。在这个快节奏的消费时代，大众更倾向于简单粗暴的视频、图片信息，所以发起人对于宣传视频的制作不能忽视。这往往是人们了解影片的最初途径，通过对视频的评价会直接决定是否要投资。

在视频的制作方面主要从以下几个方面入手。

- ◆ **内容方面**：在视频的内容制作上要体现出影片的大体内容，并且尽可能地将影片的亮点展示出来，如搞笑的桥段、震撼的场面以及特效的制作等。
- ◆ **视频时长**：根据调查显示，大部分观众在视频开始前的 60 秒保持的关注度最高，当时长超过 3 分钟，后面的内容大部分观众都看不下去。因此，宣传视频的时长保持在 2 分钟左右最好，而最重要的部分尽量放在视频的前半部分，这样才能够牢牢地抓住观众的想象力。
- ◆ **艺术性**：电影制作实质上是艺术创作。尽管视频的目的在于商业宣传营销，吸引投资者，但是在宣传视频的制作上要淡化"宣传营销味"，使之具备艺术性、可视性。

3. 电影众筹的回报设置

电影众筹吸引粉丝的一个关键因素在于能够给予粉丝怎样的回报和收益，也就是回报设置。电影众筹并不是捐赠式众筹的模式，每一个投资者投资项目都希望能够得到相应的回报，所以不要轻视回报设置。一个糟糕的设定很有可能将一部优秀影片的电影众筹彻底毁掉。因此，对于电影众筹的回报设置需要注意以下 3 个方面的问题。

（1）起始投资的金额设置不要过高。有的发起人很容易犯一个错误，认为初始投资的价格如果定得过低，对于筹集目标金额而言过少。例如，目标金额为 50 万元，起始投资金额为 10 元。这实际上是过分贪心和不了解市场以及观众需求的综合情况下形成的错误认知。很多人只是想要花几元钱来支持创业者创业，所以回报设置的起始投资金额不要过高，大数量的小金额投资也是一笔可观的数字。

（2）不同档位之间的资金间隔不要过大。众筹中，投资回报的档位设置都是由低到高的，投资者可以根据自身的情况选择性地投资，然后获得相对应的投资回报。如果设置的投资档位间隔过大，会给人不好的投资感受。因此，项目的回报设置只需要适当地增加间隔，划分档次即可。

（3）丰富回报内容的设置。在电影众筹回报内容的设置中要尽可能的丰富，如电影限量海报、剧照、纪念品、影片音像、剧组探班机会、首映会门票等。因为支持电影众筹的投资者大部分为粉丝，所以在回报设置中要尽量站在粉丝的角度进行思考，除常规的电影门票之外，还要能够提供给粉丝其他满意的回报设置。

4. 与粉丝之间的互动

大部分电影粉丝都希望能够成为电影投资人，而电影众筹模式的出现满足了影迷的需求。电影众筹是一个费时耗力的过程,而保持电影项目的热度是众筹的关键所在,所以需要保持与粉丝之间的良好互动。需要注意的是,互动不要过于疏离,也不必过于亲密,适当的互动才是最好的。

首先,可以制作感谢信,利用社交平台以及告知影片拍摄进度等方式与粉丝之间保持亲切的互动。感谢信可以提升粉丝对片方的好感度,从而保持影片在粉丝群中的热度。而社交平台的互动,可以直接与粉丝进行沟通交流,从而拉近与粉丝之间的距离。拍摄进度的更新通常是粉丝最感兴趣的互动,保持更新影片海报、剧照的速度也可以提高粉丝的关注度,让他们持续在社交圈中讨论影片。另外,也可以公开影片的样片与粉丝们欣赏讨论。

5. 电影众筹的周期不宜过长

有的人对于电影众筹存在一个误区,认为众筹的周期越长,得到的投资也就越多,众筹的成功率也就越高。事实上却不是。据统计电影众筹的最佳时间段为 30～40 天左右。如果电影众筹的时间过长,粉丝和潜在的投资者便会对电影丧失兴趣。并且由于众筹过程费时费力,电影众筹的时间周期也不太可能超过 60 天。另外,如果电影众筹的时间周期过长,粉丝会产生一种时间还早的感觉,会利用这些时间来投资其他项目,所以会失去大量的潜在投资者。

6. 电影众筹的宣传

如今的众筹平台对于平台上的项目都会进行一定的宣传,有助于项目的传播。但是电影类众筹依赖于粉丝经济,粉丝越多,电影众筹成功率也就越高。所以这种程度的宣传是远远不够的,为了能够吸引更多粉丝参与投资,需要采用多种方式的宣传。

例如微博,发起人可以注册一个电影项目的官方微博账号,实时与支持的粉丝进行互动,公布众筹的最新情况,制造话题以吸引大家参与。

7. 众筹平台的选择

不同的众筹项目对应不同的众筹平台。前面介绍众筹平台时说过,在众筹平台中有很多垂直性的专业平台,电影行业也是如此。除此之外,还有一些综合型众筹平台。因此,发起人在发起项目时就需要考虑什么样的平台才适合自己。

例如,众筹网是综合型众筹服务平台,其中也有影视项目,而淘梦网是专注于微电影的众筹平台；影娱宝是集影视筹资、后期制作、宣传发行于一体的影视产业链平台，不仅仅是微电影；百发有戏由百度金融中心与中信信托、中影股份、德恒律师事务所合作推出，类似于娱乐宝。

8. 创新的思维

通常的电影众筹模式为发起者想拍摄一部电影，然后在众筹平台上发起众筹项目，并说明一些对电影项目的想法和个人经历，希望能够通过情怀来打动粉丝。这样的做法是正确的，却也是常规的。面对众多电影众筹项目，这样的方式很难打动投资者。尤其是微电影，众筹资金如果补不上电影拍摄资金缺口，很容易使项目众筹失败。

所以，发起者可以换一种思维方式，拍摄电影初期找投资人、赞助商进行融资。等电影成型时，剪辑一些电影的花絮和预告在众筹网站进行展示。这样大家对你的项目会更感兴趣，因为大家更愿意看一部拍摄完成的作品。

第 10 章
经典众筹案例解读

本章要点

- 众筹融资过程剖析
- 投资者参与详情分析
- 万科房产众筹启示
- 餐厅成立过程分析
- 众筹餐饮方案设计
- 众筹餐厅带来的启示
- 爱情保险众筹项目的由来
- 爱情保险众筹项目的具体内容
- 对爱情保险众筹项目的分析
- "爱情保险"的风险性问题探索
- "今夜 20 岁"演唱会的众筹项目

学习目标

前面介绍了很多关于企业众筹融资的内容,本章将对一些经典的众筹融资案例进行深度的介绍与分析,希望读者能够从中加深对众筹融资的理解,也能够更好地将众筹运用到实际的创业中。

知识要点	学习时间	学习难度
千元众筹 6 折购买万科房产	40 分钟	★★★
百名大学生玩转众筹餐厅	60 分钟	★★★★
众筹爱情保险产品	40 分钟	★★★
"今夜 20 岁"众筹演唱会	50 分钟	★★★★

10.1 千元众筹 6 折购买万科房产

众筹的模式席卷多个行业领域，连"高大上"的房地产领域也开始风靡。万科集团携手搜房网推出全国首单房产众筹，9 小时 540 人参与众筹，筹足资金 54 万元，下面来具体看看。

10.1.1 众筹融资过程剖析

苏州万科城是万科首个房产众筹项目。2014 年 9 月 22 日万科与搜房网合作推出房产众筹项目，项目以苏州万科城的一套全装 100m²、市值约为 90 万元的三房作为标的，9 月 24 日～26 日一共有 540 位客户参与众筹，共计 54 万元。如图 10-1 所示为众筹项目活动图。

图 10-1

根据规定，投资者只要投资 1000 元以上，在众筹成功（即众筹金额达到 54 万元）后，便可参与接下来的竞买。万科通过搜房网作为众筹平台在投资者中进行拍卖，标的起价为 54 万元，拍卖时间为 2 小时，所有认筹的投资者都可以竞买，最终只有一位投资者买下该套房产。

中标者将获得折扣购房权，即可以以拍卖成交价购买该套标的，而成交金额超出 54 万元的部分，将作为投资收益分给未能拍得房屋的其他投资者。在这一过程中，投资人的资金在众筹成功后至投资周期结束前,将被暂时冻结无法赎回。如图10-2所示为苏州万科城众筹交易示意图。

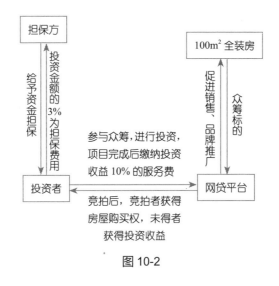

图 10-2

回顾整个众筹的过程,可以从以下5个方面来进行剖析。

- **众筹背景**:是万科联合搜房网推出的首个房产众筹项目,于9月22日正式落地实施。
- **参与众筹的条件**:在9月24～26日期间,每位投资者最低只需要投资1000元,当筹资金额达到54万元时,则完成众筹目标。
- **民众对众筹项目的反应**:活动上线3小时,有176人参与众筹,筹集资金14万元,当活动进行到9小时,有540人参与众筹,资金已经筹足54万元。
- **房产众筹结果**:拍卖时间持续2小时,540名网友参与竞价,最终以81万元竞价成功。
- **投资者收益**:参与众筹的投资人收益近4成。

这样的众筹模式,实际上是房产商以蓄客为主要目的,在项目获得预售证后进行的一种营销活动。通过投资者竞价的方式,来探寻市场对于项目定价的接受程度,也是许多尚未定价的新楼盘常使用的方法。

这类众筹一般参与门槛较低,通过拍卖、高收益率等形式,鼓励尽量多的投资者参与,从而达到扩大影响、炒热楼盘的目的。但是这类楼盘众筹周期通常较短,并且由于所有投资者均可获得收益,所以受到众多投资者关注。

10.1.2 投资者参与详情分析

根据前面的介绍了解到投资者成功购房需要经过"参与众筹→参与竞拍→拍卖成功→成交"的流程。下面来具体看看每一步中的细则内容。

1. 参与众筹

房产众筹与一般的众筹一样，也具有众筹的一般特点。万科房产众筹项目具有以下3个特点。

（1）低门槛。每位投资者投资金额最低1000元，最高10 000元。

（2）投资周期短。房产众筹的投资周期较短，最短为1周，最长则为3个月。

（3）本金归还。约定期限内未达到众筹金额的，本金立即归还给每位投资者，无收益。

2. 参与竞拍

众筹成功一周内，平台便会组织房源竞拍，投资者均可参与。在此期间投资人的资金会被暂时冻结。另外，投资者参与竞拍需要分别支付担保费和服务费。

3. 拍卖成功

投资者竞拍成功之后需要遵守相关购房条款，否则可能会使得购房资格按照出价高低转给其他投资者，具体如下。

（1）在竞拍成功后，竞得者3日内一次性向搜房网支付溢价，否则视为自动放弃购房资格。

（2）持平台出具的购房资格凭证（有效期为1个月），竞得者一次性向开发商支付与众筹金相等的房款即可购房。

（3）竞得者未在约定时间内购房或签订购房合同而退房的，已向投资者支付竞拍溢价不予退还。

4. 成交

成交之后，竞得者得到房源，投资者进行收益分配。竞得者签订正式购房合同后，网贷平台向投资者返还本金及收益。收益的计算方式如下。

人均收益 =（竞拍价 − 前期众筹金额）/ 众筹客户数量

投资者的投资收益 = 总投资收益 ×（投资者认购额 / 众筹总额）

10.1.3 万科房产众筹启示

搜房众筹是继万科与淘宝、百度合作之后的又一创新。作为全国房产行业众筹的首次尝试，从其活动的效果来看，由于其门槛较低、收益较高等特点，吸引了大批投资者参与，不仅提高了项目在市场上的名气，同时还引入了一种房地产投资的新形式，对整个行业而言具有一定的创新意义。

1. 房产众筹项目具有"房地产 + 金融 + 互联网"3 个行业属性

首先，房产众筹对投资者而言可以作为一种具有稳定收益的金融产品。其次，房产众筹的模式改变了房地产行业的营销变革，投资者只需要 1000 元便可以当房主，使房地产公司能够迅速完成潜在客户积累，从而降低营销推广费用。例如，万科城众筹便属于房地产营销环节的互联网化。

房产众筹既可以是互联网公司向房地产行业的跨界，也可以是房地产公司嫁接互联网思维，皆可以应用于投融资环节，也适合于营销环节。因此，房产众筹实际上是一类新的商业模式，具有高风险的"融资"作用。房产众筹通过互联网平台线上线下互动，实现房地产商、潜在客户群、潜在投资者三方完美整合于一款众筹产品上。

2. 房地产改变传统运营模式

房产众筹改变了传统的房地产行业以开发商为主导和银行贷款的运营模式，结合了当前主流投资者的投资意愿和互联网技术发展的时代背景。开发商可以通过众筹募集资金，成本远低于银行、信托等间接融资渠道的融资成本，并且能提前锁定未来购房者，减少了前期建设和后期销售的不确定性，降低了对开发商自有资金的要求和额外的营销成本。而投资者在以房屋折扣为主的收益保障基础上，有机会得到房源，无疑是一种优惠。

因此，众筹项目的参与者都能从交易中各取所需，有买房需求的投资者获得低价折扣房的购买资格，开发商能够迅速消化库存收回资金，众筹平台从交易中收取一定比例的管理费用，这样改变传统的运营模式更具有发展和创新的意义。

3. 众筹是一种投资消费习惯

目前，"80后""90后"已经成为主流的消费群体，这一代人深受互联网、移动互联以及智能化终端等的影响，其消费习惯和投资偏好已经发生了重大变化，而房产众筹正迎合了他们的投资消费需求。众筹可以让其成为投资者，如房产公司股东，也可以使其成为消费者，如房产购买，同时又可以建立一个基于共同目标的粉丝经济圈。

众筹的本质在于改变目前的消费投资理念，通过千万粉丝众筹可实现原来不可能实现的梦想。无论是房产、土地、公司、股权等，从毫无话语权到影响或主导产品研发、设计、销售，从没有资格的参与到依据自己微小投入并发出声音，通过微小的力量或话语权的不断聚合产生影响厂商的力量。

10.2 百名大学生玩转众筹餐厅

互联网众筹平台的兴起让不少中小型餐厅和餐饮创业项目看到了破解融资难的希望，也给手里有些闲钱的中小投资者提供了一个圆餐饮老板梦的机会。

10.2.1 餐厅成立过程分析

2015年3月，长沙某大学校区有一家名叫"无树时光"的餐厅正式开业，吸引了众多食客的目光。它是由3名刚出校园的毕业生发起的，联合105名在校大学生众筹45万元完成。如图10-3所示为无树时光餐厅。

图10-3

26 岁的王某是长沙某大学的一名毕业生，他与两位同学商议一起创业，3 人经过长时间的市场调研后决定开餐厅。虽然 3 个人也可以开餐厅，但是众筹的模式更吸引王某的注意。众筹可以拥有更多客源。另外，参与者还是推广者，能够省去一笔推广费用；经营者就是消费者，可以提出具有针对性的意见。

国庆之后，3 人就开始在校园内发起众筹。他们只针对学校的同学众筹，因为他们非常明确，校内的同学才是餐厅的目标客户。由于受众的局限性，所以他们并没有选择在互联网平台上发起众筹，而是开设了"联名账户"，由他和另外 3 个最初加入众筹的同学组成"财务小组"，以财务小组的名义开设联名账户，众筹到的款项就直接打入联名账户中。

王某在学校内召开了 4 场宣讲会，105 名不同专业的在校大学生踊跃参与众筹，1 股 100 元，最低 1 股，最高 50 股，众筹资金 45 万元。投资 1000 元到 50 000 元不等，就可以成为这家餐厅的股东，餐厅的收入按照所占股份进行发放，并发放股权证书。另外，每位股东都拥有一张"股东卡"，在餐厅吃饭享有 8.8 折优惠，其他的会员只能享受 9.5 折的优惠。两个月后，项目就开始启动了。

根据无树时光餐厅的成立可以看到，虽然众筹确实能够帮助创业者解决资金来源问题，但是想要餐厅成功运营并获得利润，还需要从多个方面来分析餐厅众筹项目，具体如下。

（1）目标群体的选择。无树时光餐厅项目在众筹之前王某等人便有非常明确的众筹对象目标，即在校大学生。因为无树时光餐厅除了需要考虑成立时的创立资金以外，更多的是考虑成立之后的客源和盈利。

（2）融资额度。股权众筹参与人数众多，许多投资人还没有股权投资的经验，还有些投资人只是想从其他理财渠道中分一些资金出来做尝试，毕竟众筹尚不是股权投资市场的主要渠道，所以融资额度要适中。

（3）财务清晰。由于无树时光是私募股权众筹模式，其股东数量众多，所以财务更需要公开、清楚。无树时光通过财务小组的模式将餐厅的盈利情况公开，增加股东们的信任，避免了财务纷争。

10.2.2　众筹餐饮方案设计

餐厅是以社交的形式成立的，同学们投资零花钱成为餐厅的股东，一共有 100 多名。

虽然能够为餐厅提供客源和信息等资源，但是由于餐厅的股东数目过多，所以王某想到需要提前制定众筹餐厅管理方案，以避免餐厅陷入混乱。

1. 餐厅的初步资料

餐厅的初步资料介绍如下。

（1）筹集的总金额为60多万元（众筹45万元，王某及另外3人出资10多万元）。

（2）筹资模式：众筹。

（3）出资要求：1000～50 000元不等，每股1000元，最高为50股。

（4）股东要求：召开第一次股东大会并签署股东协议成为正式股东之后，任何人不可撤资，但可以转让给其他股东或新股东。在找到接受股份的下家之前不可退出。必要时候会根据实际情况追加资本或调整资本，调整资本需要经过股东大会同意。股东大会不会经常召开，只是在决定餐厅命运的大事时才会召开，比如：选址、选举执行董事、增加股本等。

（5）菜品：以实惠、健康、绿色以及量足为核心，满足学生群体对于餐饮的需求。菜品初步以湘菜为主，今后可以适当增加川菜、粤菜、徽菜等。

（6）面向人群：主要是学校的学生和教师群体。

（7）餐厅面积：300平方米，如果后期发展良好，面积可以适当扩大。

2. 餐厅管理原则

餐厅管理原则介绍如下。

（1）民主原则。对于餐厅类的重要事件以民主投票的方式决定，根据出资比例进行投票（每股1票）。所有股东组成的股东大会是餐厅最高的权力机关，投票决定关系餐厅命运的所有大事。例如：选址、选举执行董事、增加股本、聘用经理等。

（2）共同参与原则。餐厅鼓励所有股东都能够积极地参与到餐厅的建设中，如餐厅选址、设计创秀、食材菜品等信息，还可以策划各类的兴趣活动。

（3）公开原则。财务状况、管理决策、材料来源、菜品设置、定价策略等对所有的股东公开。

（4）专业原则。聘请有餐饮管理经验的专业人士作为店长，负责餐厅的日常运营，同时适当增加餐饮行业的朋友作为运营顾问，尽快使餐厅转入正轨。

3. 经营成本和费用估算

经营成本和费用估算介绍如下。

（1）店面租金：以学校内繁华区域地段为例，300平方米店面租金大约20万元。

（2）装修费用：包括门面、厅面以及厨房，按照简装标准大约10万元。

（3）家具：300平方米的店，大约有250平方米的就餐区域。我们将使用桌位。每个桌位坐2～6人不等。购200套桌椅，需要1万元左右。

设备投入：包括厨房中的烹饪设备、储存设备、冷藏设备、运输设备、加工设备、洗涤设备、空调通风设备，以及安全和防火设备等，大致需要3万元。

余下资金用于餐厅内的日常运营，包括工人工资、员工服装费用、食材费用等。

可以发现，在众筹餐厅的方案设计中，由于股东数量多，所以最容易引发各类财务纷争。为了避免这样的情况出现，项目发起者在餐厅管理的初期就需要有预见性地设置一系列餐厅股东管理运营方案，其中要注意各类信息的公开、透明。

10.2.3 众筹餐厅带来的启示

随着无树时光餐厅的发展，餐厅也慢慢走向了正轨，餐厅每天会有稳定的客流量，盈利情况也趋于稳定。根据无树时光众筹餐厅的发展情况，下面来看看餐厅众筹到底需要些什么。

事实上，众筹餐厅已经并不新鲜了。市场上除了有众筹餐厅外，还有众筹咖啡馆、众筹蛋糕店等。虽然众筹的餐厅很多，但是真正能够像无树时光一样存活下来，并且发展良好的餐厅并不多，大多都面临倒闭的命运。所以，项目发起者需要认清如下一些众筹事实。

1. 众筹只是工具

如今，网上流传着许多关于众筹咖啡馆、餐厅项目经营不善，纷纷倒闭，众筹变"众愁"的哀号的案例。微信朋友圈中也纷纷传播着各个创业者的失败经验总结，纷纷将矛头指向众筹。其实，众筹只是一个实现创业梦想的工具，无所谓好坏，完全取决于项目发起人如何使用，并不是所有的餐厅都适合众筹。

例如，无树时光餐厅，选择众筹方式的根本原因不在于资金，更多的是看重了众筹股东背后的食客资源，能够为餐厅长期带来收益，而非短期的资金周转。

2. 找准餐厅定位是关键

无论是一家餐厅还是其他创业项目，都需要找准自己的定位。只有找准自己的定位才能更有效地展开其他活动，否则很容易使得餐厅陷入一团糟的局面，最终不得不面临倒闭。

无树时光餐厅在众筹项目成立之初便有了清晰的定位，将客户定位于校园内的学生群体，餐厅的菜品都是针对学生来进行设计，如实惠、创新、量足等。清晰的定位有利于餐厅针对性地开发客源，稳定餐厅收益来源。

3. 回归餐饮本质

不管是众筹餐厅，还是咖啡馆，众筹只是一时的资金筹集，想要真正长久的立足，还是需要回归餐饮的本质。将餐饮作为立店之本，然后再谋划后续发展。众筹可能会在初期为餐厅积累一定的人脉和资源，但是真正长久的还是餐厅内的食物本身，没有特点的食物即使有客源，客户也不会再次光临。

无树时光餐厅为了长久的立足，将精力放在对菜品的研究上。由于餐厅位于长沙，所以在餐厅初期将湘菜作为餐厅的主要菜色，吸引广大的长沙大学的学生到餐厅品尝。随着餐厅的发展，为了吸引从全国各地前来长沙求学的学子，餐厅相继推出川菜、粤菜以及徽菜等菜系，满足食客对于美食的追求。

4. 绝对的控制人

由于众筹餐厅大多是采用股权众筹的融资模式，所以餐厅的股东数量较多，股权也比较分散，甚至有的项目发起方自己持有的股份占极少的比例，所以很难在餐厅的决策中起到重要作用。

股权分散，股东众多，没有绝对的控制人，则会使得餐厅群龙无首。只有承担最大责任的人才能够承担最大的决策，才有最大的动力去做决定。因此，众筹模式下成立起来的餐厅更需要一个绝对的控制人。

无树时光餐厅中，尽管一共有108名股东，但是王某和另外初期的两位同学为餐厅的绝对控制人，其他股东可以参与投票表决权，并提供建议等。这样的模式，可以有效地改变股东混乱的局面。

5. 对投资者的回报设置

餐饮做众筹通常的目的在于筹集资金创业，或者增开更多店面。因此，项目发起者在众筹初期就需要设定合理的回报机制，以此来吸引投资者投资。餐饮类众筹的回报设置主要有以下3种类型。

（1）产品回报类。用和投资者投资额对等或者大于的产品回报给投资者。例如，餐厅的优惠券、免费食用券以及VIP等。

（2）固定回报类。当投资者投资的餐厅发展到某一程度，承诺一个固定的时间段内给投资人固定的回报金额。

（3）分红回报类。根据餐厅当月经营情况，将利润进行分红，这种机制类似于高风险的股权投资。

> **知识补充｜回报机制的设计**
>
> 在建立一个分红机制时，可以将上述3种类别的回报进行重新组合，这样得到的效果更好。最好可以给投资者一个"0"风险，或者"低"风险的感觉，这样才能够更好地吸引投资者进行投资。

在无树时光餐厅的投资回报机制中，投资者可以成为该餐厅的股东，每个月根据股份持有情况分享餐厅的盈利。另外，每一个股东享有到餐厅8.8折优惠就餐的权限。因此，投资者不仅能够得到资金收益，还能够获得产品服务回报。

但是，项目众筹的核心是产品是否存在竞争力，不管什么模式的众筹，都是以产品为核心。因此，想要做众筹，就先把产品不断地进行优化。

10.3 众筹爱情保险产品

我们听过车险、寿险、意外险、医疗险等，但是甚少听闻"爱情"也可以投保，某保险公司就在光棍节时推出了这样一个爱情保险众筹项目。

10.3.1 爱情保险众筹项目的由来

某众筹平台上的一份爱情保险火了，项目上线得到了6459位投资者的支持，获得融资6 211 933元，保单突破万份，给了保险界行业的同人们一个当头棒喝。原来保险还可以玩，网友们也纷纷诧异，原来最私密的爱情也可以投保，也可以众筹。下面先来看看这份爱情保险是怎么来的。

10月左右，互联网上的各大电商品牌都纷纷开始为光棍节的电商大战进行预热时，一个婚姻幸福的女子将光棍节与爱情连在一起，并从歌手陈某的故事里找到了灵感。

1999年，中国台湾歌手陈某做过一件特别有趣的事情，提前预售自己的一场名为"明年你还爱我吗"的演唱会门票，打出情侣套票的概念，提前一年以比较低的价格向情侣们预售门票。一年之后，情侣各持一半的票根就可以去演唱会。但结果很遗憾，陈某开演唱会的时候，情侣席上却空出很多座位。

她从陈某的情侣套票中获得灵感，将爱情与保险结合。她给了这份保险很好的寓意，首先众筹的初始金额为每份520元，取"我爱你"之意。期满之后，可领取每份999元的婚姻津贴，得一个长长久久的承诺。

有了具体的想法之后，她便开始寻找能够合作的保险公司，经过一系列审核、排查，选择了一家比较传统的保险公司，经过一段时间的设计、整合之后，项目11月11日在众筹平台上线。

众筹平台通过官网、官方微博、官方微信、线下发布会、线上预约等一系列渠道对爱情保险进行了曝光宣传。比如，众筹平台官网首页头图连续推荐；众筹平台官网举办预约爱情保险送29元代金券，从预约用户中抽选送520元爱情保险卡的活动，该活动短短一周便赢得了近3000人的参与；众筹网官方微博也举办了"光棍节微爱行动"，转发爱情保险，赢北海道双飞机票、iPadmini等活动，在一段时间内众筹平台官方微博关注度呈几倍增长。

事实上，设计者在设计爱情保险的初期并未考虑利益，更多的是想要通过众筹这个平台帮助更多的人，甚至希望参与这个项目的所有人都能够在5年之后收到婚姻津贴，那也能说明大家的婚姻都是美好的。

从10月30日到11月11日上线，爱情保险仅仅用了12天就完成了一款保险产品的设计到投入市场的全部过程，这在保险行业中不得不说是一个创举。

10.3.2 爱情保险众筹项目的具体内容

保险公司在众筹平台上发起"11•11 爱情保险"众筹项目，该项目规定从 11 月 11 日到 19 日期间，筹集 10 000 份保险时，爱情保险才会设立成功。其中，每份 520 元，寓意"我爱你"，5 年后投保人凭借投保时指定对象的结婚证，即可领取每份 999 元的婚姻津贴。如图 10-4 所示为项目的图片展示内容。

图 10-4

众筹活动中这样写道："爱情是一场两人一起出发的旅行，期间总有不测风云，你可愿用温情的承诺，守护我一生一世。"爱情和婚姻总是伴随着未知，通过一份保险来给予自己的爱情和婚姻一些安全感，这样的观点吸引了众多投资者的目光。

爱情保险众筹项目的具体回报内容设置如下。

支持 520 元：投保 520 元保单 1 份（价值 520 元），将为您赠送 20 元保费，即购买保险只需要支付 500 元，期满之后凭结婚证可领取 999 元婚姻津贴。

支持 1040 元：投保 520 元保单 2 份（价值 1040 元），将为您赠送 40 元保费，期满之后凭结婚证可领取 1998 元婚姻津贴。

支持 1560 元：投保 520 元保单 3 份（价值 1560 元），将为您赠送 60 元保费，期满之后凭结婚证可领取 2997 元婚姻津贴。

支持 2080 元：投保 520 元保单 4 份（价值 2080 元），将为您赠送 80 元保费，期满之后凭结婚证可领取 3996 元婚姻津贴。

支持 2600 元：投保 520 元保单 5 份（价值 2600 元），将为您赠送 100 元保费，期满之后凭结婚证可领 4995 元婚姻津贴。

需要注意的是项目针对的是 18～36 周岁，无论是尚未结婚的，还是已经结婚的，都可以购买爱情保险，每人限购 5 份（情侣和夫妻之间不可重复购买）。

10.3.3 对爱情保险众筹项目的分析

众筹保险是互联网保险的一种，即在开放、平等、协作以及分享的互联网精神指导下，将基本的保险原理与互联网技术相结合而形成的一种新兴的业务形态。它不再以保险公司及其产品为主导，而是将顾客的需求作为自己的业务核心，致力于设计出"顾客需求最大化"的保险产品。它的发展情况包括 3 个阶段：初始阶段（保险的互联网化）→高级阶段（互联网保险）→众筹保险。

而爱情保险众筹则是众筹保险的一种，它运用了众筹思维，设计出了符合现代消费者情感需求的独特产品，并且通过社交圈进行产品宣传，获得了很好的宣传效果。下面来进行详细的分析。

1. 爱情保险众筹项目具备的特点

案例中爱情保险众筹比较成功，从设计、推出、上线到众筹成功，短短的时间内吸引了众多网友围观，并在预定时间内完成了众筹目标，项目达成率为 120%。通过分析，该项目主要具备以下几个特点。

（1）该款保险产品带有一定的对赌性质，在以往的理财保险产品中普遍为一些比较实质性的未来收益等，而这款产品的"对赌规则"设置则比较简单，它在项目中反复强调的是现下人们在时间的考验下对于婚姻和爱情的坚持。

（2）项目采用在众筹平台公开预定的方式，可以保障投保的数量，从而通过大数据法则来分散风险。

（3）"爱情保险"的名号给投资者以浪漫又超值的理财产品概念，投资 520 元，5 年后以结婚证收获 999 元婚姻津贴，收益翻番。

（4）"爱情保险"作为众筹保险的一种，以众筹平台作为发售平台，其完全采用了线上模式，开辟了保险销售的全新渠道，也让"爱情保险"产品得到了更高的关注度。

（5）"爱情保险"与传统保险不同。传统的保险产品是基于经验数据，而以"爱情保险"为代表的互联网保险则是基于关联数据。前者是固化的，有一个沉淀的周期，并且需要建立一套完整的模型来做精算，但是后者所依赖的关联数据是动态的、实时的，其中大数据发挥了重要作用。

可以看出，爱情保险是一个极具创意的保险产品，项目方投入较低，而适用的对象广泛。内容上紧贴社会热点话题，满足了广大年轻男女对于爱情的心理需求，形式上采用众筹这一当下流行的方式来吸引众多网友的关注。

2. 爱情众筹保险带来的结果

爱情众筹保险作为众筹保险的一种，坚持了开放、平等、协作以及分享的互联网精神，使参与者达到了共赢的结果。

（1）从保险公司的角度来讲，"爱情保险"是符合其经济效益的。保险公司通过利用时下年轻男女对于爱情的期待或犹疑的特点，并试图通过以保险的方式来验证两人的感情结果，符合了广大消费者的需求。险种将传统的保险和时代结合起来，同时借助于情人节和光棍节的效应，在互联网、保险业界、网友中爆炸升温，引发全网的连锁反应，实现了公司利益以及宣传效应的最大化。

（2）从众筹项目的投资者角度来看，"爱情保险"一方面符合了当下年轻男女期望爱情长久，并期望以一种方式为爱情提供保障的需求。另一方面，在离婚率以及分手率居高不下的时代，"爱情保险"的出现无疑是在感情上给了热恋中的男女或已婚的夫妻一定的安全感。

通过爱情保险众筹项目案例，可以从中总结出一些众筹保险所具备的特点，具体如下。

第一，强调众筹思维。

众筹是通过集中群众的资金来实现一个共同的目标。但是想要吸引投资者的注意力，使投资者迅速投资就需要设计出符合投资者需求的产品。在传统的保险模式中，比较侧重销售，依靠的大多是保险人员的销售技巧、水平以及能力，但是对消费者而言，保险人员消费的产品不一定是最合适的产品。

但是爱情保险是以用户的需求为导向，关注当下年轻男女的感情需求，抓住其对爱情存在的期待或存疑的特点，试图用保单的方式为两个人的感情提供保证，开发出了符合时代的保险需求，真正做到了众筹思维。

第二，低门槛性。

保险作为一种劳务型商品是为了满足人们对风险保障的需要而产生的。人们之所以购买保险就是因为保险能够给他们带来风险保障的作用。但是根据统计，目前国内居民的保险购买率较低，人们的保险意识较落后，究其根本主要有以下几点。

（1）人们受传统观念影响较重，侥幸心理较强，认为事情一般不会发生在自己身上，如果没有发生，那么自己交的钱就浪费了，还不如用那笔钱来改善自己的生活条件。

（2）大多数人认为有了医疗保险就足够了。商业性的保险通常支付的资金较高，伴有较高的购买门槛，并不划算，甚至有的人认为这类商业性保险只适合真正的有钱人。

（3）人们普遍存在从众心理，也就是遇事没有主见，而是机械性地跟从他人的做法。当身边的人都没有购买保险产品时，即使自己需要，也不会去购买。

（4）近年来物价上涨，货币大幅度缩水。人们的理财意识提高，很多人盲目跟风甚至举债进入股市、基市。这种狂热的投机心理和错误的理财观念使人们对可能的风险比较漠视。

根据人们投保意识落后的原因可以从中看出，大部分的原因在于"钱"，人们不愿意为未知的风险进行线下的支付。但是众筹作为一种新型的保险，希望能够有更多的人参与保险，很多保险企业甚至设计出了免费或费用低的保险产品，以求让更多的普通人能够享受保险所带来的收益。"爱情保险"将保费定位为520元，不仅具有特殊的意义，而且能够让更多的情侣获得有保证的爱情，使得保险不再"偏爱富人"。

第三，增强产品社交性。

因为互联网具有广泛传播的特性，使得众筹保险不再像传统"一对一"的保险推销模式。它通过社交网络中点与点之间的联系来推广自己的产品。爱情保险虽然是保险公司作为中介，但是它能够通过微信购买的方式，在处于同一朋友圈的人之间快速传播。这样不仅能带动更多人参与进来，而且也减少了企业为此付出的经营成本。

第四，降低了成本。

正如前面所提到的，众筹保险利用互联网改变了传统的销售模式，从而大幅度地降低了宣传成本、人工成本以及时间成本。"爱情保险"利用微信、微博、官网等社交网络，通过朋友之间的转发和相互告知，使得产品能够直接面向用户，减少了中间环节造成的多余费用。因此,"爱情保险"的定价不用太高却也可以为企业带来利润。

10.3.4 "爱情保险"的风险性问题探索

爱情保险众筹的模式作为一种初级体验一经上线便受到了广泛的关注,不到一周的时间爱情保险便完成了 10 000 份的众筹计划,众筹成功。随后保险公司相继推出了缘定今生(保额为 120 元,寓意"要爱你")、心心相印(保额为 258 元,寓意"爱我吧")、为爱久久(保额为 1314 元,寓意"一生一世")和挚爱永恒系列 3 款——钟爱一生(保额为 13 148 元,寓意"一生一世吧")、海誓山盟(保额为 131 417 元,寓意"一生一世一起")、挚爱永恒(保额为 1 314 178 元,寓意"一生一世一起吧")等保险产品,可以看出这类爱情保险的受欢迎程度。但是,项目方也不能够忽略其中可能存在的风险性问题。

1. 保险利益人问题

从目前国内设计的保险产品来看,其实只能够保障财富而不能够保障爱情。所谓的"爱情保险",也只是一份恋人或夫妻关系捆绑的保险计划。它主要为人身保险,与恋人或夫妻的爱情长久并没有太大的关联性。

根据《保险法》第 31 条规定,投保人和被保险人之间应该具有保险利益,但是只有配偶、子女、父母以及近亲属关系之间才能够互相投保人身保险。那么,项目方发起的未婚情侣之间投保所谓的"爱情保险",很有可能就会成为今后的索赔纠纷,有关人身保险的法律能否将未婚情侣也纳入保护范围还值得讨论。

2. 投保人的主体适合问题

根据《民法通则》关于民事法律行为的构成要件可知,行为人具有相应的民事行为能力是民事法律行为的要件之一。但是在爱情保险中,全程通过在线操作,投保人通过输入自己的身份证号码、出生日期、银行卡号等一系列信息进行投保,但是投保人具体的实际情况保险公司是无法获知的。

如果无民事行为能力人或者限制民事行为能力人通过网络形式与保险公司签订网络保险合同,则保险公司很难核实投保人的真实身份,也就无法确认投保行为是否是由主体适合的投保行为人完成的,那么该保险合同便存在被认定为无效的法律风险。对于投保人的资格验证,保险公司只能通过严格的核保程序或者事后的回访程序加以确认。

3. 资金支付延期问题

利用众筹平台进行投保，一般是通过网上银行和第三方支付平台等渠道支付保险费的，容易发生投保人利用网上银行来完成网络支付操作但因支付平台转入转出的时间差或银行系统滞后、出错等其他意外事件无法在一定时间内完成支付，从而导致保险费支付延迟的情况。

在保险实务中，大多数保单都会以投保人交付保险费作为保险责任开始的条件，因此，在迟延阶段内发生保险事故，保险公司是否承担保险责任问题并不明确。但是在实务中，基于保护投保人、被保险人和受益人利益的原则，在该种情况下，保险公司须承担保险责任的可能性较大。对保险公司而言，网上交付保险费较容易产生纠纷且保险公司一般会面临较大的法律风险。

爱情保险结合众筹的模式不可否认确实是一个创举，给人新鲜感，但是其中潜藏着的风险性问题也不容忽视。相信在未来，爱情保险众筹会发展得更好。

"今夜20岁"众筹演唱会

歌手杨坤在万事达中心举办的"今夜20岁"演唱会登录众筹网平台，该项目上线24小时便成功募集到超过百万的资金，成为迄今为止筹资金额最高且成功时间最快的众筹演唱会项目。

10.4.1 "今夜20岁"演唱会的众筹项目

近年来，通过众筹来进行微电影、音乐以及纪录片创作的例子不胜枚举，"今夜20岁"演唱会就是其中一个。"今夜20岁"是歌手杨坤以众筹的形式在众筹网平台发起的众筹项目，活动在2014年8月14日正式上线，24小时之内便成功筹集超过百万的资金。下面来具体看看该项目的众筹内容。

在项目的开始，首先对歌手的身份以及个人经历做了一个简单的介绍。

他，拥有极具辨识度的性感嗓音。

他，是众人皆知的32郎。

而这次,与数字无关。

他要与你聊聊青春。

关于梦想,年轻时候未曾敢做。

今天,来一次疯狂的梦想之旅。

10月25日万事达中心,杨坤和你一起回到20岁。

然后对众筹演唱会的原因,以及演唱会的内容进行了简单的介绍,包括"杨32郎"的由来、演唱会名字的原因以及演唱会的亮点等。如图10-5所示为项目的部分图片展示。

图 10-5

项目的回报设置内容具体如下。

支持350元:得到原价380元的门票1张。

支持600元:得到原价680元的门票1张;签名海报1张。

支持800元:得到原价880元的门票1张;签名海报1张。

支持1200元:得到原价1280元的门票1张;签名海报1张。

支持1500元:得到原价1680元的门票1张;签名海报1张。

支持10 000元:得到原价1680元的门票7张;签名海报7张。

支持30 000元:得到原价1680元的门票20张;签名海报20张。

支持100 000元:得到原价1680元的门票70张;签名CD10张;签名海报10张;

签名笔记本 10 本；参与演唱会庆功宴；与歌手合影留念。

项目上线之后，迅速引起网友们的围观，反应也比较热烈。如图 10-6 所示为部分网友对项目评价。

图 10-6

项目最终在规定的时间内完成了众筹目标，达成率为 101%，如图 10-7 所示。

图 10-7

10.4.2 歌迷出资、歌手出力的音乐模式

众筹演唱会实质上是通过歌迷出资和歌手出力的一种音乐模式，这样的模式无疑给了更多歌手展示自己的机会，也给了歌迷支持歌手完成梦想的机会。尽管"今夜 20 岁"演唱会众筹成功，但从其中也不难发现几个问题。

1. 歌手的人气是关键

事实上，演唱会众筹更多的是被独立音乐人和一些小众歌手所采用，但是往往这类歌手通常并不被大众所熟知，在人气方面还有一些欠缺，所以众筹具有一定的难度。杨坤"今夜20岁"众筹演唱会，24小时破百万的纪录离不开其自身的高人气。所以尽管众筹的方式能够帮助有音乐梦想的人，通过这种模式实现自己的理想，但是歌手具备一定的人气却是众筹成功的关键所在。

2. 对声誉的影响

对歌手自身而言，如果众筹失败对其自身的声誉也会有一定的影响。例如，国外某歌手为自己的产品开发APP筹集资金，最终却因为金额差太多而取消了这个项目。因此，尽管拥有高名气的歌手往往更容易成功，但是不少歌手却由于担心自己众筹项目的失败，而不愿尝试，毕竟失败对任何人来说都需要勇气去承担。

3. 演唱会的故事性

在杨坤的"今夜20岁"演唱会众筹项目中提到"已是四十不惑的年纪，应是歌手进入到了对人生更深一层的解读。然而却无法掩饰他对青春岁月的追忆、感怀。演唱会取名'今夜20岁'，表明歌手想在这一晚抛弃所有世俗，肆意的疯狂一次。'今夜20岁，明天40岁，我诚实，我接受我的不再年轻，在这一夜把年轻没有做好的事情修补好。'只在这一夜，他不是杨坤，你也不是现在的自己，我们一起梦游回到20岁的青葱岁月"。为演唱会增加了一些怀旧和青春的气息，将歌迷引入其中。

因此，歌手在发起演唱会项目时，首先需要为自己的演唱会增加一个故事，好的故事更能够吸引粉丝，以及潜在的投资者。

10.4.3 演唱会众筹玩法的特点分析

与传统的演唱会筹办模式相比，众筹的方式能够带来多重优势，如降低成本、具备话题性、增加与粉丝之间的互动以及降低门票预售风险等。下面来进行具体介绍。

1. 降低成本

在传统演唱会筹办模式当中，演唱会需要提前进行预热，包括巨幅海报、宣传广告、传单、节目宣传等，这些都是一笔巨大的营销成本。但是通过众筹互联网平台，则不需要再漫天撒网地寻找粉丝,只要是对演唱会有兴趣的粉丝都会被众筹的形式所吸引,从而使得单个众筹项目营销的成本大大降低。

另外,对艺人和其所属的唱片公司来说,无须提前投入大笔资金,票房压力大大减小,选场、制作难度降低,收入分成比例提高,无须再让承办方、票务公司等多方共同分走票房收益。对歌迷来说,参与度高,需要负担的门票支出减少,最终欣赏到的现场演出效果也会出彩。

2. 简化演唱会的程序

传统演出是以主办方为主导的B2C模式,即由演出主办方或唱片公司经过市场调查之后确立演出计划,初步制定预算,经过场地落实、策划推广、接洽赞助商、演出彩排等复杂的流程和步骤,呈现完整现场演出的形式。而歌迷一方,只能被动等待演出时间信息、开票信息,通过官方票务公司购买不同价位的门票,实现观看演出的目的。

但是演唱会众筹的模式大大降低了主办方的工作量,可以根据粉丝众筹的情况来具体规划演唱会。而歌迷一方则改变了身份,变成了投资者,既然是投资者必然会得到承诺和回报,也提高了粉丝参与的兴趣。

3. 众筹的模式改变传统

众筹演唱会以新的模式打通了互联网公司、唱片公司、独立音乐人以及歌迷的需求。歌迷在众筹平台能够获得良好的消费体验,形成主动消费,而众筹平台、唱片公司以及歌手都成为众筹模式的获利者。

在以往传统的演唱会中,一直都存在着演出体验差、票价高昂等问题。由于演唱会本身就是一项高投入、高产出的大型工程,如前期的筹备环节等,而这些环节又直接影响着演唱会的最终效果,即现场粉丝的上座率、现场反响以及业内口碑等,最终都会体现在票房上。但售票情况在很大程度上也决定了演唱会的盈亏,导致演唱会在准备期一般都想要找厂商赞助,演出公司以此来获得保底,而价格再次转嫁到歌迷身上。

对人气极高的歌手而言,虽然主办方在票务售卖环节没有压力,但是歌迷需要疯狂抢购数千元的门票,甚至从黄牛手中购买价格翻番的门票。而对于出道时间不长或者特点鲜明、市场小众的歌手,又无法承受开大型演唱会的高成本,其歌迷群体也少有机会能够欣赏现场演出。

综合看来,虽然这种众筹的模式还处在尝试、摸索阶段,其中存在一定的问题,但未来很有可能冲击传统的演唱会运作模式。一方面，让愿意出钱的歌迷群体占据主动位置；另一方面，让卖力运营和演出的唱片公司、歌手本身获益，打掉繁杂的中间环节，压缩诸如在场地、售票、宣传等环节的高成本，让演出、观看演出的双方直接沟通互动，实现体验和利益的最大化。

10.4.4 如何筹办一场众筹演唱会

项目发起者在众筹一场演唱会之前就需要明白，并不是所有演唱会项目都可以用众筹来完成的。那么如何来判断手中的项目是否适合众筹呢？

1. 评估项目的性质

项目方在发起众筹之前首先要评估项目的性质，即确定项目的本身需要筹集众人的力量，有众筹的必要性。例如，举办一线大牌明星的演唱会，通常并不需要通过众筹就能够搞定场地、资金以及人力，那么就没有必要选择众筹这种方式。相对而言，众筹更适合小众的独立音乐人或组合。通常这类的歌手以传统的方式筹办演唱会肯定无法实现，所以更适合众筹这样的平台。

2. 适合的歌手

项目发起者还需要确定歌手本身是否适合，查看艺人的特性。尽量选择一些比较活跃的、常常在社交网络上与粉丝互动的歌手，这类歌手通常在互联网平台上已经具备了一定粉丝量，比较适合众筹。但对一些比较一线的歌手而言，虽然具有强大的粉丝数量，但是却很难有时间来与投资者进行互动。

因此，相比一线歌手来说，独立的音乐人或组合会更加适合众筹。这类歌手通常资金不足、缺乏营销以及不懂商业。这常常是独立音乐人的一大痛点，而众筹模式的出现很好地解决了这一问题。

众筹首先可以帮助歌手筹集资金，解决资金不足的问题；其次，在众筹期间可以通过众筹平台以及其他社交圈来宣传演唱会活动，达到营销的目的。另外，还可以跟粉丝进行互动交流，然后扩散到社交网络，吸引更多的群体加入。

3. 筹集金额的设定

演唱会众筹的回报通常会是演唱会门票，但是项目发起者不能够简单地将众筹视为一个门票贩卖地。众筹不仅仅是一个票务宣传渠道,更是一个平台,通过这个平台将大家聚集在一起,因此除了要筹资之外,还要筹人。

首先是筹资,在众筹平台上筹资金额大概可以设定为总成本的65%左右,余下的金额可以放在其他的渠道上面。不必全部压在众筹上,要设定一定的比例,因为众筹的目标金额越高,成功率往往越低。但如果是因为现实的一些原因,不得不将众筹的目标金额定很高的话,那么就需要在其他的宣传渠道上面多下功夫。

如果众筹的目的是积累人气——筹人,那么项目方为了能够获得更多的关注,价格就可以定得稍低一些,这样往往比较容易吸引投资者的注意力。

例如,歌手王力宏曾在京东众筹平台发起过一个"王力宏首场线上互动签售会"。王力宏有一个专辑名叫《your love》,王力宏本人众筹的目标金额设定为2元,而项目的最低档为2元,除了他本人在圈内有一个二哥的称呼之外,还表达了他本人在另一种精神上的诉求,即只要还有一个人支持,他就会继续坚持他的音乐事业。如图10-8所示为众筹项目的图片内容。

图 10-8

综上所述可以发现,众筹演唱会目标金额的确定需要根据实际情况以及项目方的诉求来综合考虑。

4. 众筹演唱会门票的价格设定

目前国内的演唱会市场成本较高,导致演唱会票价高,使得众多音乐爱好者,尤其是学生群体在高额的演唱会门票面前望而却步,这也使得不少的受众群体流失。众筹却是改变这一情况的重要契机。

通常众筹平台的演唱会门票价格会低于实际的演唱会门票价格。另外，除了演唱会门票之外，还伴有一些歌手或演唱会的周边产品，如海报、CD、明星T恤等。这通常也是众筹演唱会吸引众多投资者的原因之一。

除了演唱会门票价格低于实际价格之外，项目发起者还要考虑歌手的粉丝群体的范围，如是否大部分为学生群体、中年人或者老年人等，考虑大部分的粉丝消费能力情况。例如，如果该歌手的粉丝群体大部分为高中生，那么就可以根据具体的情况适当地调低价格，以免过高的价格使粉丝群体无法承担而导致众筹失败。

5. 回报设置是演唱会的关键

演唱会众筹需要注意的是，项目方在发起众筹时要给粉丝投资者一个"不是卖票，而是梦想"的印象，避免过于商业化，这就需要歌手与粉丝之间保持一个良好的互动。其中，独特的回报设计和必要的用户参与度都是项目成功的关键因素。

例如，杨坤"今夜20岁"演唱会众筹项目的回报中包括演唱会门票、签名海报、合影，甚至是对粉丝开放的演唱会庆功宴入场券。另外，还有音乐人在众筹演唱会开启了一个无回报的概念，所有的回报只有一档，20元，每人只能够支持一次，投资者们可以提前一周听到其精良制作后的数字音乐。项目经过20天后，得到了26 000人的支持。

6. 演唱会的必要条件——场地

在众筹的诸多问题中，最大的难题便是场地，如果没有场地的提供，那么演唱会则无法举行，即便筹集到了资金也无用。现在用于商演的场馆都需要进行提前预订，如果预订之后，众筹项目失败，就要面临一定的损失。

几乎所有的独立音乐人都会经历预定演出场地的过程，但是并不是所有的场地都适合演出，所以在选择演出场地时需要注意以下几点。

（1）场地不提供任何的宣传帮助。一个好的演出场地会在Instagram上放出宣传，在Facebook上进行宣传活动，也会在官微分享视频等。如果这个场地的社交媒体并不活跃，管理人员也不放海报，甚至没有任何的宣传，那么这个场地并不是较好的选择。

（2）场地没有对演出进行合理安排。很多场地会安排一大堆的乐队上台演出，仅仅是为了让场地里的观众尽可能的多一些，但是他们并不会提前做调查，合理地安排演出阵容，即对那些不注意演出顺序、没有合理安排的场地，需要慎重。

（3）差劲的音响系统。对演唱会而言，能够给歌迷一个好的音乐体验是最为重要的事情，但如果项目方选择的场地是一套音响设备糟糕的场地，这样的音响效果只会让粉丝感到失望。也许粉丝会包容，但是如果有新的听众听到糟糕的音响效果，那么他们可能便不会再来看这个歌手的演出了。

（4）不愿意签合同的场地方。作为一名表演者，与演出发起方和赞助方签订表演合同，以确定相关演出酬劳、演出细节等，是完全正常而且聪明的选择。这保证双方都能够确切地了解演出情况，避免任何的误解。但是，如果场地方看起来很犹豫或是不愿意签订合同的话，这其中可能就存在一定的猫腻。

因此，至少与场地方之间，应当有一份成文的协议以确保收到酬劳的时间、方式等。但是如果这些细节都没有确定，并且没有签订协议的话，场地方能够轻易地修改所有的条款和约定，那么最终可能会遭受到重大损失。

那么，对演唱会众筹的歌手而言，在考虑了以上因素之后，什么样的场地才是比较理想的演唱会场地呢？答案一定是校园。校园是未来音乐的消费主力人群聚集地，学生也比较容易接受新的事物，包括全新的音乐形式，而这刚好符合名气各方面尚且不足的独立音乐人。

最后，虽然真正完全用众筹的模式更理想化地去运作整个市场还需要时间，但这种新的模式还是值得借鉴与探究的。众筹能否成为未来演唱会的主流模式，还需要更多的努力、探索与尝试，让我们拭目以待。